画说我的一生

ARS IN CHINA

(下)

刘海鸥 作品

美国华忆出版社
Remembering Publishing, LLC

Copyright © 2023 by Remembering Publishing, LLC. USA

My Forty Years in China（Volume II）

Liu Haiou

ISBN： 978-1-68560-050-1 (Print)

978-1-68560-051-8 (eBook)

Remembering Publishing, LLC
RememPub@gmail.com

画说我的一生（下）

刘海鸥 作品

出　　版： 美国华忆出版社
版　　次： 2023年2月第一版，第一次印刷
字　　数： 132千字

All rights reserved.
No part of this book may be reproduced in any form or by any electronic or mechanical means including information storage and retrieval systems, without permission in writing from the publisher. The only exception is by a reviewer, who may quote short excerpts in review.

作品内容受国际知识产权公约保护，版权所有，侵权必究

下册目录

十五、动摇的钢铁长城（1966.5-1966.7） 　　　　1

十六、上战场，枪一响……（1967.8-1967.10） 　　38

十七、庙小妖风大（1968-1978） 　　　　　　　　69

十八、独立寒秋（1968-1978） 　　　　　　　　　92

十九、继续革命无止境（1968-1976） 　　　　　　112

二十、向阳湖上五七宝（1969-1974） 　　　　　　137

二十一、手足离散（1965-1976） 　　　　　　　　165

二十二、革命时期的"罗曼蒂克"（1968-1973） 　　193

二十三、光明与黑暗的较量（1974-1976） 　　　　224

二十四、否定之否定（1978-1981） 　　　　　　　239

二十五、母亲的力量（1981-1982） 　　　　　　　263

二十六、秀才下海，三年不成（1983-1985） 　　　290

二十七、寻找自由的土地（1982-1988） 　　　　　299

结束语 　　　　　　　　　　　　　　　　　　　316

作者介绍 　　　　　　　　　　　　　　　　　　317

十五、动摇的钢铁长城

(1966.5-1966.7)

昆明是"抗美援越"的前沿,各种军事机构和军事院校都在这里。受到地方上文革的影响,军队也裹挟进了混战。我对解放军内部打仗感到很不安,我们早已经接受了解放军是钢铁长城这样的概念,如今钢铁长城也在分裂瓦解,这到底意味着什么?

　　回到北京，学校已经"复课闹革命"，但也没有上文化课，老师学生都在学习中央文件，控诉"资产阶级反动路线"的毒害。学生中的"控诉"并不成功，控诉会上不是对立赌气，起哄捣乱，就是害怕沉默。老师们也要到班级和学生一起控诉，我去班上看了看，学生们对我还不错，好像半年多来没有发生过什么事情，但是我再也产生不出对学生的任何热情，勉强跟他们应酬。老师内部也在"控诉"，被整过的人把矛头指向整人的人，互相指责执行了资产阶级反动路线，进行着新的一轮的内斗。没人搞得清什么是资产阶级反动路线，能"控诉"出什么东西？我远远地观望着，心里充满不安：难道在这场震惊世界的伟大的无产阶级文化大革命中，我一个中国青年仅仅扮演了这样一个角色吗？

　　在北京呆了不到一个多月，外面的形势千变万化。"造反派"和"保皇派"的斗争越演越烈，为控制局面全国各省份实行军管，而军队又不可避免地卷入派性，致使两派斗争最后上升为武装斗争。两派群众或冲击军区抢掠军火库，或得到军区的支持，用军队的步枪到大炮武装起来，武器不够的则自制土枪土炮和最原始的武器长矛。

　　北京也发生了许多大大小小规模的武斗。一天我在北京市委门前见某大学开来一辆车，上有一具尸体，覆盖着红旗。正值盛夏，上面零零星星地撒了一些石子大小的冰块。学生们要求市委解决武斗问题，严惩杀人凶手，但市委早已瘫痪，根本没人过问。北京的武斗还是局部的，而全国各地则发生了大规模的内战，死伤不计其数。许多北京学生立即奔赴武斗地区。听到这些消息，我又开始坐立不安，我太想经历这样的场面了。我们这一代是在理想主义和革命英雄主义的宣传和熏染中成长的，我常常遗憾自己没有赶上战争年代。现在烽烟四起，全面内战，我内心充满了参加战斗的渴望和新奇感。我决定马上出发，哪儿战斗最激烈就去哪儿。我还有一个计划，参加完武斗，直接奔赴越南战场。

  1967年5月初，四川成都的造反派"八二六"和拥护当权派的"产业军"发生了激烈的流血冲突。传到北京的消息说，十多万人参与武斗，死伤千余，还打死了北京去的红卫兵。现在成都落入"保皇派"的手中。北京各校红卫兵听到消息纷纷派人去四川支持造反派。

  我决定到刚刚发生大血战的成都去。我是一个散兵游勇，不在任何组织，但这挡不住我奔赴"前线"的勇气。

  还是老办法搞的票，同行的还有邮电学院的几个男女同学。

  在成都我们住进了四川大学。天正在下雨，成都的五月总是那种靡靡细雨的天气。我没有雨具，买了一个直径二尺的大斗笠，高挽裤脚，穿着一双草鞋，在川大校园里穿行。我特别喜欢这身打扮，自己感觉如同女红军一般，透着一股飒爽英姿。我喜欢穿草鞋，一毛钱一双，晴雨都不怕，连脚气都好了很多。

　　我们住在教室里，床是由课桌拼起来的。我发现同屋有一个师院附中高二的女学生马晓力，她是前劳动部长马文瑞的女儿。这些干部子弟文革初起时个个都不可一世，后来父母被揪出，才知道落寞和悲观，也稍微平民化了一些。在水池洗脚时与她照面，她竟主动与我说了几句话，让我心里对这些人又升起一些同情感，她毕竟不像其他红卫兵那么狂傲野蛮和偏激。

　　本来这是小事一桩，不值得提及，但多少年后知道了马晓力的为人，她不仅不像多数高级红二代那样骄横跋扈，而且曾在师院附中百年校庆中向受迫害的老师道歉和默哀；曾举报和要求制止在人大会堂演出带有文革之风的红歌会；曾给党中央总书记写公开信要求公布中央委员候补委员及人大代表的财产状况；曾反对当局在内蒙小学强制推行汉语教学……是一个有头脑有良知的人。联想当年，她对我的温和态度，与今天她的作为是一脉相承的，故以画表示敬重。

成都的几场大规模武斗已经过去。中央文革在 5 月 7 日发出解决四川问题的声明，支持造反派"八二六"。"产业军"垮台了，从成都撤到农村，等待包围城市的那一天。

街上已经看不到什么武斗的迹象。午饭时，街上都是吃饭的女工，花衬衫，戴袖套，身围着一个饭单（围裙），手拿一把巨大扁圆带把的搪瓷缸子，里面盛着饭菜，三五成群坐在商店或作坊门口，边吃边聊，似乎政治、斗争都与他们无关。只有满街的高音大喇叭里不断地播放着"八二六"的派歌："南飞的大雁，请你快快飞，捎封信儿到北京，八二六战士想念亲人毛主席……"曲调借助一个藏族民歌，调子很好听，听久了，也会唱了，经常不自觉地跟着喇叭唱，可是一唱到"八二六战士"就又咽回去了，谁知道"八二六"是个什么玩意儿。

像在任何城市一样，再心怀革命，也忘不了吃。我在成都吃了赖汤圆、龙抄手还有地地道道的夫妻肺片。

看来成都没有什么太大的活动余地了，我们呆了几天继续往西南行走，经贵州去昆明。

同行的邮电学院学生中有一个叫陈野的男同学，与我同岁。身材十分瘦小，几乎像个十三四岁的孩子。他来自贵州某县的贫农家庭，原名就是一个农村中最常见最普通的名字，文革中他把自己的名字改成野，以示不羁的个性和自由狂放的生活方式。这已经使我心里暗暗佩服，想想，在火热朝天的革命时代，人人都改名为卫东、卫红、卫革时，他却改名为"野"，这需要有多么特立独行的性格。

陈野分析形势头头是道，既有思想和见地，感觉也很灵敏。他不偏激，更无当时工农兵干部子弟的优越感。他和我们同行与革命关系不大，只是想了解社会民情。我很喜欢和他聊天，主要是听他讲。

有一件事给我的印象最深。火车站尽是要饭的，每停一站一群蓬头垢面衣衫褴褛的乞丐就涌向窗口，伸着手讨钱讨吃。我很烦，说要是换了我，宁愿饿死也不会向人家屈膝乞讨。陈野的反应很激烈，没想到他是如此的愤怒。他谴责我："你知道什么叫饿吗？你们城市人养尊处优，过着阔小姐一样的生活，从来就没有挨过饿。你们根本不知道什么是饥饿的滋味，才说出这样的风凉话来。当一个人饿的忍耐力达到了他的生理极限，求生的欲望是第一位的，其他一切都是次要的。你们根本不懂得什么是生活，也不懂得什么是同情心。我经受过饥饿，如果我饿极了，没有任何出路，我是会去要饭的。而你们到了那时候也不会保住你所谓的尊严。"这一席话说得我很惭愧，我对这个农民的儿子越发地敬重起来。

5月中旬，我们到达了昆明。一下火车，就沿路看大字报，昆明的两大派组织是"炮团"和"八二三"。我们一行人不约而同地站到了"炮团"的立场上。"八二三"是造反派，由于有昆明军区和省委的支持，他们控制着昆明以至整个云南的局面。街上高音大喇叭播放着他们的"派歌"："葵花向太阳，战士心向党……"以后很长时间我都不再唱这支歌，总觉得充满了挑衅意味。他们还不停播放一首骂"炮团"的歌："四二六大杂烩，老保玩火来示威，革命造反派造了他的反……"结尾连呼"造得好来造得对"，滑稽的是，云贵川语系的"造"发音"操"（第四声），于是满街都是"操得好来操得对"的呼喊，我们这些北方人听来实在不雅。"炮团"则是较温和且有理有节的，他们也有"派歌"："抬头望见北斗星，心中想念毛泽东……"我也不喜欢这支歌，觉得其中有些失败主义情绪，不提气。

我们借着邮电学院的关系，在昆明市邮电总局招待所安顿下来，然后即和首都红卫兵三司驻昆明联络站挂钩，他们也都是支持"炮团"的。

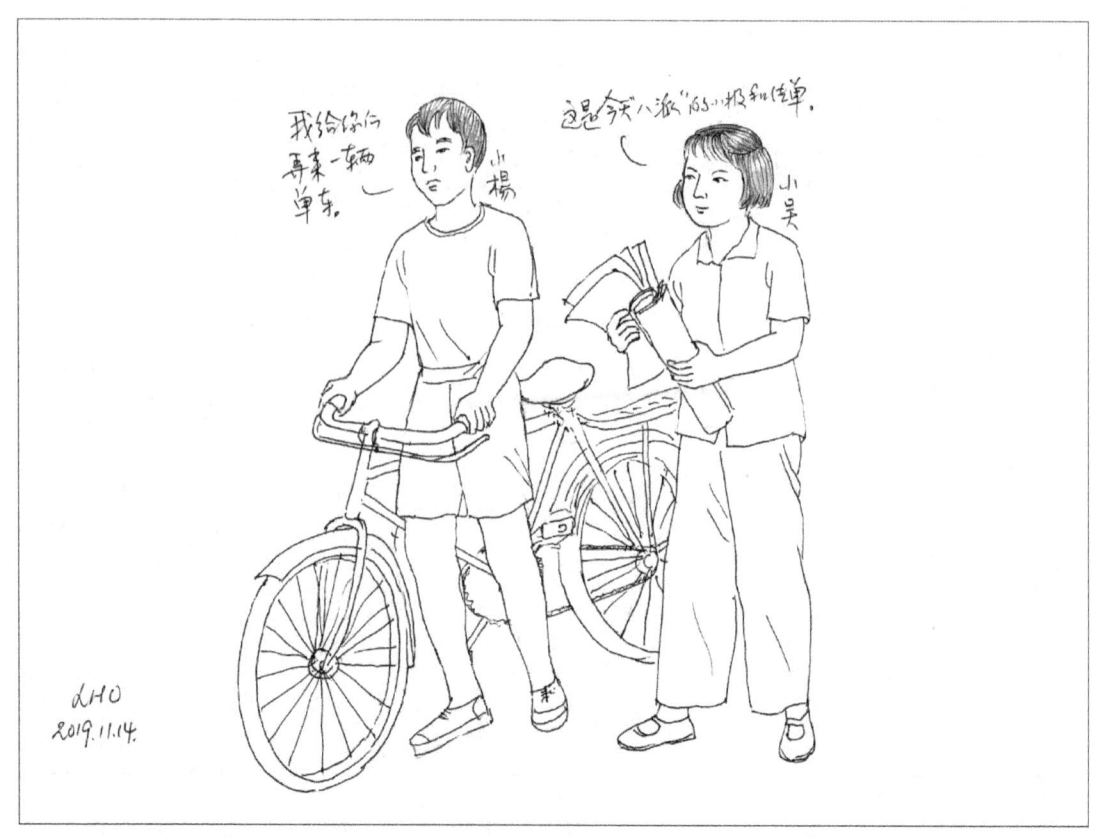

在昆明我们认识了许多当地的中学生，他们像小尾巴一样跟着我们，忠实地为我们跑腿送信，提供一切方便。有一个十五六岁的男孩子叫杨崇寿，非常热心，他是军卫校的子弟，母亲是军人服务社的工人。小杨跟我们鞍前马后地跑，每天一早就到我们的驻地，跟我们去收集材料，为我们提供情报、带路、买东西、借自行车。我去过他家几次，受到了他和母亲的热情招待。

还有一个十五六岁的女孩子几乎是形影不离地跟着我。她叫吴家惠，是化工学校的学生。她是个漂亮的姑娘，圆脸，整齐浓密的眉毛，眼睛细长，眼神温柔。最有特点的是鼻子和嘴，鼻子高而挺直，鼻尖稍稍勾进去划出一道优美的线条。嘴小而丰满，轮廓分明，红红润润的如一朵鲜花。从侧面看去，她的脸部轮廓的线条匀称而且完美。她的性格娴静，踏踏实实地做事，一点也不张扬，对我们这些"北京来的人"钦慕之至，言听计从，和小杨一样尽其所能帮助我们。

　　我们的工作是收集和整理两派的活动和动向，向三司联络站汇报，据说三司"通天"，任何情报直接上达最高机构。为了保密，他们还编了一些暗语，比如中央文革是"父亲"，"炮团"是"梅"，"八二三"是"媳妇"，"八二三"所保的省委领导李成芳（云南省委书记，昆明军区政委）是"孙子"。中央文革的四点指示是"四弟"。这样一份往上递送的情报就写成："昨日在省体育馆传达父亲的四弟时，媳妇在孙子的操纵下，挑起了大规模的武斗，梅死伤三十五人，媳妇死伤情况不明。"

　　有一天夜晚，我们得到了一个重要情报，是和原云南省委第一书记阎红彦之死有关系的。阎红彦死于1967年初，他的死因始终是个迷，公开的结论是"自杀"，但是"炮团"一直怀疑阎红彦死于他杀，那次的情报是"炮团"发现了一个新的证据，需要立即送交中央。

　　三司联络站驻昆机构设在云南大学内，而中央文革信使第二天一早就要回京汇报。已是夜间十二点多钟，大家还都在忙，我自报奋勇送情报。我骑了一辆自行车，是跟当地"炮"派借的。卸下自行车把手的塑料套，把"情报"卷成小卷塞到里面，再把塑料套装回去。穿过阒无人迹的街道和树影摇曳的校园，我没有任何畏惧，心里充满着神圣的使命感，觉得这和战争年代何其相似。找到了三司总部，那里仍然灯火通明，他们对一个女孩子连夜送情报很感动，热情握手，答应马上递交中央。

　　昆明是"抗美援越"的前沿，各种军事机构和军事院校都在这里。受到地方上文革的影响，军队也裹挟进了混战。云南的武斗当时还没发展成大规模的内战，但是已见端倪。有一天我在街上行走，经过步兵学校时，见一伙被"八二三"派关押的"炮"派解放军学员正在集体翻墙逃跑，我站在街头观看，不知里边发生了什么，只觉得惊心动魄。

五月底的一天，我们接到"炮"派情报，解放军卫生学校的"炮"派在礼堂开大会，被"八二三"派包围，殴打侮辱学生。不给他们饭吃水喝已经有两天了，有些女生已经晕倒。连上厕所都不让去，他们只好在礼堂中男生女生各围一圈在中间解手。

听到消息，我和邮电学院的一个女生立即赶赴现场。呈现在我们眼前的景象令人震惊：包围正在解除，"炮"派学员已经"投降"，几百个男女学员排着队，拉开距离，双手抱头作投降状，鱼贯地走出礼堂。卫校双方学生都穿军装。占了上风的"八"派端着枪，或拿着其它武器站在一旁押解，面目凶狠地吆三喝四。投降队伍一字长蛇，无声地行进，他们的军帽被没收，领章被拆除，男生的脸上现出悲愤屈辱的表情，女生头发披散，脸上淌着泪。第一次看到"自己人"——解放军——"投降"，我和同去的女生都哭了。我们帮不了他们，能做的也就是观察，写材料，上报中央。多年以后知道这就是昆明有名的"五二八、五二九军卫校冲礼堂事件"。

十五 动摇的钢铁长城（1966.5-1966.7）

"五二九事件"之后"炮"派在军区门口举行了万人大静坐，要求释放被抓学员，惩办"八"派凶手。静坐达七天之久，直到军区政委出来承诺成立调查组，认真调查，严肃处理才结束。

我天天去静坐现场观察事态发展，对解放军内部打仗感到很不安，我们早已经接受了解放军是钢铁长城这样的概念，如今钢铁长城也在分裂瓦解，这到底意味着什么？我看不清形势，但是觉得动荡愈演愈烈。

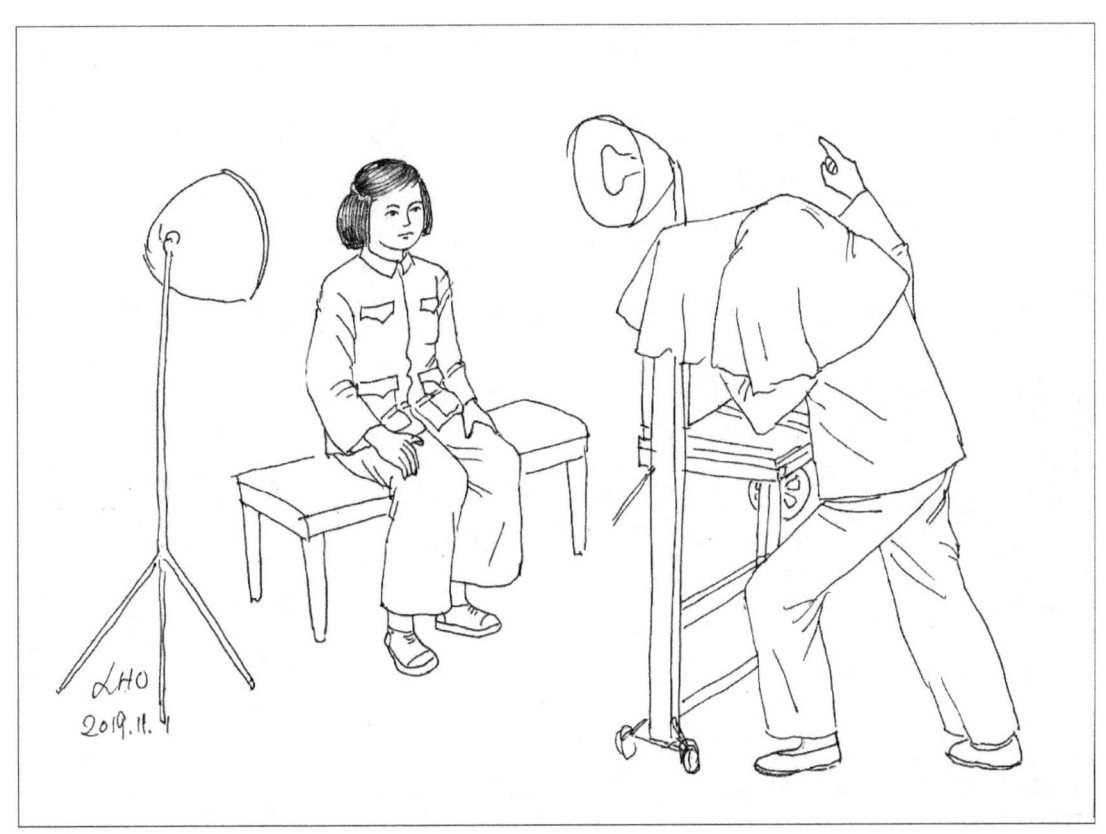

　　我朝思暮想的是有一件军装，但是丝毫不是因为羡慕高干子弟，那时几乎每个青少年都穿一身假军装。毛主席天安门接见红卫兵，广场上一片草绿色海洋。穿"军装"是时尚，我一个女孩也不能免俗。我跟小杨说起过自己的愿望，他毫不迟疑地答应给我搞一件。他说，容易办到，因为武斗有一派离开军卫校，各个宿舍都有遗留的军服。几天后，他真给我拿来一件旧军装，洗得都发白了。这正是我想要的样式，我高兴极了，马上穿着去照相馆照了一张相。

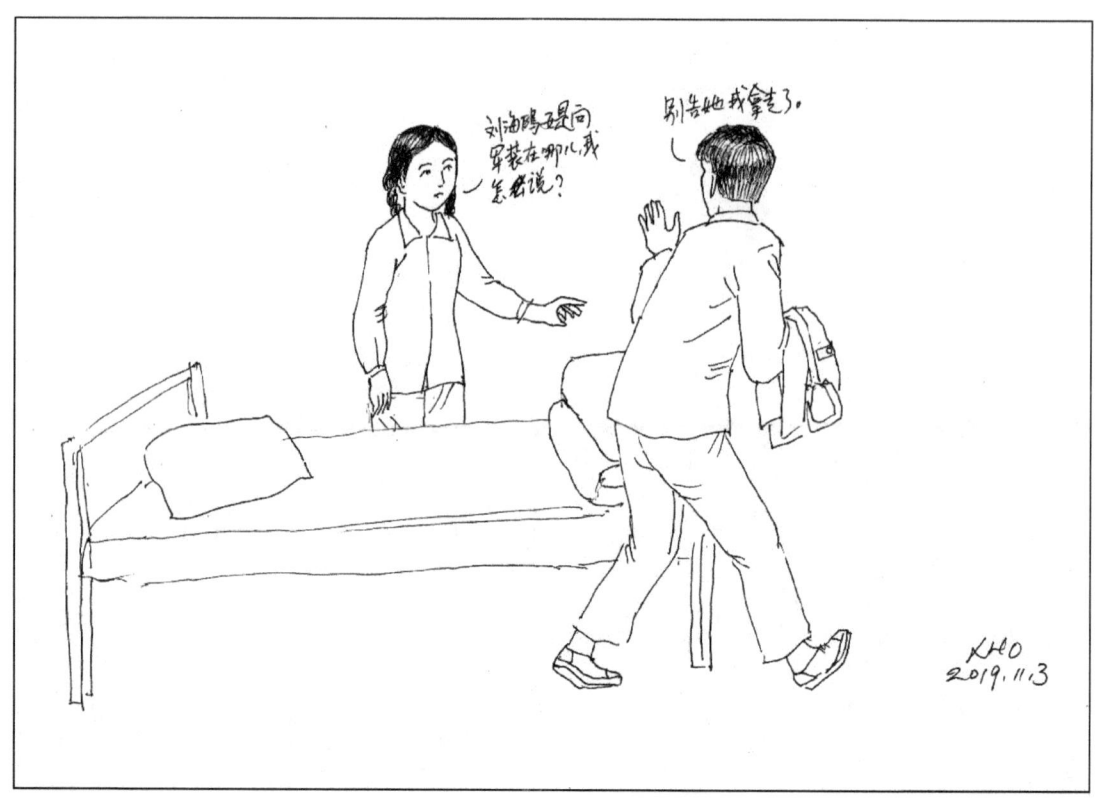

  邮电学院的学生老韩看见我穿着军装,问军服从哪里来的,我告诉他是小杨送给我的。他说,你不应该要。不知道他是指我不应该从"群众"那里搞军装,还是我这种出身的人不配穿军装。

  老韩自诩为我们这队人马的队长,他也是北大附中毕业的,和我同级不同班。在附中他是学生会宣传部长(我在他手下画了三年黑板报),也是班上的团干部、班主席,很有领导能力,工人出身,一身凛然正气的样子。但是我一点也不喜欢他,总觉得他太一本正经,正经得有些假模假式。

  第二天趁我外出,老韩溜到我的宿舍从我枕头底下偷走了军装。

晚上我从外面回到住地，发现军装不见了，别人告诉我是老韩到我宿舍拿走的。我跑去问他，他却装作不知道，又含糊其辞地说，你就别穿了。我很生气，如果你觉得我不配穿想没收或禁止我穿可以跟我挑明了说，为什么要偷偷地拿走偷偷地处理，还不敢承认呢？我对他的优越感和做事萎萎缩缩不光明磊落很反感，不再服从他的领导，后来各走其道。

不久邮电学院的学生先后回了北京，只有我一个人留下来了。

家惠知道我一直想下专区县查看民情，就建议我们去建水。她哥哥在建水当部队卫生员。她到汽车运输公司找了一辆去建水的卡车。家惠的哥哥是一个相当英俊的小伙子，简直可以说是俊美。他的相貌绝对是让姑娘心动的那种，可惜对我他表现出太多的尊敬甚至是崇拜的样子，忽视了我的性别和年龄。在建水的其他战士都是这个态度，好像我是京城来的钦差大臣，对我毕恭毕敬。我的每一句话都像是在发号最高指示，弄得我简直不敢说话了。

回北京后我收到了一些战士给我的信，寄给我一张排排坐学毛选的照片，信中说他们想买手表但买不到，希望我能在北京帮他们买五块上海手表，收到表后会立即把钱寄来。我哪里办得到，一块表120元，我家的存折全部冻结，妈妈每月只有生活费25元，怎么拿得出这么多钱，那些战士把北京人都当成了大财主。

　　卡车还要去个旧拉货,路上司机带我们去看了一个燕子洞,那景色真是壮观。几十丈高的天井状的岩洞里,栖息着成千上万只燕子,叫声震天,一旦飞起来,黑压压遮天蔽日。在我们脚下,则是燕子粪堆积起来的土地。

　　我到云南的最终目就是去越南打仗，回到昆明我开始策划越南战场之行。家惠帮忙找运输公司的"炮"派司机联系了一辆去往西双版纳的卡车，在那边再寻找越境之路。家惠也义无反顾地要和我一同上战场，我们就一道出发了。

　　卡车是专门为我们开的，车上还捎了一些学生，有几个是北京来的。我们都站在车斗里，车斗上有一个帆布篷遮挡灰土。一路上红色土壤的干尘随气流的旋涡全都扑进车斗，又闷又呛。大家争着站在靠驾驶舱的地方，可以看风景，又不吃土。

　　车在山里行走了好几天，山高而险峻，公路崎岖，经常连续拐十几个U字形的死弯，与对面来车擦肩而过。司机开车还很野，开得飞快。在悬崖峭壁的路上，转弯时根本看不见对面来车，只是鸣喇叭探路，速度不减。司机说他开惯了山路，有一次回北方老家探亲，在又平又直的公路上简直不会开车了。在路上经常可以看到对面山腰上横陈着从公路上翻下去的汽车残骸，卡车公共汽车小汽车，什么车都有，不过我却从来没有担心害怕过，到底是年轻。

　　云南是少数民族集聚最多的省份。有一天汽车在大山里行走，正赶上"赶摆日"，十岭八乡的农民挑着背着扛着顶着货物，沿着公路上集。赶集者穿着不同民族的服装，虽然不似我们在电影和舞台上见到的那么簇新华丽，但也多姿多彩，煞是好看。我们尽自己的知识数着：苗族、彝族、布依族、白族、纳西族、景颇族、侗族、傣族……还有的叫不上来，从来也没有见过如此众多的少数民族聚集在一起。

　　一路上整体给我留下的印象是穷，除了那天赶摆，沿途所见多是衣衫褴褛、灰头土脸的农民和乞丐。每个小县城或小镇子只有一条主街，街上只有零零落落的几个商店，里面除了生活最基本的需用品外什么也没有。一天在墨江停车吃饭，墨江县城小小破旧，大约这个地区遭了什么水旱灾，满街全是逃荒的和要饭的人。女人黑短裙、黑绑腿，男人穿黑衣服、黑裤子、黑布盘头，黑压压的一大片，与墨江的县名相呼应。听说这是彝族的一个分支，叫黑彝，住在山里，非常贫穷。饭菜一端上来，立刻被他们呼呼啦啦地围住，你还要小心护住你的吃的，一不留神东西就被抢走了。我们受不了这个阵势，吃了几口就离开了，一群人立刻扑到剩下的食物上。

　　越往南走，道路越是坎坷不平，路面被援越的坦克履带压得一棱棱的，车子咯楞楞地行进，颠簸得厉害，我晕车也越来越厉害。在到达景洪的前一天，我的耐力已经到达了极限，恶心、不吃不喝，只能昏昏沉沉躺在肮脏的斗车里，身上盖着一层红色浮土（云南的土地多是红土地）。

行程四五天,终于到达了西双版纳的景洪。下车走了没几步,就呕吐起来,吐完后觉得舒服多了。

西双版纳的"西"是十的意思,"双"是二,"版纳"是州的意思,指这里有十二个州。比起内地来版纳好像是另一个世界,高脚竹楼在巨大的热带树木中露出边边角角,街上傣族女人头盘大髻,穿着薄纱紧身上衣,彩色纱笼,袅袅娜娜地走路,个个如画中仙女。这是一个让人斗志完全松懈的地方。不过,经过了那么多的紧张生活,我也乐得这样放松一下。

版纳的天气闷热，每天下午三点钟左右准有一场暴雨，雨过之后气温没有缓解，仍是闷热。好在澜沧江就穿过景洪镇，可以在江里游泳。镇子上的傣族男女常在江里洗澡。女人洗澡的方式很有味道，她们穿着衣服慢慢走入水中，随着水面的高度把纱笼一点点卷起来，卷得很技术，既不湿纱笼，又不泄春光。水过腰后将纱笼盘在头顶，出浴后再按原路将纱笼放下。我借了一条纱笼，试着挽起入水，但是配合不好，纱笼很快就湿了，索性上身穿着衬衣，下身裹着纱笼扑进水里。衣服兜水，游不起来。其实我根本就不会游泳，胆子却很大，在江里扑腾了好一阵才上岸来。不管怎样，我算是在澜沧江里游过泳了。

在景洪认识了一个傣族小姑娘纳翠花，文革中改名叫纳志坚，她个子矮小，圆脸大眼睛，浑身上下都圆滚滚的，不像满街都可以看到的苗条细长的傣家姑娘。她跟我们很要好，是我们的小向导。

纳翠花带我去了景洪最有名的佛教寺庙，那本来是一个很堂皇漂亮的庙宇，现在被外来的红卫兵造了反。佛像扳倒，佛器散了一地。地上撒满了抄着佛经的贝叶，不知道是傣文还是梵文。翠花说，拿吧拿吧，都快被人拿光了。我知道这是文物，不敢多拿，拣了一小片夹在日记里作纪念，保留至今。

（庙堂被砸得惨不忍睹，但这幅画中画得整整齐齐，因为我不想对神灵有所不敬。）

    我很想看看傣家的竹楼。纳翠花带我去她的大爷家，是一个典型的竹楼，下面养猪，上面住人。楼上的地面是竹片编的，擦得光光亮亮，屋里没有什么家具，空空荡荡。她的家人对我们十分客气，因为语言不通，我只待了一会儿就走了。

　　镇上有许多芒果树。我知道妈妈最爱吃芒果，想给她买一些。那时的芒果还是青绿，酸得倒牙，可我还是要买，也许放放就会熟的。纳翠花带我去了一家有芒果树的人家，从树上现摘，装满了我带的旅行包（一个大的绿色帆布背包），足有十几斤吧。这么一大包只收了我一元钱，可我当时还觉得很贵。我请正准备返回昆明的几个北京的男孩子先带到昆明，让他们回北京时给我妈妈送去。我自己继续留在版纳，准备去越南。

我一到版纳就探听去越南的道路。纳翠花找来一个当地人告诉我们，需要走八十里到中老边境的勐腊，先到老挝，再从老挝过境越南。又说边防哨看得很紧，抓到还好，抓不到在远处开枪打死你没商量。还说有些边防哨比较松的边境，要翻山越岭，穿密林荆棘，道路很难走，还有毒虫猛兽，总之都是困难困难困难。看看我身边只有忠实的吴家惠小姑娘一个人跟着我，想想还是算了，我已经没有了文革初期的那股闯劲了，现在的唯一目的是远离师院附中的所谓"革命"，但不一定非要走抗美越南这条路，我们决定打道回府。

纳翠花和我们依依不舍地告别，她送了我一张照片，是很庄重地在照相馆照的二寸黑白布纹纸相片。奇怪的是她穿了一身景颇族的服装，还戴满了景颇头饰。她的样子甜美可爱。

　　回昆明的卡车上，有一帮昆明的女孩子，还有一个十四五岁的北京女孩跟我们一起走，她说她叫刘海英，父亲是东海舰队的司令员。女孩很傲气，只和我说话，因为我是北京人，名字和她相似。我还告诉她我有一个姨父也在海军，她更把我当作同道了。她对那几个昆明的女孩不理不睬，她们也不喜欢她。

不久昆明的女孩们跟我说刘海英不诚实，编瞎话，偷东西。她们丢了很多东西，认定是刘海英偷的。女孩们趁着她不在住处翻看她的提包，果然各自找到自己的物品，我的钢笔和牙膏肥皂也在里面。女孩们说她根本不像干部子女，一定是冒充的。我问了刘海英一些问题，比如海军大院在哪，海军司令员是谁（我教的学生里有海军大院的还有一个是海军司令员的孩子），她都不知道。

　　我们都不喜欢这个鬼鬼祟祟的女孩，决定把她甩掉。一天早上，我们早早地起来，趁她还在睡觉，登上卡车离开，把她一个人留在了大山里的小客栈。

　　后来每想起那个被我们丢弃的女孩，心里总是不安。一个女孩子，恐怕是家中遭受了不幸，一个人出来游荡，也是很不容易的，为了生计不得已而撒谎偷东西也是情有可原的，却被我们丢弃在深山老林。虽然每天过往的卡车很多，她搭车也不难，但是反省自己的行为：我们都不懂得宽容，不仅没有宽容，内心还充满变本加厉的警觉和仇恨，正因人们多持有这种心态才会有文革中如此惨烈的自己人杀自己人的武斗。

　　回来的路上经过一个县（记不清是哪个县），我们下车参观了县城中学。校园很大，校舍竟是古旧的西洋式建筑，两层楼，阳台式走廊，石柱间是拱形顶相连。院中还有废弃不用的喷水池。我心中很惊异，这么偏远贫穷的地方竟然有这么像样的学校。这个学校起码有上百年的历史了，这应该追溯到鸦片战争以后"帝国主义文化侵略"。从某种角度来说，西方打开中国的大门也给中国带来了利益。

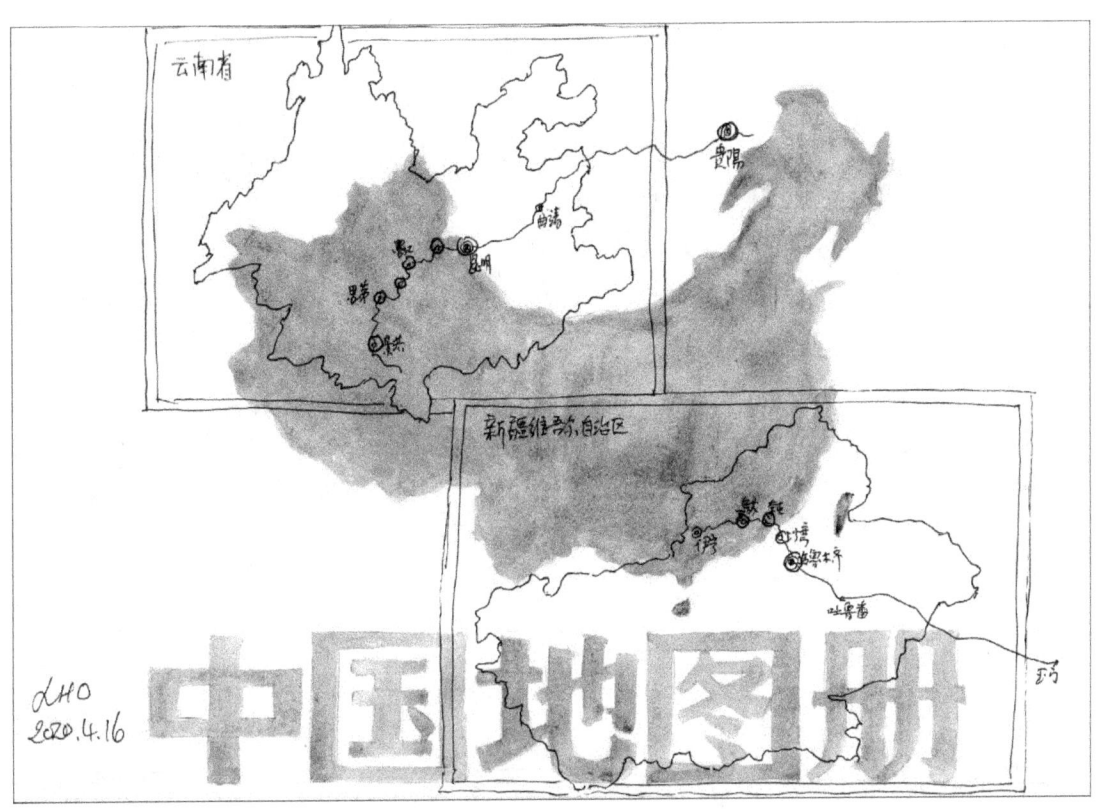

文革中为了方便学生串连出版了一本简明中国地图册，那时在外跑的学生几乎人手一册。这是我出门时必备并且最喜爱的物品。地图横长，16开本，颜色很单纯，底子是白色的，只有黑棕蓝几种线条。棕色勾出省界和公路，黑色是铁路，蓝色是河流。我每到一地，就用红笔画上一个圈，心满意足地看着圆圈越来越多，分布的范围越来越广，我的心越来越充实。

我的串连地图上，又多了一堆圈圈：滇池、晋宁、玉溪、新平、元江、墨江、宁洱、思茅、景洪。这是我这次行程所经过的地方。

　　到了昆明后有一个朋友带我到翠湖宾馆去见一个北京人。宾馆很高级，在翠湖公园里被湖水包围着，古香古色，有廊有厦，雕梁画柱。那个北京人叫张慕军（化名），北京某技校的学生，自己支起一摊"北京红卫兵造反司令部"，当总司令，和三司不搭界。他住在宾馆最高级的房间里，身边还有一个"秘书"，是个十五六岁的贵阳女孩。张慕军满口京片子，自称高干子弟。我这个北京胡同串大的人搭眼一看就知道这就是个北京的胡同串子。张"司令"对我爱搭不理，不让我住在宾馆，但是他的"女秘书"对我挺热情，知道我要取道贵阳回北京，还给了我她家的地址，让我到她家去住。

　　在昆明还碰见了替我带芒果的北京男孩，问他芒果在哪里，那孩子嬉皮笑脸地说都吃掉了，还给我了一个空背包。我气得和他嚷嚷。他说，天那么热，都要坏了。再说芒果酸极了，一点都不好吃。我只好作罢。

　　我已经没有兴趣再在昆明呆下去了,这时已经是七月份,天气燥热。我的嘴唇因为上火烂得一塌糊涂,我觉得需要回家休整一下了。小家惠还是寸步不离地跟着我,我决定带她到北京去玩。我们找了一辆卡车,先从昆明搭车到贵阳,再坐火车返京。

　　汽车在大山里盘旋,路边有小块小块的梯田,忽然间我看见在一块梯田的田埂上躺着一个"人",用蓆子裹着,穿着黑裤子的小腿露在外面,浮肿的脚沾满泥巴。我问司机那个人怎么了?司机轻描淡写地说:"那是个死人,是看水的,山里缺水,生产队之间常为了截水打架,打死了人就这么一扔,完事。"我感到人命是如此不值钱。

　　车子开到安顺,司机把我们带到黄果树看中国最大的瀑布。在那里又遇见了师院附中一个学生,他妈妈是北大附中的老师,所以我认识他,他给我和家惠照了好几张相片,可惜以后再也没见到他了。说这件事还是说个"巧"字,中国那么大,串连中却总能在不着边际的地方遇见熟人,不知该怎么解释了。

　　到了贵阳，因为中央早已发出停止串连的通告，到处也找不到免费吃住的接待站了。我们只好跑到张慕军的"秘书"家去住，她妈妈是卫生厅的干部，对我们还不错。免费车票也搞不到了，到火车站侦察了一番，看管也挺严，扒车很困难，我只好做买票的打算，可是身上的钱已经不够。我问女孩的妈妈能否借我一些钱，她妈妈痛痛快快就给了我二十元。我千保证万保证到了北京一定奉还。她妈妈表示不用还了。我当然是要还的，这是我做人的原则，决不辜负别人对我的信任。

　　从贵阳到北京的火车上，车窗一直开着，我在窗边坐着，任凭强劲的风吹拂。蒸汽火车烟囱冒出来的黑末子从纱窗中钻进来，落得满头满脸。在火车上又遇到了我托他带芒果的那个北京男孩，他凝视了我一会儿，突然像发现了什么："你像一个话剧演员！"我把他的话当作夸赞，心里怪得意的，谁知回到家里一照镜子，才知道煤灰把我的眉眼鼻子颜色都染黑了，就是个黑老包的脸！

到了北京我立即给贵阳女孩的妈妈汇款还钱，刚把钱寄走，张慕军带着贵阳女秘书也来到北京，马上来我家讨要那笔借款，显然是女孩妈妈告诉他们让他们来要的。我告诉他们钱已经寄往贵州，他们不相信，以为我赖账。女孩妈妈一方面不要我还钱，一方面又叫女儿来讨债，这些成年人的话真不可信。

没几天收到了女孩妈妈的一封信，说她收到了汇款，她说把钱借给我就没打算我会还的，想不到首都的红卫兵是这么诚实讲信用，信中千感谢万感谢。我拿着感谢信，去张慕军家给他们看。果然他家是小胡同里的典型的市民家庭，住在一个大杂院里，他的父母就是所有的胡同里都能遇到的张大爷李大婶，他们全家正在院子里包饺子，家里小得进不去。他已经和那个贵阳女孩结婚了。我觉得很奇怪，那个女孩怎么这么早就轻易地结了婚呢？

文革中高干子弟是个响亮的名片，引来很多人冒充高干子弟以便为所欲为。这个张慕军运气还算好，享受了高级宾馆和泡上一个女孩。有些人可就悲惨了，师院附中一个田钦老师的弟弟被红卫兵指责冒充高干子弟，活活打死。

十五 动摇的钢铁长城（1966.5-1966.7）

　　家惠住在我家里，她又根据乡音结识了一个云南杂技团的女孩小林，也是十五六岁，是演柔术叼花节目的。小林说他们团全体上京告状，住在北京杂技团，全团人一起住在一个排练厅里，都睡地上。我很奇怪，天那么热，男男女女的怎么睡在一起？后来杂技团的人都回去了，小林还留在北京，我邀请她到我们家住，带着两个女孩游览北京的名胜古迹。

　　小林七八岁就进了杂技团，在文艺团体呆惯了，在屋里只穿着三角裤和乳罩，坦然地在我们家人面前走来走去。平时在家我们几个女孩在爸爸面前都穿得整整齐齐，小林弄得爸爸十分尴尬，妈妈非常生气，觉得她轻贱，对她态度很不好，简直要把她撵出去。我倒觉得小林是个很天真单纯的女孩，她训练和表演叼花时就是这么一身短打扮，不觉得有什么不对。谢天谢地，妈妈没有对她发作。

　　家惠和小林回到云南后和我一直都有通信联系。1986年我到昆明开会找到了她们。家惠在一个幼儿园当会计。上山下乡时她在农场是一个模范铁姑娘，后来派她开推土机，从当年驾驶推土机的照片看来十分英勇气派，像中国第一个女拖拉机手梁军或第一个火车司机田桂英那么帅气。家惠因为特别喜欢北京人，专门找了一个在昆明工作的北京人做丈夫。她有一个女孩，四五岁，长得很像她

　　家惠的哥哥在八十年代已经是有名的整容医生。他在部队时常处理外伤，复员后作起了整容手术。技术高超，生意火爆得很，许多境外华人慕名回国来找他整容。家惠力劝我在她哥哥那儿做一个割眼袋的手术，对我免费。我没有做。

　　小林已经有了三个孩子，早已离开了杂技团，在一个学院做工会干部，经常组织几个院校联合的交谊舞会。她带我去参加了一个学院舞会，她一个一个地带着那些想跳又找不到舞伴或不好意思跳的男士跳舞，忙得团团转。

　　写着家惠和小林地址的通讯簿在我到澳洲的第一天就丢了，以后多次查找她们，也没有联系上。2002年我去云南和澳洲朋友参加支教，去之前我打电话到昆明各个学院查询小林的下落（我记不住她在哪个学院工作了），找到了她就可以同时找到家惠。那些学院都升了级，改成了大学，人事干部也都是年轻人，又都不懂电话礼貌，只说一声"没得这个人"就挂了电话，根本不容你再多说一句。

　　照片是1986年在昆明相聚时拍的。中间是家惠，右边是小林。

十六、上战场，枪一响……

（1967.8-1967.10）

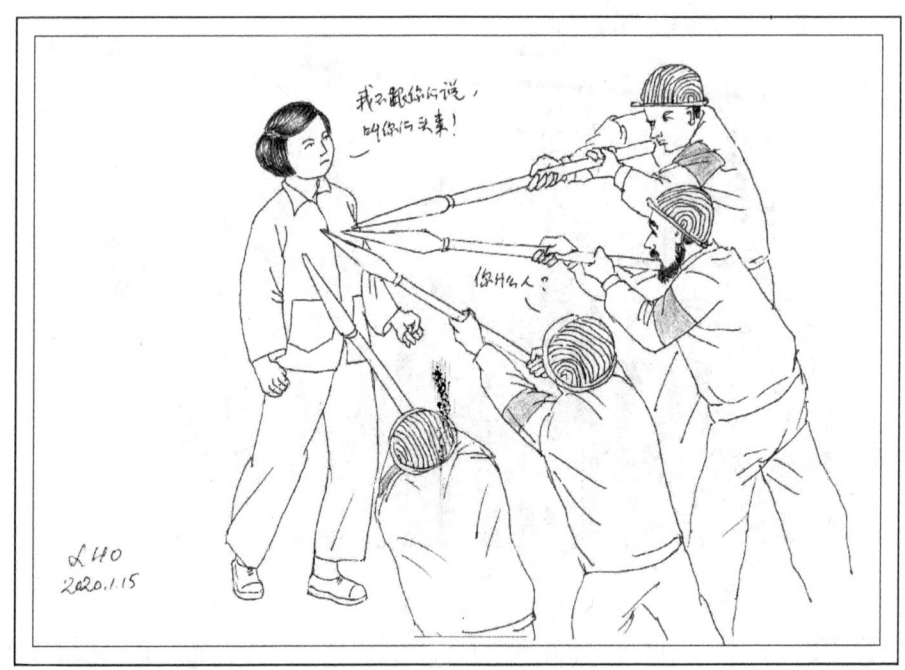

林彪说"在需要牺牲的时候，要勇于牺牲包括牺牲自己在内。完蛋就完蛋。上战场，枪一响。老子下定决心：今天就死在战场上了！"这句话当时最受青年人青睐，很多人高颂着这条语录投身于混战、恶斗，就这样"死在战场上了"，而发起混战的老人家则轻描淡写地说"死得轻如鸿毛"。

1967年7月份全国的武斗已经发展为全面内战。

有消息说新疆那边闹得更凶，我心里又活泛起来。新疆非常吸引我，一是因为那里也爆发了大规模的武斗。前两个月在云贵川虽说有武斗，但是没有真正看到武斗的场面，没有真正经历过"腥风血雨"的"考验"。二是那里有维吾尔族，哈萨克族等民族，他们不同于其他的民族，饶有异族风味，我从很小的时候就对新疆感到既神秘又浪漫。最重要的是姐姐海燕在那里，我已经有几年没见到她了，我要去看看她。

我去找外地上访人员搞火车票。上京告状的人现在大多住在北京大专院校第三司令部的大本营地质学院。我找到了新疆人的住处，他们都是新疆造反派红二司的。听说我要去新疆支持红二司（其实我根本不了解红二司是什么观点）。他们当然十分感激，票很顺利地就弄到手了。在地院我还认识了两个机械学院的学生，也在搞票子，我们决定一起去新疆。

克阳知道了我要去新疆，也要去。那时我们关系有些紧张，因为她在中学生的"四三"派里搞得很热闹，我觉得"四三"派过激，常常和她发生争执。这次她主动找到我，我也就替她弄了一张票。

我装好了绿帆布挎包，每次串连它都跟随着我。里面有一两件衣服，和一些假证件。我搞到了一个假学生证，还有一些盖了章的空白介绍信、毛主席语录、扑克牌和串连地图册。

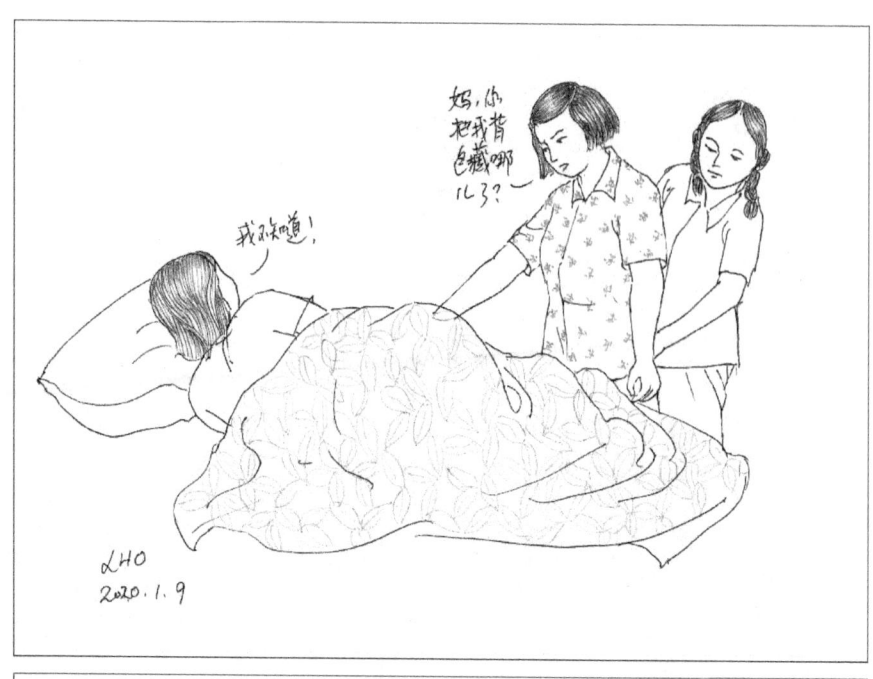

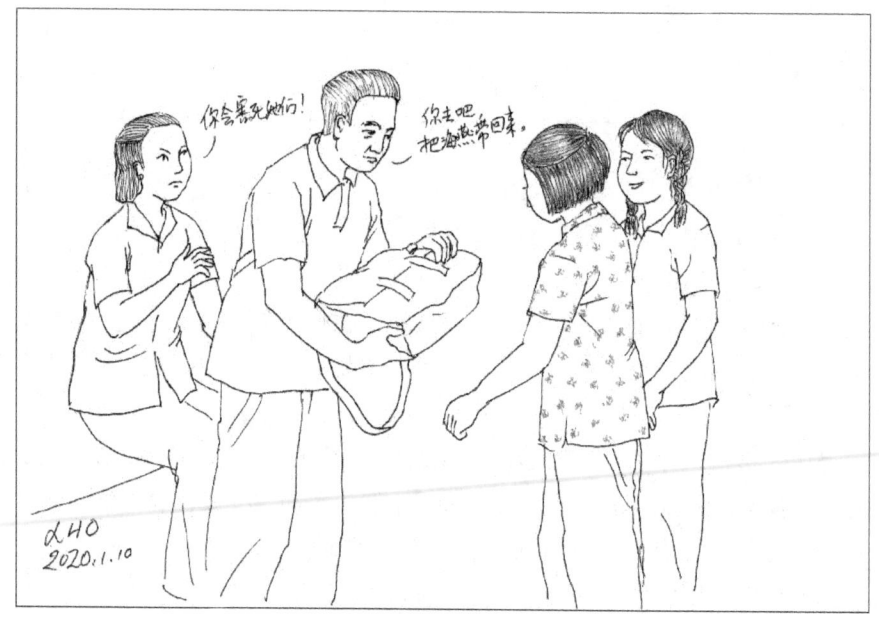

　　临走时发现挎包不见了，到处找不到，原来是妈妈藏起来了，她担心我的安危，坚决不让我去。我气得不得了，跟她大吵大闹，她就是不把书包还给我。

　　没想到第二天爸爸把挎包拿来悄悄交给我，说他是从妈妈那里偷来的。他说："你们去吧，小心点，见到海燕把她带回来。"爸爸为什么支持我去新疆？就是为了海燕！全家人都在为她的没心没肺拼命三郎的性格担心。

八月中旬,我、克阳,还有机械学院的两个学生一行四人出发了。火车到乌鲁木齐需要开五天四夜。第四天的黄昏时分火车到了兰州,说前面夜间常有武装袭击,火车停开了,我们只好下了火车。

兰州也已经变成了壁垒森严的战场,整个城市呈现着好像被"三光"(日本侵华的"烧光、杀光、抢光"政策和罪行)以后的景象。晚上我们在火车站附近找了一所学校进去休息。学校里没有一个人,所有的教室门大敞,里面桌椅翻倒。灯泡玻璃几乎都打碎了,墙上弹迹累累,焦痕斑斑,看来这里曾经发生过惨烈的战斗。

我们在二楼找到一间有电灯的教室,把桌椅拼凑了一下,四个人为打发无聊时光玩起扑克牌,准备就这么打一夜。我们玩的是当时最流行的"四十分进贡",我不会打,乱出牌,总是输,向对方"进贡"。把我的"对家"脸都气白了。

深夜,我们还在打扑克,只听见外面炮声隆隆,一声接一声,发炮的地方不算太远,闪着红光,炮弹是朝我们这个方向打来的,震得玻璃哗哗响,楼板也在颤动。

十六 上战场,枪一响…… (1967.8-1967.10)   41

  我跑到窗口张望，炮火是从对面的一个建筑物发射出来的，目标正对我们这一间亮着灯的教室。我们马上明白了，这个学校已被势力强大的一派控制着，他们赶跑了另一派，今晚见学校里又有灯光和动静，一定是以为另一派又跑回来在搞阴谋复辟活动，所以炮火猛击。

  我们知道此地绝不可以再停留，立即关上灯，猫腰溜出教室。穿过空旷的校园，只嫌院子太大，我们飞快地往火车站跑去。

  我们在火车站台转了一圈（经常扒火车，可以毫不费力地就钻进火车站台里），看见一辆挂着开往乌鲁木齐牌子的火车黑灯瞎火地停在那里，就摸了上去，车上已经有很多人在睡觉，我们各自找了一个长椅躺下。

  不知是几点钟，反正是漆黑的深夜，突然间一阵粗暴的吆喝声把我惊醒："都是干什么的，不许动，谁动就捅了谁！"睁开眼，明晃晃的手电在脸上晃动，照得眼睛睁不开。借着忽闪忽闪的手电光见一群粗大的汉子，面目狰狞，头戴柳条帽，手端长矛。长矛和电筒一起在我们眼前比划着，平生头一次经历这种阵势，不知这些人什么来头，我感到巨大的危险包围了我们，浑身不由自主地战抖起来，克阳也吓得哆哆嗦嗦。实际上车厢里的人都吓呆了，除了那群汉子的吆喝声，没有任何声音。持长矛戴帽盔的人继续吆喝："起来！起来！都带走！"我听说过，被那些杀红了眼的人抓走，是连命也保不住的，难道真是要未曾出师先折戟？

十六　上战场，枪一响……（1967.8-1967.10）

　　正在上牙磕下牙地打颤，只听见有一个镇定的声音："大家谁也不要走，谁也不要动。"武装汉子们的头头被声音牵过去："你们是干什么的？"那镇定的声音道："我们是首都红卫兵司令部三司联络站的记者，我们去新疆调查武斗事件向中央汇报。"汉子问："你们支持哪一派？""我们支持新疆革命造反派红二司。"

　　事情一下子发生了戏剧性的变化，为首的那个头头说："我们是甘肃的造反派组织，我们和新疆红二司的观点是一致的，咱们是同一个战壕的战友。"说罢握手言和，下车之前表示还要替我们站岗放哨，为我们提供安全保障。

　　不知不觉地，人们都已经循着那个镇定的声音围了过去，似乎找到了主心骨。我和克阳也挤到那个人的身边。

　　那个人的镇静给了我极为深刻的印象，我知道跟着他这样的人一起是没错的。第二天弄清了这帮人是中国科技大学的学生，都是一二年级的。夜间镇定退兵的是他们的老师，姓高，是那帮学生的领头。我们和这帮人一同上了去乌市的火车。

　　火车过了嘉峪关以后是满目荒凉的景色，没有绿树草地，只有黄土地、黄土山、黄土建造的村落以及漫无人迹的戈壁滩。人说一过嘉峪关，两眼泪涟涟，海燕当时进疆时大概就是这样的心情吧，我记得她在信中谈过的。

到乌市已是黄昏时。一大帮人大概五六十人，其中有科大的十多个，我们四人，还有一些到新疆串联的散兵游勇，更多的是新疆红二司上京告状返回来的人，一下火车就到自治区革委会静坐示威，要提些什么要求，大概是给红二司平反之类。那天是8月18日，毛主席第一次接见红卫兵一周年纪念，街上的大喇叭喊得热闹。

我们一行人坐在自治区委大院的台阶上，已经过了下班的时间，办公楼大门紧锁。大家索性就在院里过夜等待明天早晨。新疆的天气是"早穿皮袄午穿纱，围着火炉吃西瓜"，8月的新疆夜里极冷，我们坐在大院的台阶上，抱着自己的膝盖尽量减少散热面积。刚开始大家唱歌，"下定决心不怕牺牲排除万难去争取胜利"，"抬头望见北斗星低头想念毛泽东想念毛泽东"……一支又一支。

最后还是冷得受不了了，就两人一伍排成长队在大院里跑起圈来，嘴里高喊"打倒王恩茂！""支持红二司！"一类的口号。就这么折腾了一夜，很是热闹。

第二天有人和革委会的人谈判，达成了一些协议，我们撤离了自治区委大院。

十六 上战场，枪一响……（1967.8-1967.10）

新疆的两派是以打倒还是保护新疆自治区党委第一书记、军区第一政委、兵团第一政委王恩茂来划分的。当时的形势是新疆的"老保"——"三促会"占着上风。人数多声势大，有军区支持，而且绝大多数少数民族都是保王的，看来王恩茂在新疆的统治很得人心。

我们和科大的师生入驻新疆大学。新疆大学是红二司的大本营，红二司在新疆已经失势，学校基本处于人去楼空的状态。桌子和椅子堆砌在教学楼或宿舍楼楼道的中段，把楼分成两个部分，那也已经是两派斗争的遗迹。学校里只剩下为数不多的人坚守，每天早上高音大喇叭传出维语广播："醒疆哄维兵英格拉维（新疆红卫兵广播站开始广播）……"

科大的学生十分听从高老师的指挥，他们经常开会，分析形势，制定方针和任务，我和克阳也被邀请参加，可是开会我是插不上嘴的。我的不自信是一贯存在的，觉得谁说的都对，也怕一开口就露出自己的无知。结果倒给人留下了深沉、傲慢或事不关己的印象。如今在外面我有了充分的主宰自己的权利，但是能动性还是发挥不出来，我常常为自己的"糊涂"而苦恼和自责。现在想起来，除了有一腔革命热血，自己干的什么根本不清楚，那时怎么会想到文革整个就是一场愚民运动呢，糊涂是理所当然的事情。

我特别愿意做一些事务工作，收集情报，刻蜡版，印传单。他们还给我搞了一个"首都红卫兵第三司令部驻新疆记者"的证件，虽然就是薄薄的小纸片一张，但有三司的大印，非常有权威。

一天碰到高老师，他与我打招呼，称我老刘。我问他为什么叫我老刘。他说："你工作认真，我很敬重你，故称老刘。"

高老师二十七八岁，出身老八路家庭，陕西人，他说他八岁时就和父亲上战场，父亲们在前面打仗，他们小孩子趴在后面观战。他是一个很有魄力和智慧的人，能上科大然后又能留校的人必不简单，当然还必须是党员。学生们都很听他的，也爱和他开玩笑。

他长得很奇怪：眼睛又黑又圆，鼻梁高高的，是鹰钩鼻（那个鹰勾鼻子让我怀疑他有匈奴人的血统），嘴不大，下巴尖尖。这副搭配似乎应该构成一个英俊的面孔，可是在他那里很可笑，像一只鸟。我和克阳私下里称他为"高鸟"。

十六　上战场，枪一响……（1967.8-1967.10）

　　一天我和高老师一起去采访乌市红二司的造反派头目姜安安,一个女孩子,夺了新疆人民广播电台的大权,在乌市大名鼎鼎。我们去广播电台找她,因为拿着首都三司的记者证,很容易进入。在电台里拐了好几个弯,才到了姜安安藏身之地。这位名人对首都来的造反派非常热情,和我们谈形势谈任务,当然,都是高老师和她谈,我只是对这个威名四扬的造反派女头目好奇才跟着来的。姜安安就是一个二十出头的小姑娘,长相很一般,可冲劲十足,说话声音沙哑,像个男孩子,很有魄力,这又让我自惭形秽了一番。

　　空闲的时候我就上街转转，乌鲁木齐的街道拥挤喧闹，不时地看见装满武装工人的卡车一辆辆飞驰而过，或者堵塞在某个大街小巷，车上架着机关枪，工人头戴柳条帽，手持长矛（他们叫苗子），雄赳赳气昂昂地呼喊着口号或唱着歌。一天，看见路中央一大摊血迹，旁边的人说，一个行人就是叫这样的大卡车撞死了。

　　马路边上，市民照常活动，似乎是两个世界，一部分人忙于打仗斗殴，另一部分人就在他们的身边照样过自己的日子。商业中心各族人来来往往，商店依然繁忙，大街上摆满货摊，烤馕的维族老汉坐在炉台上，勾身把面饼贴在炉壁里。水果摊上的果子随便尝，摊贩毫不介意。西瓜又凉又甜。葡萄干又大又便宜。还有自制酸奶，我吃了一碗，又酸又馊，一点也不好吃。买东西的计量单位是公斤、克，买点东西我要换算半天，很不习惯。我和克阳还在街上吃了手抓羊肉饭，没有筷子，实实在在地用没地方洗的脏手抓，弄得一手油。

　　街心花园孩子们追打嬉闹，维族老汉懒洋洋地晒太阳。更妙的是在市中心广场，高音大喇叭里播送着美妙的维族歌曲，我虽然听不懂，但我知道那绝不是革命歌曲，也不是在汉人中流行的那些"新疆歌曲"。那曲调带着古波斯的神秘，一波三折，委婉凄美，让人心痛，让人感伤，让人百听不厌。

十六　上战场，枪一响……（1967.8—1967.10）

在新疆大学我找到了我的一个小学同学的姐姐。她因为家庭出身不好,没考上大学,但是 1964 年新疆大学到北京招了一批汉族学生学维语做翻译,出身要求不严格,于是她总算上了大学。我和她打听海燕的情况,又通过她知道我的小学时代的好朋友定华就在乌鲁木齐的新疆工学院。

我立刻去工学院找定华,还真的找到了。多少年没见面了,我们兴奋得大叫。我也见到了她的男朋友小韩,一个年轻英俊的小伙子,个子不高,戴着眼镜,文质彬彬的。1966 年 9 月 15 日他代表西北红卫兵上了天安门城楼,给毛主席戴上红袖章。回疆后是红二司的头头。

　　当晚我就住在定华那里,她是新疆工学院红二司兵团的广播员,广播站设在图书馆,定华也住在那里,床夹在两排书架中间,躺在床上看书左右逢源。她让我睡在她的床上,想要什么书拿走就是。我抽出一本书《红字》看了一夜。我什么书也没拿走,革命第一,带上几本外国小说看是很不合时宜的。

这年的冬天，定华突然出现在北京，她来北京要为爸爸洗清冤屈。她爸爸以前常见，原来是科学出版社的编辑，一个戴深度近视镜的书呆子。她爸爸的事情十分荒唐，犯的不是右派罪，不是流氓罪，而是"偷书罪"。实际原因是1957年整风鸣放时群众有话不敢说，她爸爸自告奋勇，当了群众意见代言人，向领导转达意见遭到怀恨，定右派还达不到标准，就以莫须有的"偷书"事为名定了个"坏分子"，开除了公职。

定华的妈妈受到丈夫的牵连，在六十年代初被下放到新疆，没有工作的爸爸带着一家也跟随而去。妈妈在农一师的印刷厂工作，全家只靠她的微薄工资生活，如果活儿太重，爸爸就代替妈妈去做。

我陪定华去找他爸爸的好友姚依林，没找到。从姚家出来，定华的眼睛直愣愣的，突然说："小韩被流弹打死了。"说得很平静，让人心寒。小韩就是她的男朋友，不久前他去三中抢枪，被对方射杀。

我正在想怎么安慰她，只见定华目光灼灼地看着我，笑了："海鸥，其实我知道你是干是么的，你是公安局派来监视我的。"我意识到，定华的精神出了问题。

我们赶紧给她家打了电报，她爸爸赶到北京，把她送到医院，待她病情稳定一点，他们一无所获地回新疆了。

如今定华已经回到内地，住在杭州。我回中国时候会和她通通电话，定华一说起话来收不住，把过去的事一件件重新说一遍。他弟弟说，她的病还是时好时坏，但她总是把海鸥挂在嘴上。

红二司的大本营新疆大学多次被对立派攻打，最终失守。为了安全，我们搬到了外贸局。外贸局地方不大，却仍为红二司所占领。接待我们的人叫小王，文文弱弱的，他的妻子也是小巧玲珑的。他们都是江苏人，言谈之间对文化革命很不理解，对武斗十分厌倦，很想回老家呆一阵，只是因为孩子刚刚出生不便出行。他对我们的要求尽心尽力，替我们安排好了一切事情。

外贸局的人早都不上班了，办公室都空着，科大的学生住在一个大办公室，我和克阳住在一个小间。

常有炮弹落到外贸局的院子里，玻璃老是震得轰轰作响。我们怕遭冷弹，轻易不在户外活动。有一天傍晚去食堂打饭，穿过院子，一颗炮弹就落在附近，震耳欲聋，好在是自制土炸弹，杀伤力不大。奇怪的是置身于这个环境中，我从来也没有觉得害怕过。

一天我上街看情况，不觉走到火车站附近，见一大队人排着队喊着口号行进。我上前问个究竟，知道他们是上京告状返回的红二司派群众，刚刚下火车，有上百人。这些人在北京时间呆久了，不知新疆"老保"已经绝对地控制了局面，红二司则早已转入"地下"，一下火车就不知死活地开始了示威游行。这些人高喊"打倒王恩茂！""打倒保皇派！"有的人拿着刀子匕首，有的人甚至敞开衣裳，亮出腰里别着的一圈手榴弹。我知道这是极端危险的，他们一定要出事，就跟在队伍旁边看个究竟。

十六　上战场，枪一响……（1967.8-1967.10）

　　果然，队伍进入一条街道，街的前端已经被沙袋木架铁丝网等路障封住，就像巴黎公社时期的街垒战一样，沙袋上架着好几挺机关枪，沙袋后面卧着操机关枪的人。路障前站了一排人，头戴帽盔，手持长矛，腰间和胸上缠着皮带，气势汹汹地摆出了准备刺杀的姿势。游行队伍打头的人心有点虚，但还是迎了上去，嘴里仍然呼着口号。那一排横握钢矛的人（都是少数民族同志）紧逼过来，迫使队伍站住。

　　双方对峙，冲突一触即发。打头的红二司的人还是不明情势，破口大骂，持钢矛者火了，一帮人冲上前去对准为首的就要刺。我不知哪来的勇气，冲过去，挡在长矛和打头人中间，用手抓住一个长矛的尖端，使劲往回一顶，嘴里喊道"不许武斗！"持长矛的人没料到这一手，被顶得往后一个趔趄。

霎时间四五根长矛尖同时顶在了我的胸口。队伍中有人把我往后拉了一把，长矛紧紧地逼上，我没有显示一点恐慌，拿长矛的看我和那些人风格不一样，说话也不同，问："你是干什么的？"我想起了自己的身份，说："我不跟你们说话，叫你们的头头来。"这么一端架子，更没人敢下手了。

头头走过来，是一个汉人。我掏出自己的"记者证"，两个指头夹着递出去，用不卑不亢的口吻（实际上心里也虚）道："我是首都红卫兵驻新疆记者，我会把这一切向中央文革汇报。你让我离开这里，否则后果自负。"

听我的口气这么大,那个汉人上下把我打量一番,仔细地看看我的证件,略一思考,把手一挥,矛子们离开了我的身体。他让我从旁边的一条小街出去,我想,走也要走得堂堂皇皇,就面无惧色大摇大摆地向前方,冲着路障和机关枪走去,其实我心里也是胆怯的,他们若在后面捅我一长矛,或在前面一扣扳机,我就完了,但是我知道此时我决不能表示怯弱。

整个队伍安静地注视着我走出街垒。一离开那条街,我简直要撒腿逃跑,还是压着自己,一步一步走远。那条街前后左右都被封锁,游行队伍全班人马都成了瓮中之鳖,后来听说为首的几个被杀,其他的人被迫投降。

这是我在新疆经历的最惊险的一幕,那时有一条"林副主席"的语录十分流行:"在需要牺牲的时候,要勇于牺牲包括牺牲自己在内。完蛋就完蛋。上战场,枪一响。老子下定决心:今天就死在战场上了!"这句话后半截现在看来很有点"痞",但是当时最受青年人青睐,很多人高颂着这条语录投身于狂暴、混战,就这样"死在战场上了",而发起混战的老人家则轻描淡写地说"轻如鸿毛"。

现在回头看,我想起了两个词——老毛称赞的"痞子",还有我们家乡话的"光蛋",这话安在"老子"们身上最合适。我们就是以"痞子"和"光蛋"的勇气冲向战场。

何其愚蠢!

红二司几乎不再活动，科大的学生也没什么事干了。我决定去伊犁兵团农四师找海燕。海燕从去的那天起，就不能忍受兵团生活和纪律，得罪了层层领导。文革正是一个打击报复的机会，她被兵团的对立派整得很厉害，被管制，失去了自由。全家人为她日夜操心，寄希望于我把她带回家。

不久我收到了爸爸的信：

"还是上月（八月）二十几号曾收到你们一封信，半个多月过去了，没有见你们来信，心中着实不安。中央近来又三令五申，叫外地串联的学生赶快回来，响应主席的战略部署，回本单位搞大批判，要相信地方的群众自己会闹革命，自己能够解放自己。你们应当响应中央的号召，赶快回来吧！现在天气越来越冷，你们带的衣服又少，病在外地怎么得了。

海燕来电，说要回来，可能已经在途中，我曾给她一电报，谓，'父肺癌病危，速归。'

你们千万不要到新疆的外县去串连，那里全是少数民族，言语不通，既无法调查，更无法做支援工作，你们女孩子去他们中间特别不合适。

赶快回来吧，父母日夜挂念你们，寝食不安。回本校闹革命是符合中央精神的，是响应主席伟大战略部署的。要听毛主席的话。不听毛主席的话，即使牺牲了，也不会是重如泰山，望你们再三思之。
爸 一九六七年九月十二日"

但是我决定还是西去寻找海燕，不找到她就不回去。

十六 上战场，枪一响……（1967.8-1967.10）

　　还没等我出发,一天新疆大学的朋友到外贸局来,带着一个不速之客——海燕。一见到我海燕就放声大哭,说爸爸得了肺癌。我又惊又喜,告诉她这是假的,是人们糊弄领导的惯常手法。

　　收到爸爸的电报,海燕不管不顾溜出了兵团,这更惹怒了兵团,扬言抓住她就要"砸断她的狗腿,砸烂她的狗头"。

　　海燕穿着请维族人做的维式棉袄,很好看。她从来不穿黄色的兵团服。

　　正是晚间，我带她在外贸局吃饭。那天正好伙食大改善，传说天山那边的羊因为大雪无处生存，牧民把羊赶下山来，两块钱一只大甩卖。外贸局买了一些便宜的羊，熬了一大锅羊肉面汤，每人油汪汪的一大碗，里面好几大块羊肉，每块都有半个拳头那么大。我吃了一两块，再也吃不下了，肉太肥，厚厚的一层膘。海燕忙说，你不吃给我。她把我的和她自己的肥羊肉都吃了，吃得满嘴流油，香得不得了。不知道她受了多少苦，挨了多少饿。

　　不敢让海燕在新疆久留，当晚我就帮她弄了一张回北京的火车票，把她送到车站。看她离开了这个鬼地方，真为她庆幸，不知道后来还有更多的苦难在等着她。

　　送走了海燕我还是不打算回家，继续留在新疆，我真是太年轻，不懂得父母为儿女操了多少心。

　　红二司的人都躲起来了，在乌市的工作没发展开，我决定下专区县。倒不是想去发动群众，而是我一直对"下边"抱有兴趣，只有了解了下边的生活，才能对社会及人生有真正的了解。我打算顺着乌伊公路往西调查沿线的区县，最终目标是伊宁。本来为的是看海燕，也是被伊犁那个边陲小城所吸引，海燕曾在信中做过那么多描述，她是那么喜爱那个地方。海燕已经回京，但我仍然不打算改变路线。

　　克阳和一个科大学生已经离开乌市，也不知去了哪里，后来听说他们到了什么地方道路被封锁过不去，甚至被殴打，又回到乌市，然后她先回了北京。

　　外贸局的人帮我联系了卡车。一天的大清早，卡车来了，待上了车，只见高老师一个人在车上，问其他的人怎么没来，说在别的车上。车开不久，我发现往西去的车只有我们这一辆，我非常不高兴，知道这一定是他有意安排的，我一路上一句话也不愿意说。

　　车子一路向西。晚上到达沙窝，住在一个汽车运输公司里。这里充满了恐慌的气氛。红二司派的人神色紧张地把我们关在屋子里，急促小声地向我们述说老保的势力有多猖狂，如何制造武斗，制造流血事件，他们的人被捉去后受到了什么样的折磨。

　　夜间他们悄悄把我带到一个年轻女人家，是新房，刷得雪白，被褥崭新。她的丈夫是运输司机，跑长途去了，一跑就是十天半个月。这女人小巧玲珑，是四川的农村人，年龄比我还小，还带着新娘子的鲜艳。她似乎对文革一无所知，只是一个劲怜悯地望着我说："好可怜呀。"

　　我躺在大炕上，想的是另一回事。我想，一对小夫妻住在这样一间暖和干净的小屋里，是多么惬意的事，当丈夫跑长途归来，小别如新婚，这小屋里该充满多么浪漫的气息。我突然对这么无尽无休的漂泊产生厌倦，我想回北京了。

　　第二天早上见到高老师，他说这里的造反派太紧张胆小了，让他简直哭笑不得。昨天夜里他被带到一个地洞里，大家蹲在那里（他的陕西口音说"东在那里"）大气不敢喘，就这样窝了半宿。深更半夜时又说有情况，摸黑偷偷转移到另一个什么地方，一晚简直没有睡觉。实际上什么事情都没有，自己吓唬自己，就像讲鬼故事，越讲越害怕。

　　我和高老师一起在镇上转转，一路上他还在不停地批评此地的造反派。他说，要革命首先就要有压倒一切的勇气，如果只看到对方的力量强大，先胆怯了，那么自己就已经首先把自己打败了，革命者必须是强者。我觉得此话说得很有道理有气魄，心里暗暗佩服了他几分，联想兰州火车站的夜晚，他确实是一个有魄力的人。

　　下一站是到农七师,我们在场部奎屯落脚。晚上和造反派座谈,高老师讲全国文革形势。返回驻地时,路上夜色漆黑,脚下的道路被大车轱辘压进去深深两道沟,高低不平。路旁的两排白杨高耸入天,在夜幕的衬托下只见黑色树影,如两排黑色高墙,让夜显得更黑。偶尔传来鸟雀扑簌簌飞离的声音,或树叶的沙沙声。想起我当年坚决要来新疆,最好的地方就是这个样子,不禁感叹幸亏没来,想起海燕还生活在这样的地方,心里疼痛。

　　晚上住在上海女支青的宿舍,他们团团围住我,问长问短。这些女青年都是高中毕业后由于出身不好上不了大学而来支边的,在此已经呆了好几年了。算来她们的年龄都比我大,由于闭塞,她们见了大城市来的人热情之极,对我简直是羡慕和崇拜的样子。她们的屋子虽狭小,却十分干净整齐,墙上贴着一些有小资味道又不过分的小装饰画,床头有饼干盒子,或玻璃瓶子装着各种上海小零食。女青年的毛衣都是旧毛线结成,但是袖口领口是新毛线,罩上外衣,露出领口袖口,看上去穿的是一件新毛衣。毛衣的领口翻出花色雅致的衬衣领子,其实她们穿的是用带子连接在腋下的假领子。想到她们生活在边陲,劳动在大田,前景迷茫,还想尽办法展示自己的美丽,我心中为她们感到凄凉无望,想起同样爱美的海燕,更是难受。

　　离开农七师时,造反派送给我们一个大镜框,里面是毛主席标准像。我们只有恭恭敬敬捧过来,随身带上。我心里觉得抬着这么大一个镜框到处走很不方便。

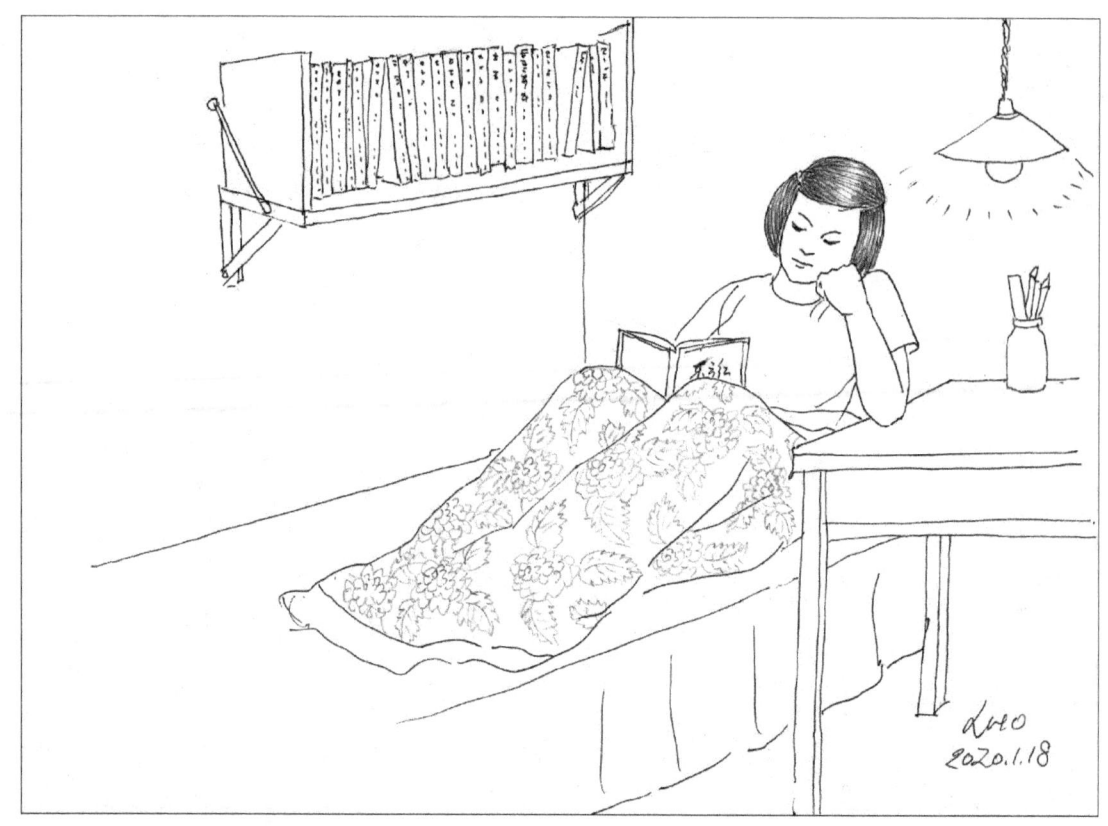

再一天我们到达乌苏，已是夜晚。我们被带到一个小院子里，院子里有个架子，攀援着瓜类的植物，成了一个自然的凉棚。正房旁边还有加建的一个小屋。主人是一对母女，家中的男人常在外面跑车。我们谈了几句，有人就把高老师领到什么地方睡觉去了。女孩去了朋友家睡觉，我住在女孩的屋里，就是正房边上的小屋。房间不大，放了一张单人床，床架很高，旁边一张书桌。我最喜爱这种小而全的屋子，有一张舒服的床躺在上面看书到深夜，有多么惬意。

女孩床头的墙上，竟然还有一个简单的书架，上面摆了一些不俗的书。想不到这个县城的女孩自己还有这般爱好。我浏览女孩的书籍，发现一个本子，翻开看看，是女孩的日记。完全出于好奇，想知道一个边远地区的女孩的生活和思想，我偷偷地阅读了她的日记。又一个没想到的是，她的日记与我当时充满革命口号和思想总结批判改造的日记截然不同，根本看不出是文革时代的人写的，日记中不断地诉说一个少女内心的矛盾和痛苦，朦朦胧胧，非常的小资情调。其中多次提到生活的无趣，生命的无意义，流露着悲观的情绪。从日记中看，没有指向具体的事件，看不出是什么原因导致如此。我很惊异在一个大革命的时代，一个青春女孩竟发出这样的声音。但是不管说什么，她日记的"真"使我看到了活生生的一个人，想起近两年我的充满革命辞藻的日记，我对自己有些隐隐的厌恶。

第二天早上我注意地看了看这个女孩。十六七岁，面貌十二分地娟秀端庄，身材颀长，皮肤细白。她很有礼貌，但是淡淡的，冷冷的，眉宇间有一丝忧郁。她既没有都市女孩的娇和傲，又没有农家姑娘的俗和朴，气质很特殊。我们很快离开乌苏，没有时间多接触这个女孩，但她的形象及日记中所涉心声深深地留在我心中，我开始改变了写日记的方式，直视并记录自己的真实想法。

　　从乌苏再往西走困难重重，公路各关口被保守派把持，二司的司机谁也不敢冒险闯关。到伊犁要办边境证，十分不易搞到。而且我不愿意再单独跟高老师行走了，一路上我总觉得接待我们的人带着怀疑的眼光打量我们，在这些偏远闭塞的地方，人们对这样两个游方的孤男寡女必会浮想联翩。我决定打道回府。

　　回去时只有去沙湾的车，我们在沙湾运输站一个调度工人家落脚，等待回乌市的过路车。工人姓索，似乎认识所有过往车辆的司机。他有个女儿十四五岁，叫索新芳。

　　索家做了丰盛的午餐招待我们。老索说，当天的车都过完了，只有等第二天。我非常不情愿，一旦决定回去，就立刻觉得归心似箭。老索十分谨慎，不敢让我们在他的屋子里露面，把我和高老师带到一个地窝子躲藏，索新芳一直陪着我们，和我聊家常。她是一个可爱的女孩，憨憨地没有心机，她也要跟我们上乌鲁木齐她姑妈家。我回京后还给她写过信，寄过东西。

　　幸运的是不久老索通知我们有一辆去乌市的卡车将通过，我和索新芳跑到路口等她爸爸截车，买了一毛钱一杯的瓜子，两人嗑着。车子来了，可是只能带两个人，高老师让我们俩先走。我和小索高兴地上了车，坐在驾驶舱里。小索挨着司机，我靠窗坐。不久小索要和我换位子，换了座位，我才发现司机在打轮时，右臂有意无意在加大幅度，胳臂正好碰到我的胸口，我也不好意思出声。有办法了，那不是有一个毛主席像框吗，我把它抱在胸前，你要碰就去碰毛老人家吧。

十六　上战场，枪一响……（1967.8-1967.10）

到了乌市下车，我们向司机道了谢，除了大幅度打轮，司机对我们基本上是好的。临走司机吭吭哧哧了一阵，有些不好意思地问我，能不能把那个装毛主席像的大镜框送给他。我正愁这玩意儿拿不好拿，放没地放呢，乐得顺水人情送给了他，他笑得简直开了花，一个劲地感谢。我心中也有些不解，我差点要把他归到流氓坏人那一类了，他怎么对毛主席还是那么热爱呢？！

　　回到乌市已是晚间，外贸局的宿舍空空荡荡，科大的学生全走光了。我一会儿也不想多呆，当下就收拾了东西，以红卫兵记者站的名义在火车站直接搞到一张车票，没有收钱（一两个月后，账单寄到师院附中的革委会，六十八元，我老老实实付了车票钱，是我两个多月的工资），当天就坐火车返回北京。

　　在火车上，我旁边坐着一个三十多岁模样白净的男人，不久他就和我聊起天来。其实只是他聊，满肚子的牢骚，听口气像是一个工厂的技术干部。他讲生产如何遭到破坏，国家财产如何被人据为己有，人心如何江河日下，社会治安如何混乱，人们生活如何艰难……他一口气谈了几个小时，并非侃侃而谈，而是声音低沉的诉说，充满着忧国忧民的焦虑及对现实的迷惘。我没想到在这样的大时代还有人发出这样的哀鸣，心里不完全赞同，但还是安静地听着，因为他是那么忧虑和悲伤，他所说的那些话肯定不敢和他的同事朋友说，只能对一个陌路者发泄一下，而且对象还是一个二十岁的小姑娘。我听着，渐渐困了，一觉醒来，那人已经没有了，不知道深夜在哪一站下了车。但他沉痛忧伤的说话口气至今还在我耳边回响。

十六　上战场，枪一响……（1967.8–1967.10）

回到北京，科大赴疆的"战友"们常聚会。我邀请他们到我家，做了新疆羊肉抓饭、包羊肉饺子，虽然做不出地道的新疆味道，但还是吃得热热闹闹。我们还和他们以及从新疆带回来的女孩子一起游览北京各个风景区。

有一次我们一行人去香山游玩，在"鬼见愁"上大家合影。上来一个高个洋人，身穿中山装。他用半生不熟的中文跟我们说："我是法国人，到中国来学习革命。"他很想和我们这些"红卫兵"照一张相片，我们欣然同意。其实只有一个人戴着新疆红二司造反兵团的袖章（照片中的女孩除了我都是从新疆带来的）。

照完后我就忘记了此事。几年后我竟从另外一个途径得到了这张照片。

海燕的同学华卫民，妈妈是法国人，华在中国长大，常到我家玩，文革后回了法国，有一次她在朋友家看相册（朋友恰是那个与我们合影的法国青年），见到了我们在"鬼见愁"上的那张照片。她很惊奇地发现我也在照片上，说："这不是海鸥吗，我认识她。"于是那个法国青年就请她把照片转交给我。几年以后，华回中国，这张照片终于到了我的手里。世界上总有这么样的巧事，这次巧得跨国了。

1968年全国的武斗更加激烈，形成大规模的内战。但是我没有机会再出去了，学校通知我们代培教师的正式分配方案已经下来。

十七、庙小妖风大

（1968-1978）

小小的一个农村学校，跟起"伟大战略部署"来一步也不差，清理阶级队伍、一打三反……茶杯里起风波，坏人一揪一串，真应了那句话"庙小妖风大，池浅王八多"。风头一过，一个坏人也没有了。又应了另一句话"天下本无事，庸人自扰之"。

　　回到学校后得知我们这些代培老师已经正式分配了，几个代培老师把城区学校的名额占了先，留给我一个农村中学的名额，美其名曰"你不是一直要求上山下乡吗？把你分到农村中学，你满意了吧？"我一点也不满意，我向往的是边远的农村，绝不是北京郊区，但是已经没有讲价钱的余地，只好打点背包。

　　春节一过，我就去海淀区永丰中学报到，永丰中学在颐和园后面再往西北二十多里地永丰公社的永丰屯。先坐111路无轨电车，在动物园换302路汽车，再在颐和园换上车次稀少的301路公交车。车子过了青龙桥后，沿着右边的京密引水渠经过左边的红山口、黑山扈（这里有一座望儿山，相传佘太君在此山头伫望被金兵掳走的四郎回家）向西北而行，过了西北旺，就是所谓的"山后"了。海淀的学校分为"山前""山后"，"山前"学校的老师可以调往山后，但"山后"的老师没有特别关系就永远无望迈进"山前"，所以从理论上说永丰中学将是我一辈子的归宿。再往西坐几站，在一个叫做"屯佃大桥"的地方下车。所谓的大桥是一个横跨京密引水渠的单薄的水泥桥。过了桥向北还要在一条公路上往北步行十里地，再往东走1里，就是永丰中学了。

　　家在"山前"的老师都得住校以便参加早晚的政治学习，星期六下了课才能回家。坐车连换车连等车连走路大约需要两个半小时，下了车，天已黑，在阑珊的灯火中总能看见妈妈在汽车站焦急等待的身影。

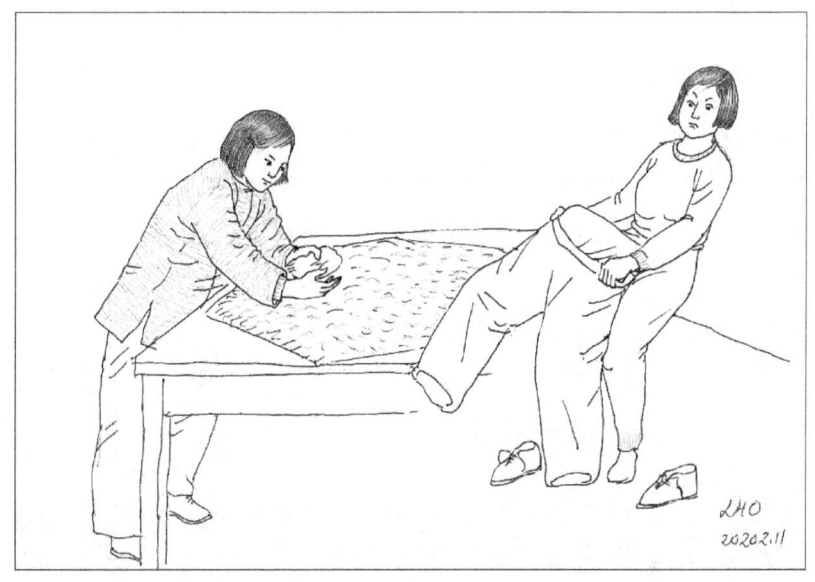

　　那时候没有什么"温室效应"，冬天彻人心肺地冷。上班路上换了三次车人已冻僵。下车后手脚生疼麻木，一步也挪不动。好在过了屯佃大桥有一个马厩，里面有个饲养员的小屋子，有些马车夫和农民坐在里面烤火。冻得实在没办法，我便一头闯进去，问道："大叔大爷，我能不能烤烤火。"他们不在意地说声："进来吧。"从炕上给我腾出一个坐位。屋子里混合着马厩的臊味，干草料的香味，烧柴和抽烟的呛味。农民们穿着黑棉袄，缅裆棉裤，双手拢着，坐在炕上扯闲。他们并不理会我或装着对我的存在不感兴趣，继续聊他们的，偶然头也不回地问一句"小学老师？"当我的脚由生疼变为酥麻，又变成热辣辣时，我就继续上路了。

　　一般的棉裤根本挡不住冬天刺骨寒风，我赶紧无师自通地给自己做一条棉裤，絮了一层又一层棉花。棉裤做好，厚得自己就可以戳立在地上。

十七　庙小妖风大（1968-1978）

  如果骑车上班，冬春天是个严重的考验，冬天几乎每星期一都遭遇强烈的西北风。从西伯利亚南下的冷风在南口的狭窄处加快了速度，尖啸着，强劲地插入永丰地带。如果天气预报四五级北风，那里必有七八级。上班的路正好顶风，自行车根本骑不动，风会把人带车吹倒在地，只能推着车走，弯着腰，头顶着风，踉踉跄跄，几乎走不动。密密集集的砂石扑面而来，如尖锐的钉子把脸打得生疼。不愿回到学校的心情和与北风搏斗的沮丧正相吻合。

  晚上躺在床上听着风声，总有一种世界末日的凄惶感觉。风声如天雷滚滚，由远而近，掠过树梢、电线杆和电线时发出尖厉的叫声，又由近及远，呜呜咽咽地没入苍穹。这种忽高忽低，忽远忽近的啸声如从天而泻的洪水，把人淹没在恐怖之中。

  春天一样糟糕，北京以春天的风沙闻名，风力强度不亚于冬天，只不过少了一些寒冷。最糟糕的是泥土翻浆，整条路像个随意丢弃的大棉被，高高低低绵绵软软，根本没法骑车，推都推不动。这还号称一级战备公路呢。

  将近十年后，这条战备公路上终于有了公交车，一个小时一趟，晚了一分钟，就晚了一小时。

  第一天到校看到我将可能待一辈子的地方,非常失望。学校以一个大庙为基础,大庙叫"香胭庙",是清朝某代皇上娘娘用自己的脂粉钱所修造并且上香的去处。大庙的前殿划分给小学校,和中学用墙隔绝开来。中学占了后殿及侧殿。殿堂已经年久失修,油漆剥落。大殿的后面有几排教室,也都是灰暗破旧的。

  教师宿舍在校园的西南角,厕所却在大操场的东北角,上趟厕所要"长途跋涉"。厕所三面有墙,无墙的一面向北,大敞,想一想刮西北风蹲坑的感受吧。

  学校没有自来水,只有一台压水机,压出来的水颜色发黄,有臭滋泥味。

  学校的环境固然艰苦,不过我认了,想想在新疆兵团的姐姐,在山西和内蒙插队的妹妹,以及那些被发配到新疆东北内蒙的中学同学,我就算是一个幸运儿了。

十七　庙小妖风大（1968-1978）

　　如今的永丰中学早已搬离，与清华附中挂靠，成为知名中学。香胭庙已经重修，描梁画栋，列为国家保护文物，成为一个游览地。通往大庙的公交车方便快捷。

　　但是在后来的一生中，我无数次地梦见永丰，还是那个我呆了十年的永丰，或是梦见房子怪异，要爬梯子，上了半截，梯子突然断了，退路也没有了；或是发大水，整个永丰地区变成一片泽国，尝试着摸索原来的道路回家，却被包围在一片汪洋中；要不就是赶不上或错过了回家的公交车，最糟的事情是好不容易坐上了车，开了一大圈，发现又转回原地。总之梦境高度地概括了我在永丰期间内心深处的潜意识——绝望！绝望！绝望！

学校还在搞运动，文革中层出不穷的运动对于一般群众来说就是无尽无休的政治学习。每天早上六点半到七点半天天读，晚上七点到九点政治学习。如果刮风下雨学生不来上课就整天学；如果发表"毛主席最新指示"（总是首先通过晚上新闻《全国联播》时间发表），就连夜庆祝游行并学习；若有重要中央文件下达就停课办学习班学习；寒暑假老师不要奢望放假，总是有全公社教师学习班，好不容易给一个星期的假，又被叫回去学文件或支援农业。

集体政治学习的本身就是浪费生命，多数时间是念报纸（给老师念报纸！），一个人念，其他人个个心怀叵测，老道入定般枯坐。念上个把钟头，时间就打发完了。最怕的是学什么最新最高指示或红头文件，人人都要表态，每人说一通赞美及表决心的话。我本不会当众说话，更不会说违心的套话，所以总是等到最后一个才发言。多数情况下，还没轮到我表态学习就结束了，我松了一口气，又忧心被人看成落后分子。

　　每天老师们要向毛主席"早请示"和"晚汇报",所谓"早请示,晚汇报",是文革中从解放军推广到全国各地的一套每天早晚对毛主席的膜拜仪式。每天早上全体人员要集中在一起,面对毛主席像,手捧"红宝书",念几段毛主席语录。通常大家都选择最短的语录念,念多了,固定成为"老三段":"你们要关心国家大事,要把文化大革命进行到底"一遍,"千万不要忘记阶级斗争"两遍,"要斗私批修"三遍。然后挥动"红宝书",高颂"祝毛主席万寿无疆,万寿无疆!祝林副主席永远健康,永远健康!"是为"早请示"。晚上政治学习后要进行同样一套念语录的程式,为"晚汇报"。此外,每顿饭前也要"请示"。食堂门口上高悬毛主席像,每个进食堂买饭的老师都要自觉站在门口对伟人像"请示",也是那几句话。人们都觉得一个人站在食堂门前又念叨,又挥手,像发神经病一样,很是尴尬,所以通常是三四个老师赶在一起祝祷。

  学校由"三结合"的班子领导和管理——支左解放军、贫下中农宣传队和革命群众。老师绝大多数出身不好（文革前出身特别不好的学生只能上"师范专科学校"，但是这些人往往都是学校的业务尖子），在文革中分为左中右三类。一到学校，我就被大家密切注意会站在哪一边。

  我被安排和小李老师住在一个宿舍。小李和我同年，虽然也是高中毕业，但文化程度不高，胸无点墨又不求进取，书教得一塌糊涂，也管不了学生，老教师们从心眼里瞧不起她，认为她教小学生都不够资格。其实她人不错，心地善良，不闹是非，只是入错了行而已。小李区别于人的最显著特点是有两条齐腰长的大辫子，每天早上她都要细心梳理那两条辫子。这在文革时期是绝无仅有的，1966年的"红八月"红卫兵拿着剪刀在街上见辫子就剪。小李因为有极好的出身保护，才躲过了这一劫。

  小李出身于工人阶级家庭，又锦上添花，嫁了一个空军飞行员，飞行员在人们心中的排行榜上要比一般陆海军人高级得多，小李更是身价翻倍，理所当然地成了革委会提拔的对象。无奈她没有野心，不张扬，不爱学习，不爱开会，对政治毫无兴趣，唯一的话题就是丈夫和孩子。

  她的丈夫每次飞行任务完毕回到北京，不管多晚回来，都要叫她回家陪伴，有时打电话召唤，有时亲自坐着120吉普车来接。丈夫有几天假期，她一定请几天假和丈夫共享夫妻之乐。那一阵老师每天晚上政治学习到九点钟，早上六点半天天读，不允许请假回家，唯独这个空军飞行员的妻子畅行无阻，老师们议论纷纷，对她享有的回家特权十分不满。小李根本不在乎别人有什么怨言，照样像一个贤惠的妻子对丈夫尽责。生了小孩以后，小孩更是她的头等大事。革委会也看出她是麻线穿豆腐提不起来，就随她去了。后来她自己感到教中学实在力不从心，离家又远，要求调到山前，教小学就行。飞行员的老婆总是好办，军队一发话，地方马上办理。小李在众人的艳羡之下，顺顺当当到了"山前"。

　　1968年5月，毛泽东批示了新华印刷厂对敌斗争经验报告，"清理阶级队伍"运动在全国展开。永丰也展开了抓阶级敌人的斗争。四十几个教职员工的小单位，到哪去找敌人？一天下午革委会召集全体老师开会，革委会张副主任到台前，义正词严地宣布："把反革命坏分子隋某某揪出来。"

　　隋某某，音乐老师，二十五六岁，深沉文雅，带个金丝眼镜，样子不俗，一看就是搞艺术的。因为出身不好，艺术学院毕业后贬到这个小地方来，教农村学生唱歌。一个女老师走上台，涕泪交流地说："我要控诉隋某某破坏军婚的罪行！"女老师的丈夫是军人，在外地服役。她说，她和隋在北京都没有家，周末常常在一起聊天，隋处处对她表示关心并常常向她诉说内心的孤独，"骗取"了她的同情，于是他们就发生了"罪恶"的关系。女老师是主动"坦白揭发"的，没事。隋老师被搞得很惨，敌我矛盾人民内部处理，很长一段时间都在劳改，不允许教课。隋老师文革初期是造反派，很难说对他的处理没有派性报复的因素，永丰的"清队"就这么简单，茶杯里起风波。

　　一次我经过隋老师的宿舍门口，里面传出来华丽丽的手风琴曲，是阿尔巴尼亚歌曲《美丽的地拉那》。我对外国歌曲最没抵抗力，禁不住歌声即将飞出胸膛的诱惑，推门进去，随着风琴放声高唱："在十一月美丽的日子里，地拉那充满欢笑，烈士们献出生命，为你自由繁荣……"那阵除了朝鲜越南阿尔巴尼亚，外国歌都不能唱了。中国和阿尔巴尼亚是好朋友，唱这个歌不会犯错误。以后我一听到隋老师的手风琴声，就不由自主地跑到他的宿舍放歌，不顾眼前是个"敌我矛盾人民内部处理"。

　　不知什么时候老隋结婚了，无声无息的，和附近村庄一个农村妇女。据说和妻子的关系并不好。他一下课就回家，去面对挣工分，分口粮，种自留地的问题，再也听不到他的手风琴了。

　　老隋很早就去世了。什么病，没人说得清。算一算，才是中年，活得窝窝囊囊，死得无人知晓。

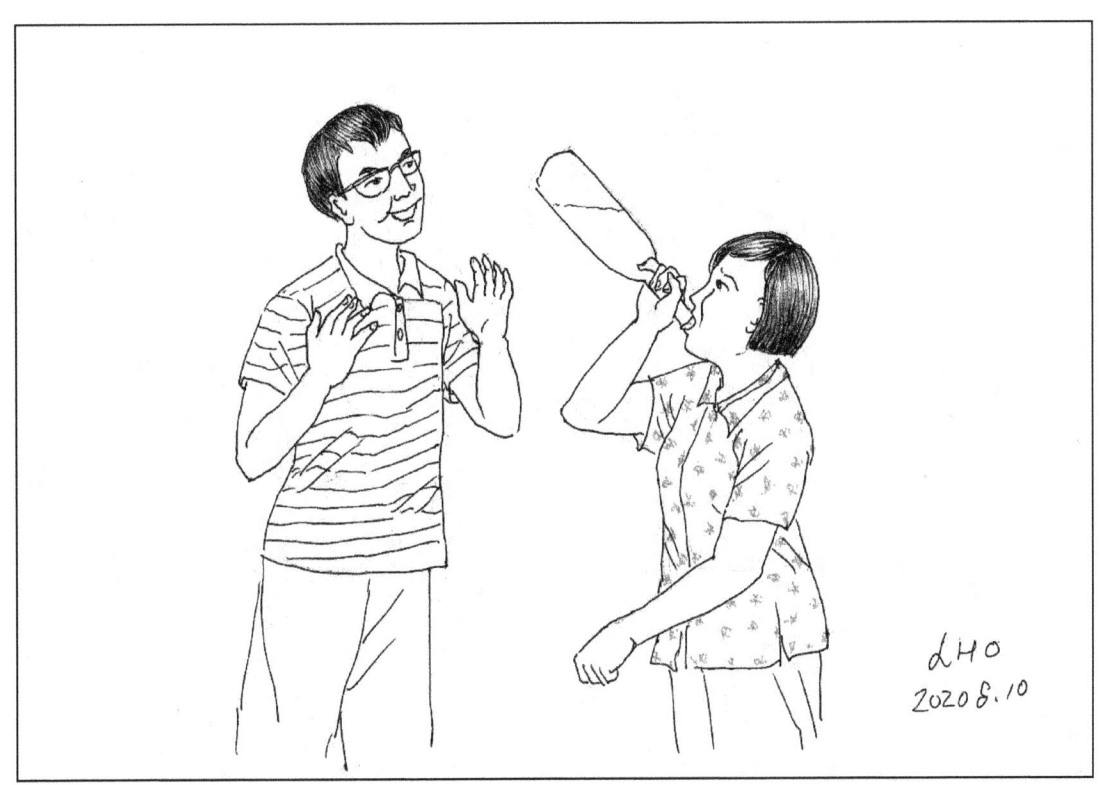

　　与我同时分配来的有一个男老师小李,也是因为出身不好没考上大学,曾在十一学校代培。他大高个,一米八五以上,长胳膊长腿。我和他很说得来,我们从城市来,刚刚经历了文革的各种盛大场面。这个小单位的文革似乎不过是本单位之内的派性斗争,让我们觉得很可笑。

　　到永丰第一年的暑期,小李去青岛老家(放假的第一天又把老师们召回学习最新指示,幸好小李已经坐火车离京),回来时带来一个大酒瓶装满了液体,不告诉我是什么东西,一定要我尝一尝。我对着瓶口喝了一口,又苦又腥,原来是海水,小李高兴得拍手大笑。我对他突然有了一点点心动的感觉了,心想没准可以和他交个朋友。

哪知不久发生了让我震惊的事情。一天来了几个人，其中还有解放军，与军宣队革委会谈话之后，召开全体大会。会上宣布把"现行反革命分子"李某某揪出来。小李被拉到台前，低着头。来人是十一学校的军代表和革委会成员。他们宣布了小李的罪状——文革初期，带领学校的"联动组织"打砸抢，并有一系列"攻击敬爱的江青同志"的言论（十一学校是革干革军子弟云集的学校，能从父母处得到很多内部消息，所以敢说敢干）。会后他被那几个人揪回十一学校批斗去了，以后就再也没有回来。

"李某某事件"让我感到万分惊悚。他在我的眼睛里就是一个不太成熟的大孩子，总是天真地笑着，不爱谈政治，好打篮球下围棋，和大家都处得很好。在这个闭锁的农村小天地里，我甚至考虑过和他发展关系（虽然还没有太多的感觉）。我怎样都难以把他和现行反革命联系起来。况且他被批判的那些反江青言论，我在不同的场合也说过。还有，到学校后不习惯这里一潭死水，常和别人讲起外面的形势，我自己的观点，还有文革中参加武斗的经历。现在我完全迷失了认知，回想前一年的作为，竟搞不清哪些是正确的，哪些是错误的，尤其串连时，到处支援造反派，参加当地武斗，千万别把我也当成反革命啊。

小李在十一学校先是劳改，落实政策以后又留在那里教书。"山后"的老师是不能调到"山前"的，"十一"学校在"山前"，小李倒是因祸得福。多少年后得到小李的消息，他已经是一个重点学校的特级教师了。

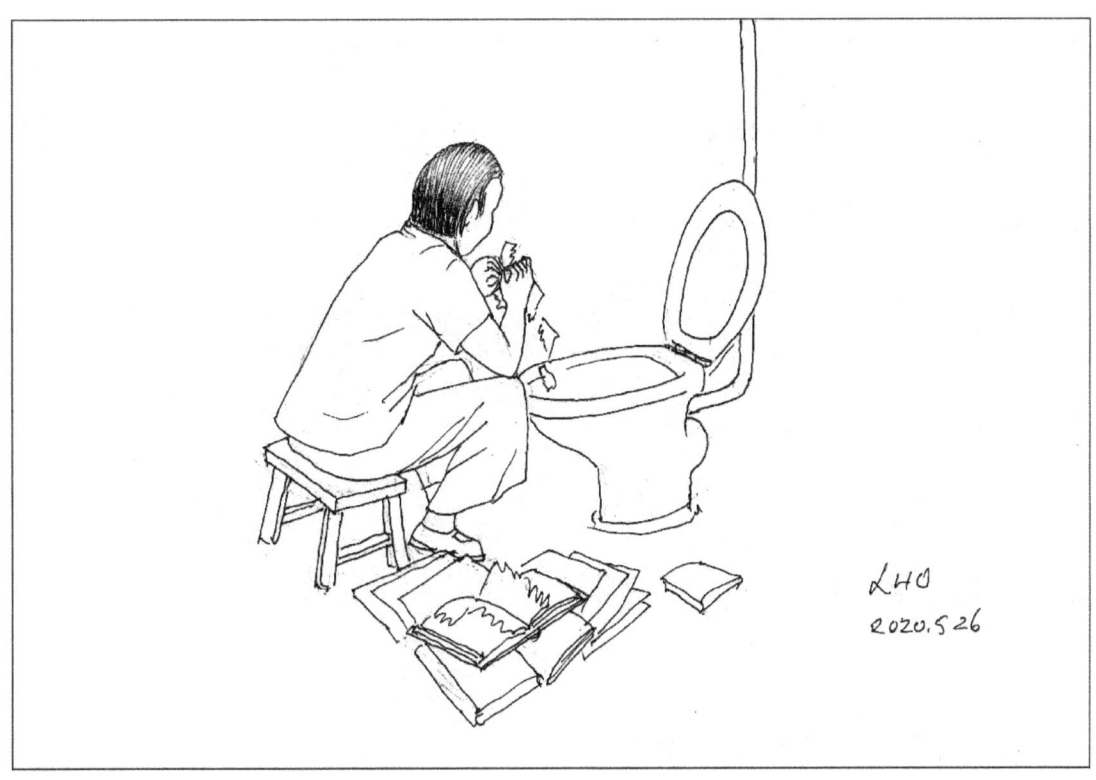

　　接受小李的教训，我立刻把到永丰中学后写的日记全部撕毁，那里面记录了我对学校运动和人事的批评。我的串连日记太有价值了，我舍不得销毁，带回家藏起来。可是过了一个星期回到家里，那本日记找不到了。原来妈妈偷偷看了我的日记后，将其焚毁，然后扔到抽水马桶里冲走。我大怒，整整一本日记记录了我串连一年中所见所闻所想，是我一生经历中最宝贵的资料，并且是我一生中最有内容和思想的一本日记。从1965年开始我的日记都是真心实意"改造思想"的产物，头脑发热，空洞无物，没有自己的思想个性特点，那些东西在以后的几十年我不屑一读，一看见就觉得羞愧恶心，妈妈却把它们留下来了。而串连日记则是我把看到的东西经过自己头脑的思索，写下来的。其中有沿途所见所闻的记录，有对惊心动魄的武斗事件的描述，有对形势的思考疑问和不满，现在全都化为乌有。

　　妈妈说这是一颗定时炸弹，要是被人发现了，不整死你才怪。我想想也是，只能无奈地接受了。同时销毁的还有我高中三年的两大本日记、一个杂记本、高中时写的一些算是练笔的小片段，亦是不能为外人道也的。随着这些日记的被毁，我的性格中的自由因子彻底地被埋葬了。

十七　庙小妖风大（1968-1978）

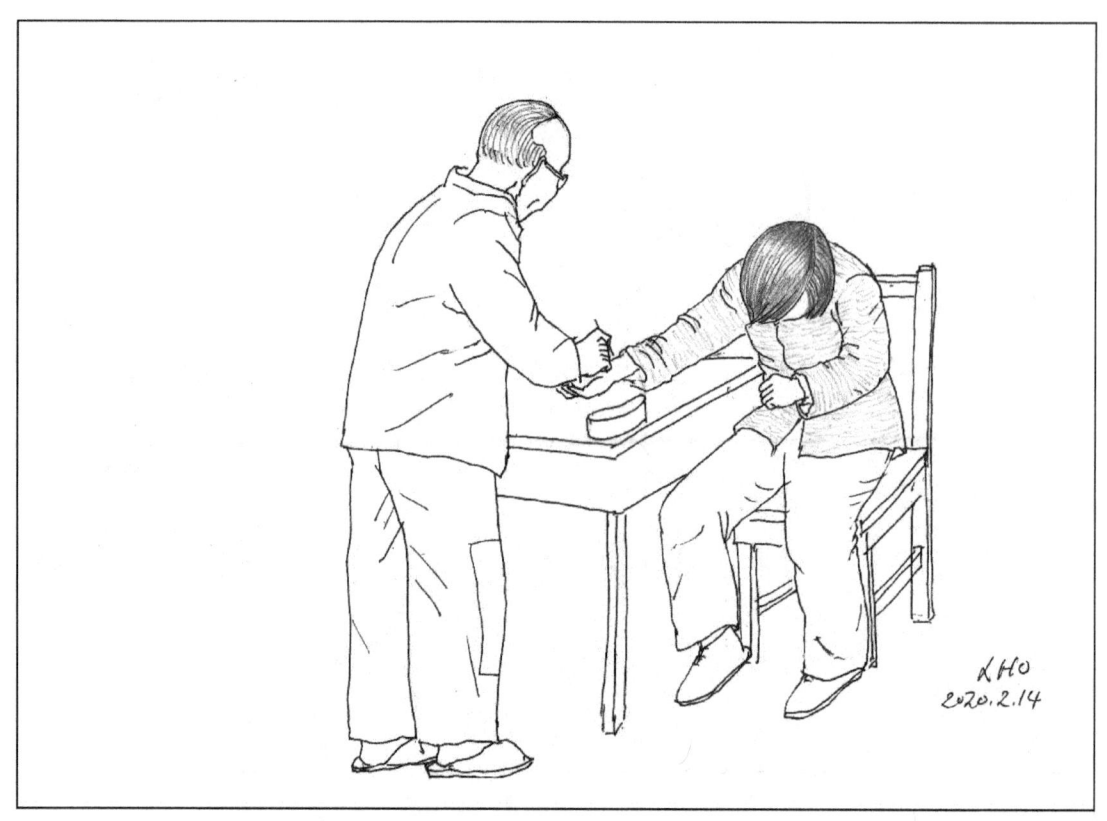

  由于精神紧张，失去了判断是非和自我判断的能力，我处于极端压抑状态，这种精神状态反映到身体上就是持续不断的胃疼，以至溃疡便血。"胃舒平"已经不管事了，我只靠颠茄——一种咖啡色的麻醉剂——压着。周末在家曾有两次深夜疼痛难忍到医院看急诊。即使病成这样，我也不愿请假，一来是我不愿意被人看作是落后分子，那时候请假，不管是什么原因，都被视为落后。二来"李某某事件"之后，我再也不敢随便请假，否则逃避阶级斗争的帽子又得扣在头上。

  有一次政治学习之前，我的胃又疼起来，学习又不能不去，我找校医看病。校医石大夫独自住在一间宿舍兼卫生室里，屋里又乱又脏，老大夫也穿得邋邋遢遢，衣服脏得油亮。他拿了一根针灸针，用黑黑的手捏着棉花球擦了擦酒精，在我的内关处扎了一针，一股酸麻顺着胳臂一下子走到胃部，立时胃疼就止住了。我惊异老大夫的针灸术高明，见人就盛赞他。

没几天又是一个批判会，这回批的是石大夫。学校的清理阶级队伍把"现行"都抓完了，就"打落水狗"，即整那些有历史问题的人。老大夫就是一条"落水狗"，他原来是国民党中校军医，虽然早已做了历史结论，现在又被军代表当宝贝一样翻出来了。

批判发言的"任务"交给了我，我竟觉得非常光荣，这是革委会第一次对我表示信任，要知道上台发言的人一向都是出身"优良"的革命左派。

我认真地写了发言稿，意思说国民党反动军队和共产党的革命军队作战，被我军打伤，石某某却医治好他们的伤口以便让他们重返战场杀害更多的解放军，狼子之心何其毒也是可忍孰不可忍。云云。

时间长了才知道，在永丰中学石大夫是最没有民愤的一个人，和大家的关系都很好。一个老人孤零零地生活，很让人同情。没有人愿意批判这样一个老人，也可能因为他管着医药，别人不敢对他太狠了，就让我这么一个新来乍到的人去做这个得罪人的事，也或者是因为领导看我到处赞扬老大夫的针灸技术，让我发言是给我敲一记警钟。总之，我的人性在靠拢革命队伍的路程上逐渐丧失。至今回想起来，我仍觉得非常对不住石大夫。

老来是学校里的几个怪人之一，人称"来疯子"，是那种干事不要命的人。他长的样子也挺怪，头发又黑又硬地髭着，小眼睛，厚嘴唇，走路一颠一颠，经常喊一两嗓子歌。他的嗓音很雄厚，共鸣嗡嗡的，正经唱歌的话，应该是很优秀的歌手。

他是南开大学数学系毕业的，一听他说话就知道是那种脑袋瓜非常灵光的人。他的数学课很受学生欢迎，可惜他的家庭出身不好，大概是因为这个，他做事十分积极而且极端，似乎是为了表示他正在和自己的家庭彻底划清界限，以至于有点装疯卖傻。不过他的高昂革命热情只限于表现自身，绝不是为了拍领导的马屁，也不会为向上爬而损别人的牙眼。他的积极性表现得十分怪异，比如，他用所有的空余时间，抄写《毛选》四卷本，抄得工工整整，密密麻麻。那时每个人都有一两套免费发放的《毛选》四卷，看都看不过来，不知他搞什么名堂，真是有点"刮风扫地，下雨泼街"般的多余。

他饭前的"请示汇报"也与众不同，自成一格。他从来不和别人一起背语录，而是一个人站在那里，仰望主席，念念有词，不知道在说些什么，时间肯定比背诵"老三段"要长得多。

不管老来怎么表现，他在教师中的地位都升不高，甚至他越积极，人们越把他当成一个小丑来取笑，在领导中眼里就更没他的地位了。像他那样的出身无论怎么挣扎，也只能是永远是被改造的角色，永远属于"可以教育好的"，而"教育好"前面的限定词"可以"则永远是一种可能性而已。

老来后来和农村的一个贫农姑娘结婚，多少冲洗了一些家庭带给他的"耻辱"。他婚后生活得很幸福，老婆非常喜爱他。他本人其实是很可爱的，热情奔放，又有很多新鲜花样，很多女学生都喜欢他。

乔老师，学生叫他"乔耗子"，外号起源于他的长相，尖下巴，又黑又圆的眼睛，鼻子尖尖的，鼻尖下总有一团刮不净似的胡须。他一来到学校，刻薄的学生立刻把"乔耗子"叫响了满校园。后勤的老杨头（老杨很好玩，常常自己发出"咩"的羊叫声，自然得好像那就是他天生的声音）也爱逗他，见他来了，就煞有介事地盯着一个角落道："瞧！瞧！"老乔问："瞧什么？"老杨头得意地说："瞧（乔）耗子。"老乔是学校里的杂工，原来是山前学校的数学老师，据说曾经犯过什么错误，就发配到我们学校劳动改造，做买菜运煤之类的杂活。

传说老乔是个同性恋者，学校来了一个同性恋，成为老师们新一轮茶余饭后的话题。文革结束以前，"同性恋"在中国被视为犯罪行为，老师们对他保持着高度的警惕。

但是看上去老乔真不是那么一个险恶的家伙，他走路悄声悄气，说话慢声细语，脸上总是腼腆的笑模笑样，对大家都是和和气气的。他喜欢拿着毛线活，跑到女老师宿舍，一边给自己织毛裤，一边女声女气地和大家叙叨家常。时间长了，见老乔毫无进攻性，人们也就放松了对他的警惕，并且对他的印象挺好。

后来学校看他"改造"得差不多，让他教回数学课。有一次他的妻子到学校来找他，大家争相目睹，想看看"同性恋"的妻子应该是什么样。在人们的意识中，一定是妻子不能让他满意，才移情别恋。出乎大家的意外，他的妻子是个漂亮的女人，皮肤雪白，头发深棕，大眼睛，圆圆的孩子气的脸，像个洋娃娃，对老乔十分温柔。人们又开始议论了，放着这么漂亮的老婆，干吗还要去玩男孩子？

在当时的中国同性恋者十分隐蔽，在一般人心中他们不是好东西。究竟同性恋是怎么回事，至今众说不一，但是通过老乔，我知道他们并非是坏人。

　　松老师，四十多岁，十分洁身自好，头发梳得油光水滑，衣服穿得板板正正，裤子一定要有一道裤线。他是一个人缘很好，谨小慎微的人，缺点最多不过是有点虚荣心，好吹嘘。好多年前他和别人聊天，有人说自己当过三青团小队长，松老师吹牛道，那有什么，我还当过中队长呢。不想这句话被人汇报，松老师百口莫辩，从此就背上了"三青团中队长"的黑锅。在"清理阶级队伍"的中央文件中，三青团中队长及以上的级别是清理对象。在交待会上松老师痛哭流涕，说他根本没当过中队长，都是虚荣心害死了他。大家都知道他是个无足轻重的老好人，暗暗地捂着嘴笑。革委会并没拿他怎么样，档案上也没记这回事。

　　不久松老师就以高血压为由，休了长期病假。"四人帮"倒台后，形势有所好转，他才回来上班。没有几天，他在女儿的喜宴上多喝了两杯酒，突发脑溢血而死。看来，松老师的高血压病是真的。

蒋老师是永丰中学的"才子",教语文,非常受学生欢迎。

"清理阶级队伍"中,他经常请假。大家都知道他有严重的肝炎,澳抗、转氨酶和 GPT 的指标都不正常。他定期上医院化验,然后交一张假条,休息一两个礼拜。有一天他又去看病,医院给学校革委会打电话来,说他涂改了化验单,人已经被扣留,叫学校派人去领人。待学校去了人,蒋老师不见了,去家里找也不在,从此就失踪了。直到几个月后才在什么地方被人发现,揪回学校,开了批斗会。蒋老师交代说,他的肝炎是假,畏惧和厌烦革命运动是真。为了混个假条,每次验血的前一天晚上,他都要喝白酒就松花蛋,第二天早上澳抗转氨酶和 GPT 指标准高。不料最后一次化验不灵,他就涂改了验血报告单。

逃避革命斗争肯定有不可告人的原因,革委会调查了许久,找不出破绽,再加上文革已经搞了五六年,大家的劲头也不那么足了,此事也就不了了之。

几十年后,同事聚会,说起蒋老师装病的事,就是一桩笑料,了解他的人都知道,他就是胆小而已。他怕登高,离地一尺就头晕。怕耗子,见了那物件就哆嗦。更害怕运动,就想在家躲清静,如果他不是那么抖机灵,什么事也没有。

　　出身于知识分子家庭的小张是和我同时分配来的师院毕业生。她个子娇小，宽窄几乎只有我的一半，单眼皮，薄唇小嘴。小嘴吧嗒吧嗒极其能说。

　　她对学校的一切都看不上看不惯，和我当时的心情一样，我们在学校的地位又是一样的不被信任不被重视，所以两个人特别说得来。整天在一起，简直到了形影不离的地步。

　　不久小张要结婚了，丈夫是她师院同学，家在农村。我心里奇怪，知识分子出身的小张谁都看不上，怎么找了一个农民的孩子？她带我去太舟坞村婆家看新房。正是文革中个人崇拜到了极顶的时候，她收到的礼物是数不清的毛主席的挂像雕像铁盘子，安源的遵义的延安的北戴河的庐山的天安门的，玻璃的塑料的石膏的金属的。光是铁盘子就一大摞。那铁盘子是长方形的，印着毛主席各个时期的照片或画像。小张非常不满意，悄悄对我说："这么多毛主席像，挂没地挂，搁没地儿搁，用不敢用，扔不能扔，留着干嘛使？总不能满屋子都挂上毛主席像吧。"我说："我不送你这些东西，你需要什么说吧。"她想了一下，说："我还没有镜子。"我们一起去村里供销社买镜子，我准备给她买那种二尺宽一尺半长，上面印着红花绿叶和"花好月圆"字样的婚镜，北京市民结婚必备。小张说："俗，不要。"她挑了一面直径五六寸的小圆镜子，两毛七分钱。光看这面镜子，我觉得这个婚礼一定是很寒酸的。

我给她出主意，不是大家都送毛主席像吗？你也如法炮制，来一个"革命化"的婚礼，结婚时不发烟不发糖，每人发一本"老三篇"（《为人民服务》《愚公移山》《纪念白求恩》合订本，三分钱一本）。她听了很过瘾，似乎见到大家得到"老三篇"时的狼狈相，高兴得拍掌："对！就这么办！"三天婚假后，小张回来上班，我问她是否给大家发"老三篇"了。她说没敢，还是发的糖，要是真发"老三篇"，人都会得罪光了（送"老三篇"会得罪人，这倒是真的）。

几年以后，小张靠着她那张利嘴，调离永丰中学，成为第一个没有过硬背景而调到山前的老师。文革后，她丈夫考上了北师大的研究生，后来去了美国，小张和孩子一家也都迁居美国。我这才知道小张爱的是丈夫的才，有眼光。

孙老师，教体育，彪形大汉一个。他在任何地方一出现，根本不用说话，学生立刻吓得大气不敢出。没见过他大声说话，也没见过他训斥学生，似乎什么办法都不用就制服了学生。仔细想想，这是一个心理问题，学生和中国老百姓一样，崇拜和畏惧权力、权威、强者，孙老师就是力和威的象征，再加上孙老师家就住在永丰屯村里，娶的是永丰屯的一个学生。学生很怕这种"地头蛇"。

其实孙老师的性情与他的身材相反，他平易近人，与大家都处得好，批判会基本不说话，谁也不得罪。只有一点大家对他有异议，就是他总是向互助会申请生活补助。因为互助会是老师们自己的钱（每个教师每月交 2 元作为互助会基金，帮助生活有困难的人），他们对申请补助的人眼睛瞪得大大的，生怕有人蒙混过关。真穷又年年申请的人，也不能为大家所接受。

孙老师有两个孩子，老大是男孩，脸红扑扑的很健康，老二是女孩，胖乎乎的，机灵得不得了。老孙特别喜爱这个女孩，知道我有照相机（我曾给学生们照过相），一天专门请我去给他家老二照相。我照了几张，老二的样子又活泼又调皮。可是照片洗出来后发现曝光不够准确，我就没好意思交给孙老师，想等以后有机会再给她重照。

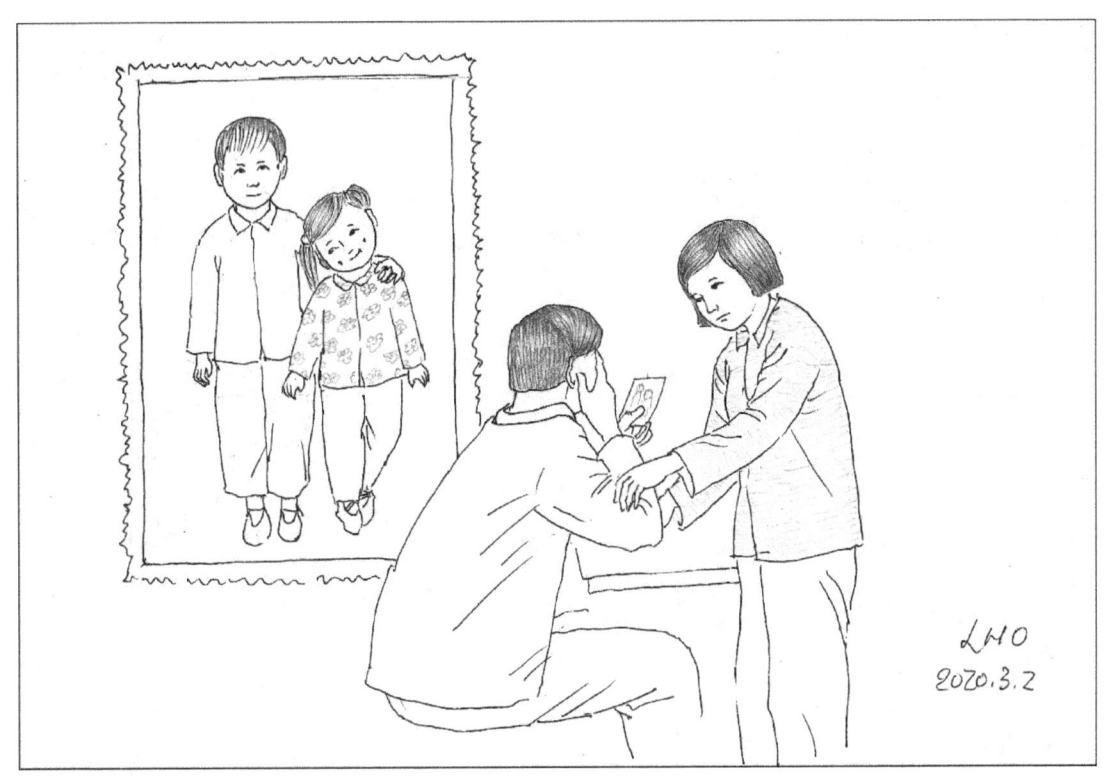

谁知没多久，老二生病发烧，村里的赤脚医生就当感冒简单地处理了一下，没想到第二天孩子竟死了，死时还不到四岁。孙老师的老婆伤心得几乎发疯。

我立即把女孩的照片放大，可又不敢交给他，只锁在抽屉里。

不久，孙老师来找我问："你还记得给我家老二照相的事吗？"我说："记得呀，照得不清楚，没好意思给你。"他说："不清楚也没关系，她就照过这么一次相。"我从抽屉里拿出早已准备好的照片递给他。照片上是哥哥和妹妹，哥哥一本正经地站着搂着妹妹，妹妹调皮地缩着脖子，笑着，脸颊上有两个甜酒窝。老孙一接过照片就蒙脸哭起来，我不知怎样安慰好，也陪着流泪。

老孙的老婆思念死去的孩子变得神神道道，病弱不堪，风一吹就倒的样子，直到他们又怀上了老三，生了一个儿子，女人才好了一些。

当年那些老师文革后都成了教育界的宝贵财富，基本都调到区教育局培训青年教师了，现在也都已退休，时常聚会。

学校里还有个别异常积极的左派，十分招人痛恨，以至多年后同事们的每年聚会没有人邀请他们，甚至连一次也没提过他们的名字，彷佛这些人从未存在过。文革极"左"派的表现大同小异，文学作品已有不少描写，此处就不再浪费笔墨，以上只为那些被侮辱与被损害的普通老师做个小小的记录。

十八、独立寒秋

（1968-1978）

学校正处于"无政府主义"最鼎盛的时期，学生的心已经被轰轰烈烈造反运动弄得野性难收，虽说已经"复课闹革命"，重点还是落在"闹革命"上，而学生对革命的理解就是闹翻天，一到学校就我就面临这样的困局。

　　老师这边人心惶惶，学生那边更不好受。学生的心已经被文革初期的轰轰烈烈造反行动弄得野性难收，学校正处于"无政府主义"最鼎盛的时期，虽说已经"复课闹革命"，重点还是落在"闹革命"上，而学生对革命的理解就是闹翻天，上课如同串门，爱来就来爱走就走，没人听讲，没人学习。

　　老师的威信早已被打翻在地，我到学校的第一天，就得到一个外号"缩脖坛子"，是由我冬天的形象演变而来——胖，脖子短，冬天又穿了厚厚的棉袄，脖子更看不见了。"缩脖坛子"叫快了就演变成了"醋坛子"，其中有发酵膨胀的意思（说起来，不得不佩服这些孩子把外号取得一语中的）。学生特别欺生，我根本不认识的学生，也都在此起彼伏地喊"醋坛子"，甚至不论到哪个村子，连那些光屁股的小孩也追在后面大呼我的外号，我的自尊心大大地受到伤害。

　　不只是我，每个老师都不能幸免，校园里到处可以听到学生们喊老师外号的声音，公开地肆无忌惮地喊，你刚刚走过去，背后就有一群人扯开嗓子喊"小叫驴！""兔爷！""乔耗子！""王大傻！""来疯子！"

　　早就听说京郊的农民不像偏远农村的那样淳朴厚道，从这些京郊农村的孩子们身上就领略到了。

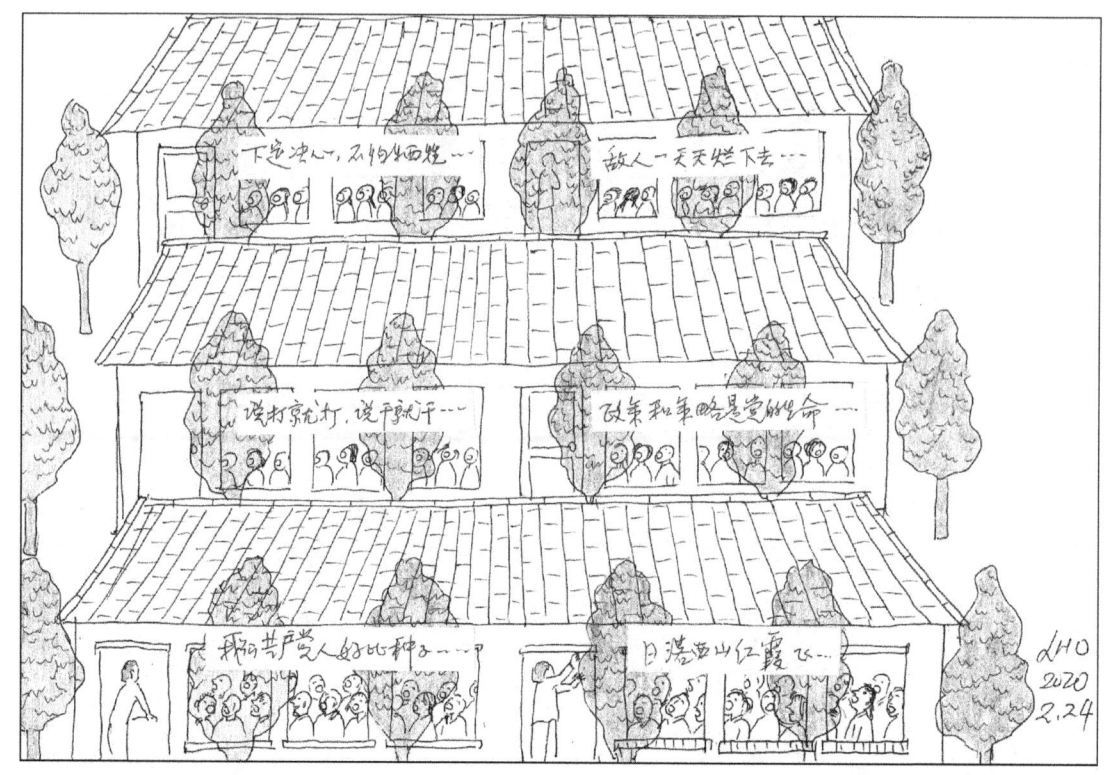

　　我教的语文课没有教学大纲，没有教材，不用备课，你随心所欲地出点子吧，只要与"革命"有关就能混过去，最简单的方法就是抄毛主席语录（这是老教师们的经验），带一本《毛主席语录》上课就够了。上了讲台先"敬祝"一番，然后老师在黑板上写，学生在本子上抄，抄了一会儿，他们就没了耐心，课堂里又开始翻天。管也不听，没辙，老师就上纲上线："你们这是对毛主席什么态度？""你们有没有阶级感情？"这种质疑不知说了多少遍，学生们早已当作耳旁风。实在上不下去课了，就让大家一起念《老三篇》，这倒深受欢迎，不用动脑筋，不用费力气，哇啦哇啦大声一喊，时间就过去了。再不行就唱革命歌曲，这是学生最喜爱的，个个抻着脖子扯着嗓子，声音把房顶都快掀翻了。上课时间你在外面听听吧，老三篇或革命歌曲的狂吼从哪个教室中传出来，不用问，准知道那儿的课又上不下去了。一节课一节课就这么打发了，真叫误人子弟呀。

　　学校中也有好班乱班之分，但那只是对班主任而言，有经验的班主任不用管，只要在门口一站就把班上的学生吓得悄然无声。这算是"好班"，但这种好班如果是学生不放在眼里的科任老师上课，照样乱成一锅粥。

　　我刚到校时班是按村分的，我们班的学生是永丰屯的。永丰公社是海淀区最落后的一个公社，而永丰屯又是全公社最穷的一个村子，村中的房子多是黄土脱坯，低矮的房顶上苫着麦秸稻草，看不见一两间瓦房。生产队的分值（10个工分）只有五、六分钱，每年每个劳动力也就到手几十元。学生们看不到前途，到学校来就是混日子。

　　有些学生比我也就小两三岁，一下子摸到了我没有经验的弱点，根本不把我这个班主任放在眼里。我的班是全校最混乱的一个班。

　　课堂就像是一个自由市场，女生旁若无人地大声聊天，男生肆无忌惮地追跑打闹，干什么的，说什么的都有，打架斗殴的，满口脏话的，甚至还有抽烟的。有一次一个学生上课公然抽烟，我过去从他课桌里搜出一盒烟，是最便宜的"战斗"牌，俗称"掐架"牌，一毛九一盒。里面还剩两根，我气哼哼地拿回宿舍自己给抽了（我怎么会抽烟的，以后再说）。

　　上课时，我的大部分时间就是维持秩序，按下葫芦浮起瓢。我特别怕别的老师从门外经过听到或看到教室里的混乱，我觉得就像打我的耳光一样让我难堪。

十八　独立寒秋（1968-1978）　　95

　　学生们想尽了坏招子捣乱。上着课，一转身面向黑板，就可能听到"哐啷"一声玻璃打碎的声音，然后就是一阵欢呼"玻璃翠（一种在六十年代风行的家庭栽培植物）！"质问是谁打碎的，学生都不说，看你有没有本事揪出肇事者，揪不出来，"哐啷"的"玻璃翠"声就又会肆无忌惮地响起来。

　　不光是我的班这样，几乎所有教室的窗子玻璃都是碎的。新的玻璃刚装好，又被打碎，学校管也管不过来，干脆不装玻璃了，由班主任给自己的教室窗户糊上报纸。教室挡得黑乎乎的，当天报纸就被撕掉。冬天冷风飕飕地灌进来，坐窗户附近的同学就不断地嚷嚷冷，把课桌搬到远离窗户的随便一个什么地方，教室里桌椅于是横不成排竖不成行，呼啦啦一大片。这还不算，搬迁过去的学生或被"原住民"排挤或受到"原住民"的欢迎，不管哪种情况，都可以用"打成一片"这个词来形容。

　　教室里吊着纸顶的天花板全都被捅破，长长短短的顶棚纸片挂在天花板上，顶子上一个个形状各异的黑窟窿中不时掉下一团陈年的灰土。如果是灰顶，学生们就玩"点天灯"。一个火柴盒一根火柴，不知道用了什么技巧，两个东西一摩擦，火柴燃烧着就飞上了天花板，沾在天花板上继续燃烧至烬，然后天花板上就留下一团黑色。每个教室的天花板都布满了星星点点的黑烟斑。

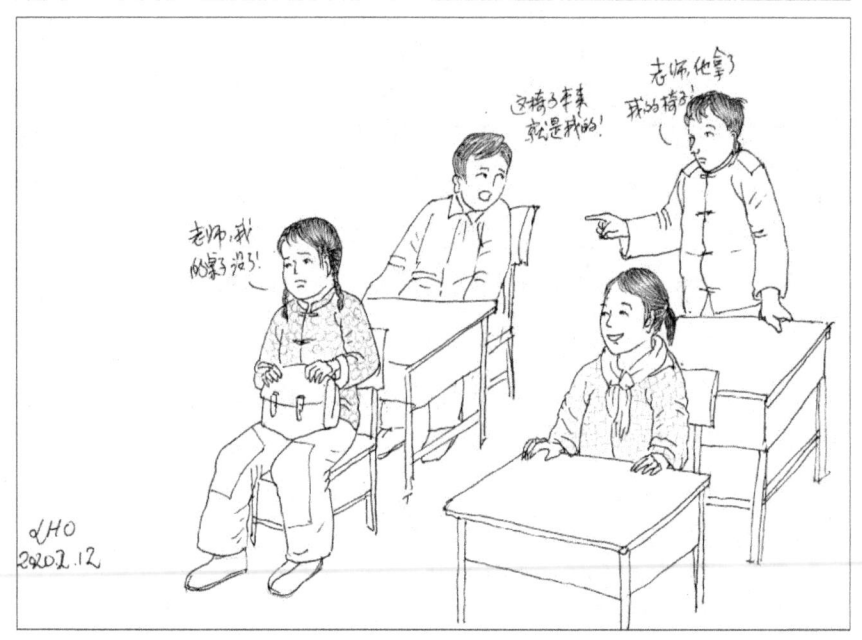

  课桌课椅没有一个囫囵的,桌面椅子面都与下面铁架脱节,桌腿椅腿已经开焊,东倒西歪,上课时经常有人连人带桌椅坍倒在地,引起全班"炸窝",看着摔倒学生的狼狈相,我实在想笑,强忍着,差点把嘴唇咬破。

  还有一个怪事——教室里每天不是缺桌子就是短椅子,一上课,学生就为抢桌椅打架,老师去各教室借,好不容易找齐,一堂课也快完了。

后来我才发现课桌椅的短缺损毁的原因。

学校有一台黑白电视机，大约是全公社唯一的一台，放在食堂，晚上放电视时，永丰屯甚至大牛坊屯佃等村的学生和农民都来看，从各个教室搬出桌椅，踩着桌子，蹬着椅子，满满登登挤了一屋子。

演完电视，人们一哄而散，就有人摸黑顺手牵羊搬走了学生的桌椅，还顺走我们的饭碗、勺子。我的一个精致的银勺就被偷走了。

十八 独立寒秋（1968-1978）

　　后来我去各村家访，才发现很多学生的家里都有学校的课桌椅，结结实实，完好无缺地发挥着不同的功能。看见我的目光落在桌椅上，家长往往有些尴尬地，忙打岔转移我的注意力。永丰公社穷，"穷则思变"，思来想去变的方式有限，从学校搬来一些桌椅，倒是快捷的"变"。

　　冬天，各班的火炉由自己班管理。值日生应该提早到校生火，可是我班的值日生总是踩着上课铃才到校，上课了火还没着起来，学生们搓手跺脚，甚至全班有节奏地跺脚表示抗议。为了避免求爷爷告奶奶地请值日生早来的麻烦，我干脆起床后马上先到教室去生火，没有经验，经常被烟熏得鼻涕眼泪直流。

　　好不容易把火生起来，学生也有捣乱的方法——呕烟，待火势刚刚稳定，就放湿煤进去，打开火盖，关上烟筒的风门，浓呛的烟立即布满教室，一片咳声，学生们都冲出教室，等门窗大开，浓烟散尽，教室里像冰窖一样，一堂课也过去了。

我最怕的是每天的早操或是学校开大会，各班集合站队去操场。学生成心和我捣乱，就是不排队，拉了这个那个跑，好不容易凑了一支十几人的队伍，转身去教室拉另一个学生时，出来一看，队伍又散掉，人都不知去了哪里。我们班的队伍总是稀稀拉拉，我觉得真是丢尽了脸，多少年后我还是常常做学生出操的噩梦。一次整队，学生把我整得筋疲力尽，我又气又急。突然间觉得一下子垮掉了，再也没有力量和信心了，我的眼泪涌上来，急忙跑进办公室哭起来。眼泪流完，想着还是要以工作为重，又推门出去了。只见二十多个小祖宗（一个班四十多人，最多有二十几个到校）不知从哪里钻出来的，整整齐齐地排在教室门口。眼睛里有点好奇又有点惊慌地看着我。

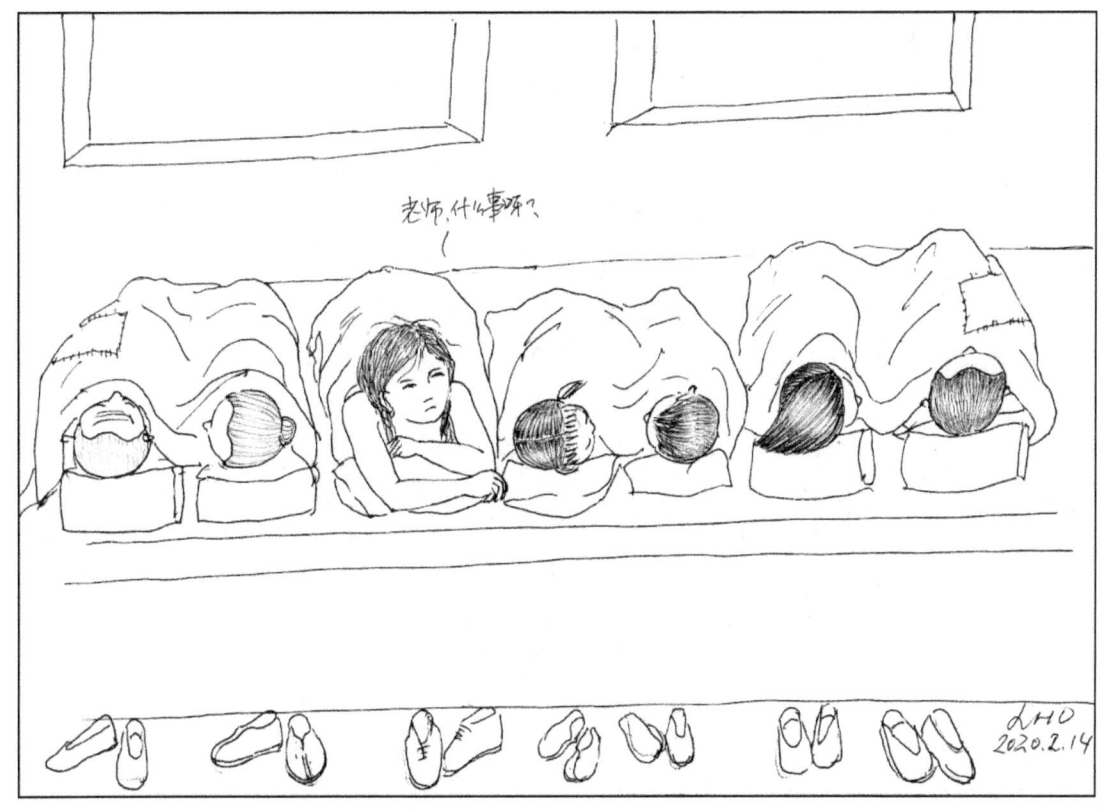

　　我一遍一遍地学习《实践论》《矛盾论》，按照"抓事物主要矛盾的主要方面"的教导，在班上男女班长身上苦下功夫。男班长总是揣个手，在一旁笑眯眯地看着同学沸反盈天老师声嘶力竭。我问他为什么不帮助我维持秩序，他说："我管，他们倒也听？"别的老师告我，男班长的妈在村里名声不好，所以班长也没威信。女班长头发总是乱蓬蓬的，好像从来不梳，说话含个热茄子含糊不清，吆喝起来，嗓门尖细，满嘴脏话，奇怪的是同学们倒是听她的。她家我常去，穷得不得了，低矮的土房，土炕土地，一堆孩子。一天早上我去她家通知什么事情，推门而入（农村各家都不拴门的），一家人全都在睡觉，大大小小老老少少都睡在一张大炕上，还全都光着身子。我吓得赶紧跑出来。心想难怪这些孩子骂起人来一清二楚，全都是床上的事，夜里老少几代各干各的，孩子能不知道吗？

　　孩子们闹是闹，有时也怪可爱的。冷不丁说出来的话让人忍俊不禁，一次我对学生们的捣乱已经无可奈何，站在讲台前一言不发，一个男孩子突然评论了一句："独立寒秋"。这句毛泽东的词句用得太恰如其分了，我的脸立时绷不住了，噗哧笑了出来。一笑不要紧，全班以十倍的开怀大笑来回应。还有一次我穿的深蓝色的罩衣稍短，里面的玫瑰红色棉袄（这是我特别喜欢的颜色，但是只敢穿在里面）露出了一条边，一走进教室，立刻吸引了学生的眼光，不知从哪儿冒出了一个男生的声音："红妆素裹"。农村孩子的幽默感有时真让人惊奇，我又忍不住笑起来，又引起一场哄堂大笑。我发现自从接了这个班，我从来没给过他们一个笑脸，难怪看见我的笑，他们笑得那么开心。

半年后这班"毕业",可算松了一口气。送走了这一班,领导把我安排到离校很远的东玉河村教小学"戴帽班"。所谓戴帽班就是为了方便学生免走十几里地,而把中学课程搬到小学去上的一种新的教学方式。老教师根本派不动,就让新教师去。

那时有话说"我是革命的螺丝钉,哪里需要哪里拧。我是一块革命砖,哪里需要哪里搬"。我的工作和生活充满了不确定性,我的心情并不愉快,但是我只想把工作搞好,不管什么工作。

东玉河十分偏僻,离公共汽车站有十多里,还要穿过一大片庄稼地。周末回家路上,心情非常紧张,就在不久前,那片庄稼地里曾经有一个少女被人强奸后勒死,唯一的线索是凶犯留下的一个脚印,区里来的警察长时间破不了案,北京市公安局派来一个脚印专家,让东玉河的男性都在他面前走一遍,最后断定是本村一个男青年作的案。

十八 独立寒秋(1968-1978)

东玉河小学的校长兼老师是一个非常怪癖的人，大约四十来岁，长得非常老相，整天背着个手，驼着个背，像老头一样。他的脸永远绷得紧紧的，我没见过一次他的笑容。小眯眼睛亮晶晶的，有着洞察一切的精明。在学生面前，他不用说话，只要身影一出现，孩子们立刻鸦雀无声。他对学生的训话连讽刺带挖苦带骂，根本不存在以理服人这一说。

不仅学生怕校长，那几个小学老师在他面前也是噤若寒蝉。他对学校的统治完全是家长式的，最痛恨老师回家，不成文的规矩是除了星期六日平时家在城里的老师不准回家。一个女老师经常晚上回家，还得请假，他不阴不阳地说声"去吧。"转过身来对我们骂道："像她这样的人，不如一头撞死得了。"事缘这个女老师曾经和一个男老师好过，发生了性关系，又分手。结婚时被丈夫拿住把柄，让她干什么就得干什么，让她回家她就不敢不回家。她在学校家里两头受挤。这样的"风化"事件在当时公社的小学里不少发生，小小的一个农村学校，只有四五个老师，到了晚上本地农村老师回家了，剩下几个家在城里的男女老师住在学校，晚上一起吃吃饭打打牌聊聊天，日久难免生出感情来。

而校长自己娶了一个漂亮贤惠的农村妻子，他天天回家享受夫妻之乐，毫不同情其他老师的寂寞之苦。

晚上不让回家，实在无聊，就约上邻村的几个老师，到供销社买上一瓶二锅头、两毛钱粉肠、一包江米条、一包排叉，总共花上块把钱，在老师们租住的农舍里，围着火炉摆上一桌，推杯把盏，骂骂各自的领导，说说张老师长李老师短，就这样度过寒冬寂寥的夜晚，我们称之为"穷欢乐"。

"戴帽班"只办了一年就办不下去了，连老师带学生一起回了中学。

　　从东玉河回到中学，又分给我一个没人愿意接手的乱班。毫无悬念地，我的话学生根本不听，科任老师下了课就跑来找我告状：学生如何捣乱，课如何上不下去。我的脸简直没地方搁。

　　我的不服输的劲头上来了，我不相信一个一个地做工作还搞不好一个班。我利用下课和晚上时间一个村一个村地家访。

　　碰上下大雨或下大雪的天气，没有几个学生到校上课，学校只好放假。如果领导开恩不安排政治学习，就是老师们最轻松愉快的时刻，女老师聚集在宿舍里，织着毛活，聊着大天，男老师下棋打扑克。我则充分利用这个时间冒着雨雪家访，了解他们的家庭情况，表扬他们的哪怕是一点点优点。班上几乎每家都去过了，个别生或班干部的家去了不知多少次。

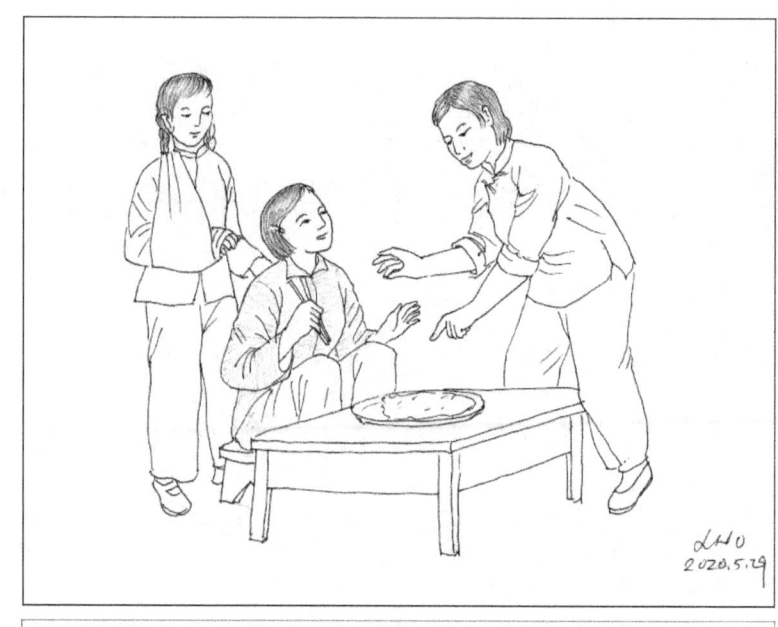

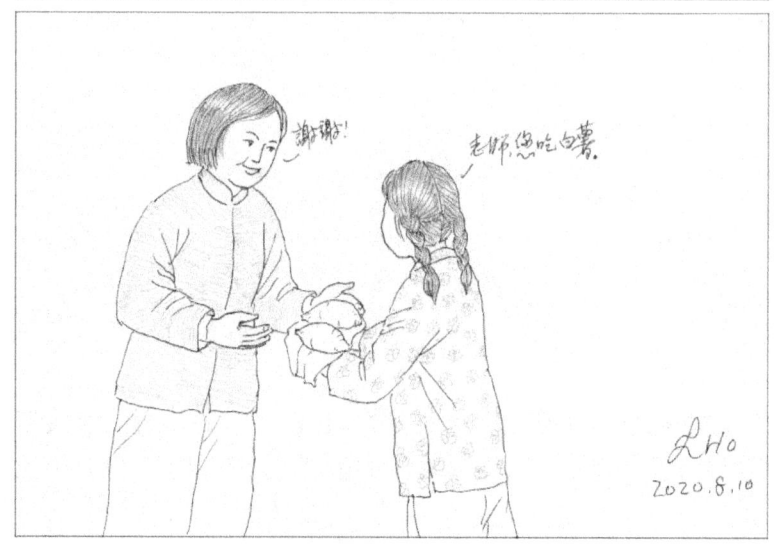

我对孩子们非常关心，一个学生在班上不断地咳嗽，我给了他一瓶咳嗽药，吃后见好。一次在修水利劳动时，一个孩子的耳部被另一个学生用铁锹无意砍伤，我立刻骑车带他上卫生院，自己掏钱给他看病，处理后又把他送回家。一个孩子坐二等车，在学校门前坑洼不平的路上摔下去，胳臂脱臼，我马上带她去村里土医生王二聊处正骨归位，为了保险又带她去积水潭医院照片子，发现还有骨裂，打了石膏（为此王二聊恨死我了，到学校来讨伐，说我败坏了他的名声）。然后把学生送回家，花了整整一天时间。这些事都是属于"事故"，在如今学校要负一切责任，付出大笔赔偿，家长也必是不依不饶。但是在那时就是学生个人的问题，与学校老师无关，我只是出于关心孩子而做，还得到了家长的千恩万谢。当我把这个学生送回家，她妈妈打了四个鸡蛋摊了一个大鸡蛋饼，一定要我吃完再走。鸡蛋饼忘了放盐，难以下咽，又不好意思说，勉强吃完。

学生们知恩图报，从家里给我带来白薯，让我感到很温暖。

　　我带学生们一起步行去长城玩，给每个人都照相留念（五十年后见到这些学生，他们还珍藏着那些照片）。

　　和学生相处的这些事情虽然微小，却点点滴滴进入了学生的心间。时间长了这些孩子知恩图报，再也不好意思上课折腾了。班越来越好，年底竟评上了一个五好班集体，我也评上了先进工作者。现在回想我的努力只有百分之五十是出于责任心，其它百分之五十是因为好强。

　　好不容易把一个班搞好了，我还是一点也不敢掉以轻心。别的老师上我班的课，尤其是管不了学生的老师，我总是提心吊胆，一遍一遍地跑到教室窗根下偷听动静，生怕又出现问题。

　　在学校工作十年,我收的礼就是那两块白薯。但是也有个别以权谋私的"事件",一件是前面说过的抽了两根没收的"战斗"烟。另一件是一个甲鱼。小闹将猫小一天上学带来一个甲鱼,俗称王八,拴着它在教室里乱走,所到之处引起一片喧哗。我凶神恶煞地没收了王八,叫他放学后到我宿舍来领。

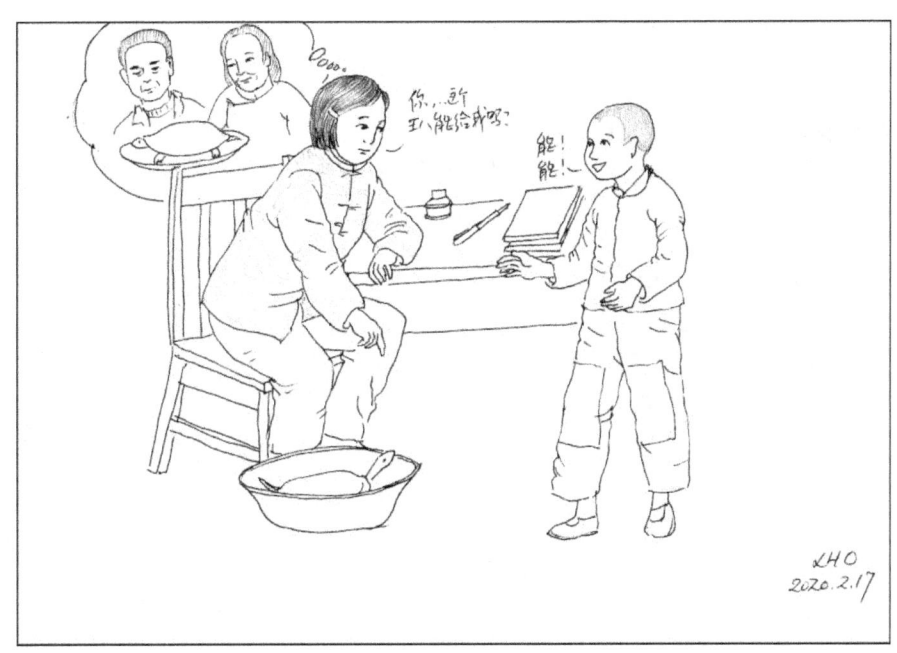

王八是大补，市面早已见不到了，我真想拿去给爸爸妈妈进补。放了学猫小来要王八，我声音不自然地问他能不能把王八给我。猫小非常痛快地答应了，似乎还很高兴。我立刻把王八拿回家给爸妈大快朵颐。

第二天，猫小上课特别闹，目光灼灼地看着我，好像说我给了你王八，你该放我一马了吧。

十九、继续革命无止境

（1968-1976）

无产阶级专政下继续革命理论体现在"教育战线"就是"宁要社会主义的草，不要资本主义的苗"，老师们要做的就是把大批蓬蓬勃勃欣欣向荣的社会主义杂草送入社会。

　　相比起搞运动和教书这些让我日夜焦虑不安的事情，我宁肯干活，尽管累，至少能让我在精神上彻底放松。身处农村的学校，我们劳动的时间多得是。四十来个老师，加上几百个学生，对于农民来说是不付任何代价的劳动力，各大队都抢着要。春耕播种，抢三夏，战三秋，冬天修水库挖水渠，都少不了我们。此外公社或各大队还经常随意地抽调全校师生去完成紧急任务，比如挠稻秧（把稻秧下面的泥土挖松，并把稗子拔掉），摘棉花，捉玉米虫……干活最多的一个学期，只上了四十几天课。学校由"贫下中农宣传队"领导一切，最方便的事就是拉师生去劳动。

　　六月底麦子成熟的季节也正是雷雨频繁的日子，为了从雷公爷口中抢粮食，我们要不分日夜地割麦打场。割麦割得腰酸腿疼，最后是跪在地上爬着割。

　　在农村的这些年，我几乎做遍了所有的农活，从播种到粮食入库，全套农活没有没做过的。最紧张的活是打场，通常是白天割麦夜间打场。这边的人飞快地把麦子送进脱粒机，脱粒机轰响着大口大口吞进麦捆，喷出麦粒，那边的人则迅速收集麦粒，扬场装口袋，一分钟不能停歇。我们只盼望机器卡壳，可赢得一两分钟的喘息，这一会儿功夫站着就能睡着。收工时每个人被灰尘麦秸覆盖，只看见眼球在转。

除了农活，学校还自己盖房子，和灰砌砖、"挂袍（抹灰墙）瓦瓦（盖瓦片，第一个瓦读四声）"，小工大工我都能干，新盖的教室有好长一段墙壁就是我砌的砖。

我喜欢干活，出力流汗而已，不必和学生费心。我干活向来生龙活虎，不遗余力。我一直信奉年轻人要在艰苦的条件下磨砺自己，从小就树立了一个模模糊糊的信念——为将来投身共产主义事业做好准备。干活时倒顾不了信念问题，只是体会着劳动带来的淋漓痛快。我喜欢和男老师一起干活，干男人干的活，干得一点也不比他们差。最能干活的来老师对我表示："我真佩服你，没准将来我们可以一同干点事业。"听到这话我有点不安，除了党的事业，还有什么事业可干？

  我没料到干活也有"政治"（指人与人的关系），即使我甩开膀子沉醉在对劳动的享受中，还是开罪了别人。

  一次劳动是搬砖头，一般女老师一次搬四块，年轻一些的积极一些的搬得多些，五块六块。我干活时总愿意让自己的能力达到极限，并非为表现自己，而是挑战自我的一种乐趣，是一种游戏。我一块块地加码，从搬六块一直加到十二块，砖头把下巴顶得高高的，走起路来脚底拌蒜。慢慢地适应了，搬得大汗淋漓，心里特别畅快。我忽然发现一些女老师冷冷地斜眼看着我。然后听见了有人在甩闲话"人家想当劳动模范啊"。

  我听出了端倪——群众想搬四块砖，你搬十二块，就显出你的进步，群众的落后了，但是我不想跟着他们看齐，我就喜欢这么干活，即使遭人不满，我仍然搬着我的十二块砖，你们爱怎么说就怎么说。我总是被批评为"脱离群众"，这样的群众脱离也罢。

比劳动更高兴的事情是被公社借调办展览,画影壁或写报告,虽然是政治性宣传,只要离开学校,就会让我感到愉快。我得到这些机会归功于图画马老师。

到学校不久搞大批判,我画了一张"拿起笔作刀枪"的宣传画,图画马老师看到了,非常高兴地和我聊天,像是遇到了知音。其实在画画上我什么也不懂,画得也幼稚。马老师是六十年代初从艺术学院毕业的,本来他的志向是中央美院,但是由于出身不好,勉强上了艺术学院,学的是油画专业。他的绘画技术绝对一流,他给我看他的素描毕业作品,很大一张石膏头像,花了一百多个小时完成,极为精细。他讲素描既要顾及总体上黑白灰的调子,还要在每个局部上画好黑白灰,又不能超越整体的调子,让我觉得画画也是很辩证的。尽管在校专业成绩优秀,毕业后他还是因为出身不好分到这个小小的农村学校。以他的水平教这些温饱尚未满足的孩子们纯粹是高射炮打蚊子。马老师不关心政治,常有怀才不遇的消极叹息。知道我喜欢画画,他常常给我谈一些绘画的理论。

　　1968年全国上下大兴立毛主席塑像之风，没能力的就垒一个大影壁画毛主席像，请不到人画像的就写毛主席语录。马老师立时成了各单位抢手的宝。三夏期间，公社机关调老马去在大影壁上写毛主席语录，他点名要我当助手。影壁四五米高，三米来宽，写的是"革命委员会的基本经验有三条……"那段。大影壁刚刚搭好，先在水泥面刷上白漆打底，再刷上几遍红漆（因为赶写语录牌，水泥没有干透，不到一年漆皮就脱落，语录变得斑驳陆离）。老马往上面写字的轮廓，我用白漆描出来。边写老马边感叹："学了这么多年油画，就用来干这个。"

　　一天我们正站在脚手架上写字，来了一个人和老马打招呼。我往下看了一眼，是一个个子高高，面孔白皙的年轻人。他们聊了一会儿，老马爬上来说那是体育学院的生化理论课老师，他们一起搞过摧毁联动展览，这个老师不大会画画却承担了给体院画毛主席像的任务，结果把毛主席画成了花脸狸猫，实在画不下去了，跑来搬救兵。几年以后这个人成了我的丈夫。

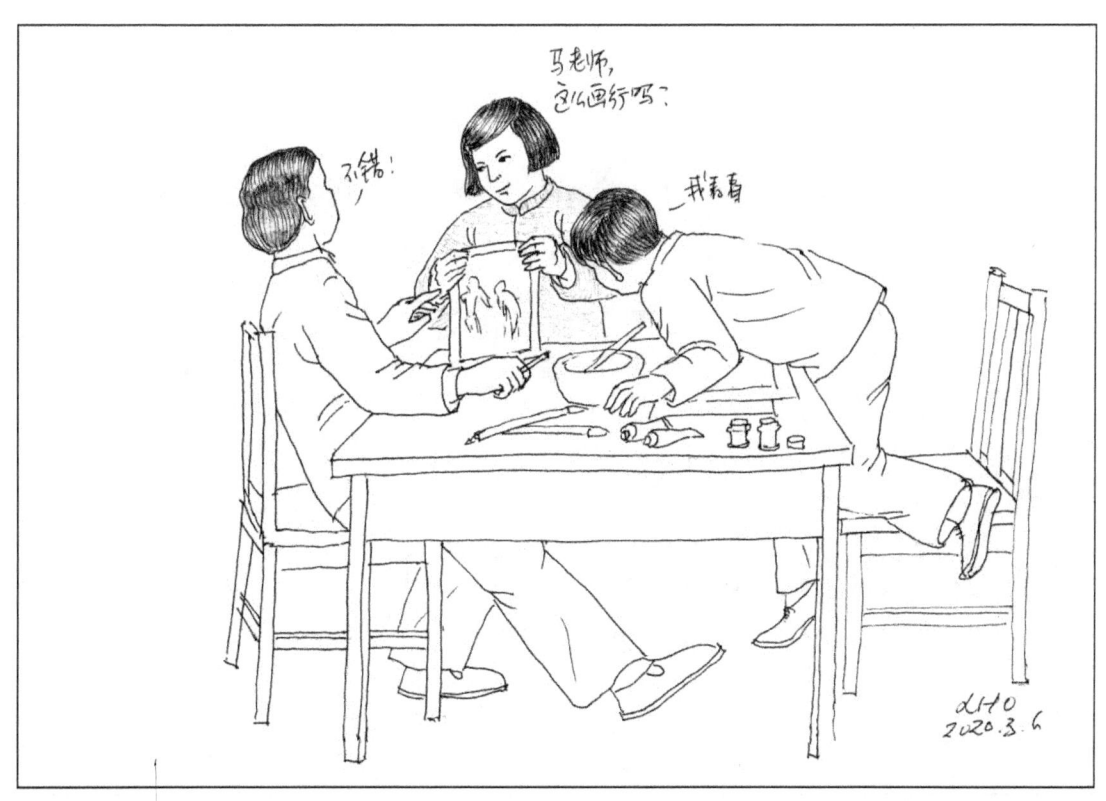

1968年底冬闲时节，公社要搞一个"抓革命，促生产成果展览"，马老师被调到公社机关画画，他又点名要了我当助手。

公社的革委会主任兼党总支书记李连生很有雄心壮志改变永丰的落后面貌。这个展览用文字和图片表现一两年来公社的阶级斗争和生产取得的成果，以及公社的规划发展前景等等，按现在的话来说就是宣扬书记的"政绩"。

同去搞展览的还有小学调上来的爱画画的小章。我和小章先起草构图，征求马老师意见，然后勾描着色。马老师只管画大幅的，用广告色画得跟大型油画似的。

在公社的那些天真是愉快，没有阶级斗争的风声鹤唳，不管展览的内容是什么，我们是在画画。马老师给我们讲构图，讲灰色调的丰富表现力，评论我们画的长短。我和小章还抽空画些素描习作，让马老师点批。小章是个随和的小伙子，又聪明好学，我们相处得很融洽。

公社机关院子里有自己的伙房，伙食乏善可陈，但大师傅却有一个绝活——芝麻酱烙饼。半斤一张，如小脸盆口那么大，麻酱厚实，层多油大，外脆里嫩。每星期做一次。每吃烙饼，全机关喜气洋洋。

此时全国上下对毛的个人崇拜到了登峰造极的田地，各单位都搭起大影壁画毛主席像或写毛主席语录。一时间马老师名声大振，成了香饽饽，被到处借调，他也乐得脱离学校，长时间在外面工作。我就成了公社画画写字的主力。

十九 继续革命无止境（1968-1976）

上图是当年办展览时的工作台。画于 1968 年。

第二年春天在东玉河支左的解放军要办一个阶级斗争战绩展览，展示他们在农村"三支两军"的成果。由我和小章承办。展览的内容是把各个生产大队的阶级斗争动向，阶级敌人破坏的案件画成图片，有老地主给牲口料下毒，有向儿童散布封建主义毒素，有私存变天账（房契等）。还有革命群众如何与阶级敌人斗争的故事。有了解放军，阶级斗争的火药味就浓浓的，让我们都相信农村阶级斗争的严酷性。

能和解放军在一起，我们特别高兴，那时候我们对解放军无上崇拜，在我的眼睛或者许多人的眼睛里，毛泽东思想是理论，解放军就是物化的理论，解放军和毛泽东思想是一体的。

这批支左的解放军是仪仗营的军人，小伙子们个个一米八以上，浓眉大眼，红脸膛，粗脖梗，匀称壮实的身体，走路站立都经过严格的训练，站如松走如风。看到他们我的脑子里总是出现一个画面——施足了肥，拔足了节的红高粱。和他们办事十分痛快，我和小章只管画画，展览会所需要的东西，只要说到他们就一一办到。

我和小章白天晚上在一起工作，相处很好。小章年轻，充满朝气，爱说爱笑，待人诚恳。我们在一起可说的话题很多，谈不完。但是我对他根本没往"那边"想，他有女朋友，而且他是干部子弟，和我终究不是一类人。

那一阵我的感情的指向并非具体的"这一个"小章，而是作为一个男性的小章。我的感情需要寄托，我的青春荷尔蒙需要发挥。

给苓枝画毛主席像。

　　永丰中学也跟风建立起了两个大影壁，一个在校门口，另一个在大操场厕所旁边。大操场的影壁有七八米宽，三米多高，刷成红色的底子，上书白色大字，毛主席语录"团结起来，争取更大的胜利！"全部由我一个人完成。门口的影壁要画一幅毛主席在北戴河的全身像，马老师已经借调到海淀区文化馆，画像非我莫属。领导对我的绘画技术估计过高了，我自己根本没信心，除了十四岁用油色涂抹过一张雏菊的画，我再也没碰过油画。那影壁不算底座高四米，宽三米，我怎敢下手？可别像那个体院老师一样，最后收不了场。我去找马老师商量，他教我画油画人像的步骤，帮我分析"毛主席在北戴河"宣传画的色彩，一再鼓励我"你能行"，并保证如果画不下去，他会来收场。

　　我也确实想一展身手，向我没踏足的领域进攻，就勇敢地爬上了脚手架。

　　画像用的是打格放大法，按照马老师提供的色彩搭配，进展很顺利，不到两周基本完成。正是三夏时期，老师们和过路的农民干完活都要站在画架下评论一番，人人夸赞。马老师特地回来观看说："想不到，想不到，一个女老师能画得这么好！"

　　我自己也非常满意。许多单位没有绘画知识的人画的毛主席像不仅形象不准确，色彩的黑白灰关系也没掌握，脸上画得脏兮兮的，像个旧社会的乞丐。我画的色彩干净协调，形象准确，为校园增光不少，在公路上离学校一里多地，就可以看见"光辉四射"的毛主席像。很多老师和学生都在影壁下照相，我自己也总想照一张相留念，但是拖拖拉拉一直到我离开永丰也没照成。文革后全国又一阵风拆除了所有的毛影壁，拉倒了所有的毛雕像。随着毛主席像的倒塌，一个时代就这样不留痕迹地结束了。

　　除了画画，我的另一特长也派上了用途，就是写文章。我在永丰所写过的东西无非就是批判稿、大字报。不知怎么领导就看上了我的文笔，全公社水利工程大会战时让我到公社宣传组工作，在工地上收集好人好事、工程进度，写成广播稿鼓舞士气。我干脆创办了一个"战地小报"，自写自刻，每天一期，内容同时还在广播中播出。别看这小报就是一张八开的油印纸张，特别受各大队领导和社员的重视，都以上小报为荣，农民们认为写成文字印在纸上的才算数。

　　夏收时节公社把我调到公社三夏指挥部,白天跟公社干部到各个大队参加劳动收集材料,晚上为公社书记写总结。这可是非同小可的工作,我写得非常认真——形势任务、收成数据、好人好事、经验教训、努力方向……洋洋洒洒几万字。三夏结束,公社在六里屯召开全公社社员大会,书记李连生作总结报告。没想到他好像一遍都没看,念得磕磕巴巴。我从中发现了自己写文章的大问题:句子太长,不通俗,不上口,还有点欧化,无怪乎李连生念得那么吃力。

　　从此写文章我力图文字简洁,尽量写短句,成文后自己至少要朗读一遍,顺口为止。

　　我喜欢学习理论，政治学习时间就是念报纸，如果没有什么可念的，就让大家自学。每人拿本《毛选》貌合神离地看着，一个钟头也翻不了一页。我倒宁可自学，甚至每天晚上独自一人还在办公室学习。我阅读毛主席著作非常认真，并非出于"无限热爱""无限崇拜"的阶级感情，而是从中发现了不同于文学作品的另一个天地，凡是我不懂的我都有极大兴趣去探究，四卷本《毛选》我都读完后，又读完了《列宁选集》两卷本，所读之处每页的白边上都做了密密麻麻的眉批，记下自己的理解和感悟。

　　那时的学毛著强调林彪提倡的"活学活用"学一条语录有一个行动，比如学了"下定决心，不怕牺牲……"就不怕苦不怕累地干活，学了"我们都是来自五湖四海……"就和意见不一致的同志搞好关系，学了"我们的同志在困难的时候要看到光明……"就克服了工作上的畏难情绪……能做到上述的学用一致，就是"学毛著积极分子"，在我看来这是一种实用主义的学习方式，我注重的是观察世界的思维方式，所以我特别喜欢读《矛盾论》《实践论》。

我的好学和政治上的进步永远搭不上边,进步不进步,关键是群众怎么看你,能否接受你。不知为什么我总是落个"脱离群众"的恶名。我知道"搞好群众关系"最直接的方法就是和他们凑在一堆,家长里短,蜚短流长。特别是晚上,女老师们集中到一个宿舍,扯一晚上闲篇或看一晚上电视。我试过一两次,受不了,话题我丝毫没兴趣,更难受的是,闲扯淡的时候我心里是多么心痛那些宝贵时间!

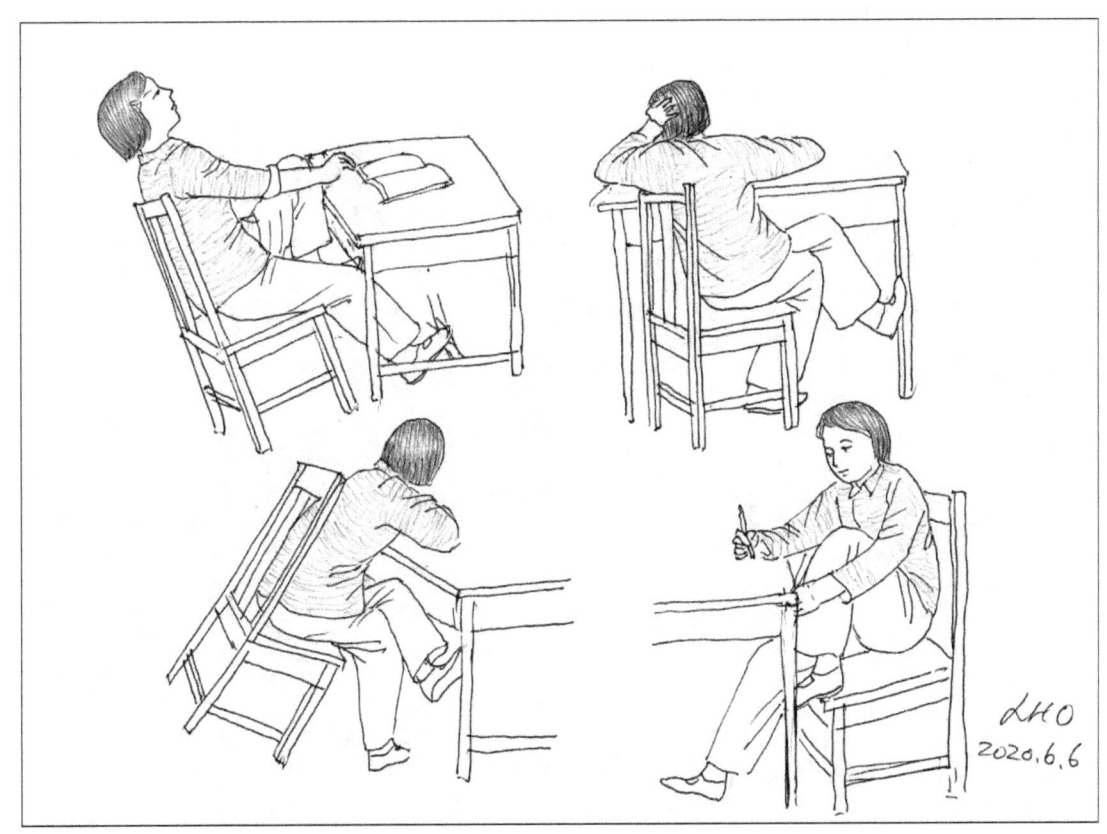

总说群众的眼睛"雪亮",而群众的眼光总是让你料想不及。比如同宿舍的老师调走后,我暂时一个人住。一个冬天我扁桃体发炎,发烧,嗓子堵塞说不出一句话来,屋子里没有生火,我捂在两层被窝里休息。刚刚分配到校"掺沙子"(资产阶级教育路线培养出来的老师被视作板结的僵土,把贫下中农安插到教师队伍中打破板结土地,叫掺沙子)的亮甲店的农民边老师敲门,她被分到这间宿舍,先来"号号"。我起床披衣下地开门,可能动作稍慢了点,开了门哑着嗓子跟她打了个招呼,挣扎着告诉她我嗓子发炎了,说不出话,然后立即钻回了被窝。这一系列行为在她看来就是态度傲慢,让她已经很不高兴了。她转了一圈就走了,没说搬不搬。她走后我也因不能再忍受病痛,请假回家看病。白血球两万八千,医生一下子开了一个星期的假。没想到那边惹翻了边老师,她把行李搬来后发现大锁看门,只好又换了一间宿舍,就此认定了我有意阻挡她搬入,是瞧不起贫下中农。我无论怎么解释,怎么试图和她搞好关系都没有用,对我不理不睬。几年后为我的工资调整征求群众意见时,边老师仍旧一再言词激烈地提出这件事。

群众的"雪亮"眼睛甚至从你的"身体语言"都可以看出思想意识问题。比如群众批评我骄傲,理由是在办公室坐的姿势与众不同,喜欢将椅子的两条前腿翘起来,往后仰坐。还喜欢一条腿蹬在椅子上。不知研究肢体语言的人对此怎么说,我这种做法纯粹是从小在家里无人教养形成的不文雅习惯,海燕倒是老为此骂我,她越骂,我就越要这样坐,和她对着干,和骄傲无干。

这些根本想不到的事防不胜防。为了拉近与群众的距离,我简直到了谨小慎微言不由衷的地步。

在我思想改造的路程上，嘴馋始终是一个不大不小的绊脚石。我爱吃，吃是生活中的一种享受，从小就被海燕骂为"饕餮之徒"。文革了才知道任何与个人的感官享受有关的都是剥削阶级的，都是被批判或者被禁止的（八个样板戏里那些清教徒式的共产党人，就是革命者的榜样）。别人能过清苦的生活，为什么你就不能？其实我并没有追求美味珍馐，我的美食欲仅仅比别人高一点点——爱吃点肉。食堂最常见的菜是冬天熬白菜，或者是炒白菜帮子，菜帮子切丝，形状弯弯的，大师傅戏称之为"炒虾米腰"。夏天就是炒时菜。偶尔做一次熘肉片，两毛钱一份，或卖酱猪头肉，两毛左右一块，我必买。

学校里农村老师多，生活困难的多，每到发放经济补助时，这些老师各自痛陈家庭状况之窘迫，互相之间勾心比穷，就为了得到二三十元的补助。他们几乎不吃菜，就着从家里带来的咸菜下饭，或者买半个菜，撒一把盐就饭。和大家在一起吃饭，我尽量入乡随俗，我学会了吃我以前最讨厌的大蒜，甚至发现咬一口蒜瓣，就一口菜，真是满口溢香。我还学会了腌咸菜，入冬时买一大堆芥菜头，腌一缸酱疙瘩。或买十几斤雪里蕻，埋在盐里。这两样菜是冬季北京居民的当家菜。说起腌雪里蕻，我跟阿巧学会了一种腌制方法：洗净，在开水里烫一下即取出，趁热切丁，撒上盐，拌上大量蒜末，装入瓶中密封。半个月后，菜便腌制好了，香脆还有点酸，有点冲鼻，生拌肉炒都好吃。老师们星期一返校人人都带一大瓶子咸菜佐饭。大家坐在一起吃饭互相品尝各家咸菜。我的那一瓶咸菜最招人喜爱，一顿饭就被大家抢完。

再贪图口腹之欲，我每个月的伙食费也就五元左右。有时候嘴里实在无味，悄悄地跑到村里的供销社，买一毛钱粉肠，趁没人的时候空口吃掉。

尽管我注意一点一滴地改造世界观，有一些无中生有的事情就简直叫人无所适从了。

有一次供销社来了香蕉，卖不出去，几天后皮都变成黑色，里面也烂得棕色透明。售货员小王劝我两毛钱包了圆。带回宿舍，我请宿舍里其他三个女老师一起吃，一人三四个，一下子就吃完了。我把香蕉皮收集在一个簸箕里，倒了出去。不知道哪个窗户里有眼，汇报到领导处。在一次开批评会上，贫下中农宣传队的胡德江大爷说："据群众反映，刘海鸥吃香蕉一簸箕一簸箕地吃。"领导和群众的意见是不能反驳的，我只好保持沉默。我奇怪，分吃我香蕉的那几个"群众"，和几年前吃大寨苹果一样，这时候为什么不说一句公道话。这就是群众，我们天天念叨着"我们应当相信群众"的群众。

群众犀利的目光是一把刀子，左砍右砍，我刚进校时还残存的一点锋芒，全部削平。

除了搞思想革命化，几乎谈不上什么钻研业务。我本来是教语文的，学校里人事经常更动，有的课目缺老师，老教师决不同意改教其他课程，像我这样不会和领导打架闹事的，只有服从分配一条路。我教的课不断变动，语文、代数、几何、珠算、音乐、美术、英语、政治。只要是没人教的课，就让我这个萝卜去顶那个坑。好在我生性就爱尝试没做过的事情，每样课程我都喜欢教一教。

我最喜欢教的是英语，这是我自上中学起就喜欢的课程。无奈农村的孩子对英语毫无兴趣，无论怎么说英语是打击帝修反的武器，他们最终的现实出路还是回到大田里。用锄把子打击老美还差着十万八千里，那几句英语就更不知怎么打过去了。英语课本也编得毫无逻辑性，第一课就是"毛主席万岁"，第二课是"东方红"歌曲的歌词。这些中式英语弄得学生上不着天下不着地，学得一塌糊涂。

这种状况延续到1973年，被打倒的邓小平复出，教育开始走上正轨，学校终于呈现出一点学校应有的气象。老师们终于等到了用武之时，欢天喜地，重新披挂上阵。

1973年大学开始考试招生（仅此一年，当年就被张铁生"踢了馆子"），我们学校也开设了高中，那些爱学习的农民孩子看到了一线前途，学得很努力。为了提高他们的学习兴趣，我编了一个外语短剧，在全校演出。短剧讲的是亚非拉美欧各国的人民在中国的天安门碰到一起，各自讲述自己国家的反帝反修斗争，然后表示团结一致，共同为全人类的解放而斗争的决心。结尾时全体高唱英文的《国际歌》。短剧虽然是空洞的形式主义，但是对农村学生来说很新颖，很受欢迎。不过他们怎么样也学不会唱英文歌，我只好去掉尾部的音清浊辅音，并全部变成中文读音，唱起来很滑稽，像在唱日本歌。

五十多年后，师生聚会，同学们还在怀念那个英语短剧。

然而树欲静而风不止，1973年教育界的形势刚有好转，就被一个"黄帅事件"一个"张铁生事件"再次搅得天翻地覆。所谓"黄帅事件"是中关村小学五年级学生黄帅在日记中抱怨老师对待学生态度如何恶劣云云。而"张铁生事件"是在辽宁插队的知青张铁生1973年参加大学考试，不会答题，就在试卷背面给领导写了一封信，说他因为不忍放弃集体生产而无暇复习功课，导致考试的失败。这二位的日记和信件得到中央文革的高度赞扬。两个人被誉为"反对师道尊严"和"交白卷"的反潮流英雄。全国学生有样学样，又造起了老师和教学的反。其后发生的"马振扶事件"就是反潮流蔓上一颗歪瓜——一个女孩因为不服气英语老师的批评而自杀——更是把"反潮流"运动推向高潮。

这股潮流也冲击到我们学校。有一次我给初中班上英语课，我带他们念书，跟随我念的寥寥无几。我生气了，说期末考试就考背诵这一课。一个学习很差的学生王巨桐当场写了一首打油诗交给我："考英语，到期末，试单词，背英课。两个东西一路货，死记硬背容不得，老师的屁股坐歪了。别的课都不会念，而第八课必须会背，这是资产阶级的教学方法。请老师深深深深深思！！！"下课他又贴了一篇大字报，说我坚持资产阶级教育路线，应该彻底改造世界观，狠批封资修思想。

校党支部非常重视此事，立刻把事件定性为"不仅仅是考试方法问题，而是两条教育路线斗争的问题"，把王巨桐树为全校"反潮流的小英雄"，并就此事在全校开展了大字报大批判活动。我不得不写了检讨的大字报，批判自己的"师道尊严""分数挂帅""管卡压"的教育思想，向王巨桐道歉。

从那以后，没有老师敢于用考试来约束学生，教学秩序又重新打乱，各科考试一律改为"开卷考"，考试时学生们拿着书本，想抄都不知道抄什么地方。英语课干脆取消了考试，以评教评学代替考试。

毋庸置疑，教学质量一路下滑，课堂上又乱开了锅，没有人再想听课。当时有一个口号"宁要社会主义的草，不要资本主义的苗"。老师们要做的就是把大批蓬蓬勃勃欣欣向荣的社会主义杂草送入社会。

不过"王巨桐事件"并没有让我感到特别大的压力，因为我已经习惯了各色运动的程式——先"抓典型"，再带动一般。党支部就是想把"教育革命"和大批判结合，搞得活色生香，并没有特别针对我个人。

如今反观"王巨桐事件"，我想起了毛泽东在《湖南农民运动考察报告》中谈到的"痞子运动"，以及《中国社会各阶级的分析》里面的"流氓无产者"。老毛赞扬这些人是"革命性"最强的，是中国革命的依靠对象。确实如此，一些痞子无赖流氓日子混不下去，趁革命来临之机，跳出来浑水摸鱼一把，竟也摇身一变，成了无产阶级革命派、领导阶级，实际上革命"成功"后危害最大的就是这种人。王巨桐小孩子虽然还不能编进那些人的队伍，其行为却如同中国革命的小小缩影。

那时听到的最多的一个词汇叫"无产阶级专政下继续革命",这是对毛泽东发动和进行文化大革命的宗旨的概括,并在中共九大中写入《党章》。继续革命理论的核心是认为在无产阶级取得政权并建立社会主义制度后,还要进行一个阶级推翻一个阶级的政治大革命,这种革命最重要的方式是文化大革命。在这个理论指导下,一个革命接一个革命,学校也无例外。

继"反潮流"之后的另一重大革命就是1974年初由毛泽东批准,中央文革发起的全国规模的"批林批孔"批《水浒》的政治运动。学校里整天不是批孔老二杀少正卯,就是批宋公明的投降主义,还有"评法批儒",学习历史上的"法家"思想。林林总总,越批越荒唐。学校办了批林批孔展览,让我画宣传画。

据文革后的揭发,这一系列的批判运动是上层内斗的反映,而当时不明所以的群众只能没头没脑地跟着摇旗呐喊。

　　除了大批判，还有个新鲜事物风行全国——"拉练"。这是跟解放军学的模拟实战的行军训练，全校学生步行几十里地，到某个军营参观学习。农村孩子能吃苦，走多远的路都不在话下，拉练对他们来说如同参加春游秋游一样轻松愉快，他们穿上节日才穿的新衣服，带着干粮，兴冲冲地出发，一路高歌。说实在的，只要不上课，老师也省心。

　　1975年又冒出来一个"反对资产阶级法权"的提法。这是毛泽东晚年发表的常人难以理解的指示之一。什么是资产阶级法权，为什么要反，谁都说不明白。公社要求学校教员给农村干部讲解资产阶级法权，这个任务就落到了我的头上。我也不知道那是个什么玩意儿，更不知道反资产阶级法权目的何在，多少年后才知道这还是上面政治内斗的一个筹码。我啃了几天从未读过的马克思主义《政治经济学》，大致弄通。在一个冬夜，在某个村的小学教室里，黑压压地坐了一屋子农村干部。我用最通俗的语言，从以物易物的原始交换开始，一直讲到剩余价值和垄断资本主义的产生。两个小时讲完了一本政治经济学。我不知道自己讲明白了没有，也不知道说清资产阶级法权没有，据我校领导说我讲得很不错。

　　因为我对理论有兴趣，学校又让我改教政治课，政治课讲"辩证唯物主义"，实际上就是《实践论》《矛盾论》的通俗化的读本。在毛主席著作中，我最爱读的，读了无数遍的就是这两篇，教起课来深入浅出，得心应手。

　　我后来考上研究生，就得益于教政治课。塞翁失马焉知非福。

努力工作和学习的结果是意想不到的。有一次党支部找我谈话，提出了让我入党的事情，吓了我一跳。我从来没有动过入党的念头，更没写过入党申请书，共产党对我来说如天上的星星，可望不可及。加上文革后我家的遭遇和丈夫老宋的"严重政治问题"（下一章会详述），党和我的距离就更加是千万里之遥了。党支部强调党的政策是重在个人表现。我自然是很高兴，但是内心也十分地不安，我知道自己根本不是那种纯粹的共产党员的模式，我内心的自由主义追求什么时候也没有熄灭过，那似乎是与生俱来的，无法摆脱的。同时，在我内心最深处更有不可言说的"阴暗"想法——文革这么一折腾，共产党的形象在我心中已经是千折百扣了，所有党的"优秀领导、优秀干部、优秀儿女"树立一批，倒下一批，我们一次次地由激动感动到惊悚齿冷，明镜高悬般的党中央在我心中变成一个走马灯，不知该拥护谁打到谁。对共产党只剩了一个"基本信任"，但是热情不再。

既然党组织主动发出邀请，我不能拒绝，但是我连入党申请书都没写过。以前见人家写入团或入党申请书，字字句句豪情激荡，仿佛都是饱蘸热泪和热血而写成的。但是像这样的字句"上刀山下火海，抛头颅洒热血，誓死跟党干革命"（当时党团申请书的八股格式）让我觉得肉麻，我真是说不出口，下不了笔。回家求丈夫老宋："你帮我写吧，我不会写。"老宋特愿意，点灯熬油连夜替我写了一份认识深刻的入党申请（他自己因为有"政治污点"，跟党无缘）。

我的入党发展会是在 1974 年底召开的，是中国共产党的声望最低迷的时期，我从来不愿意和别人提及此事，觉得这是我的耻辱。只有我的入党介绍人贫下中农宣传队的胡德江的评价给了我一些安慰："刘海鸥劳动能吃苦，工作下功夫，爱学习，是实在人。"这些话我爱听，按照农民眼中的党员标准——不看你说什么，就看你做什么——我够格。

二十、向阳湖上五七宝

（1969-1974）

老乡为文化部五七干部编了一个顺口溜："五七宝，五七宝，穿得破，吃得好，手上戴着大手表。五七宝，五七宝，种得多，收得少，想回北京回不了。"基本概括了干部们的生活状况。老乡说得没错，但他们并不知道五七干校里真的全是宝，都是国宝。中国当代的文学历史美术文化各方面的精英耆宿都集中在这里。

  1968年9月30日毛泽东对东北柳河五七干部学校的经验做了批示"广大干部下放劳动，这对干部是一个重新学习的极好机会，除老弱病残者外都应这样做。在职干部也应分批下放劳动。"于是像中国所有的事情一样，上面一句话，下面一阵风，全国各大小机关马上办起了"五七干校"，几乎所有的城市知识分子都被送到农村走"光辉的五七道路"。

  "最新最高指示"永远是在晚上各地人民广播电台联播时间发表。单位领导已经得到"今天晚上有重要广播"的通知，让所有的人都集中在收音机旁等待，并准备好旗子标语锣鼓等东西，指示发表后，群情激昂地喊一阵口号，就敲锣打鼓地去游行了。

  1968年9月份的那天夜晚，有关五七干校的指示发表。永丰中学二三十个老师像每次一样，孤魂野鬼般摸黑在几个村转圈，闹到深更半夜。我没想到那天我挥动语录欢呼庆祝的五七指示，将开启爸爸妈妈几年的苦厄。

被毛主席批为"帝王将相才子佳人部"的文化部干脆撤销，爸爸的人民文学出版社和文化部的其他单位一起连锅端到了湖北咸宁五七干校。在动员大会上，军代表告诉知识分子，你们就在那劳动，改造，安置，不要再幻想回北京。1969年9月26日爸爸们突然接到指示立刻离京。这天是中秋节的前一天，是军宣队特意挑选的日子，带有惩戒性——就是不让你们这群人在家里过中秋团圆节。

我那阵刚刚调到东玉河小学的初中"戴帽班"教书。一天收到了爸爸寄来的一个明信片，说某天要坐火车离京赴干校。我一心扑在工作上，把明信片塞在兜里，过几天又来了一封明信片，说时间又改在某天，我还是没在意。又过了两天，我收到了爸爸的第三个明信片，上书：

"海鸥：接最后消息：26日下午1:35仍在永定门车站上车。26日上午在社集合，整队到天安门向毛主席宣誓，12时进站。你就不必回来送我了。你姨夫送来一哈密瓜，极好。元元有信来，你母亲一切如常。父1969年9月24日下午四时半。"

此时已是9月27日的上午。晚了，爸爸已经走了。我突然意识到，爸爸连发三封信给我，封封说不必送，实际上就是想让我送他。爸爸走时没有人送（两个妹妹都已经去插队，妈妈正被整蛊，不能请假）。我想象着爸爸在火车站东张西望，在最后一刻仍然希望亲人的身影出现，不禁痛哭起来。我恨自己为什么那么革命，收到第一二封信我就应该回家帮爸爸整理行装，与爸爸话别。

我不管校长会说我什么，马上请假回家，我的心里充满对家的眷恋。回到家里，爸爸再也看不见了，桌上只有他给我留的一块哈密瓜。

几十年来，对这件事的追悔如毒蛇一样地咬着我的心，一想起来心就疼，就要流泪。爸爸的这张明信片我一直好好地保存在日记本里。如果问，这一辈子你最后悔的是什么事情，就是这件事，我没能送爸爸去干校。

二十 向阳湖上五七宝（1969-1974）

与此同时，全国妇联正在加紧把妈妈打成阶级敌人。妈妈的历史情况早在1955年审干时做了定论——历史清楚，没有问题。可这会儿不弄出几个坏蛋来就不足以显示文化大革命的胜利成果。材料不足就捏造，妇联的专案组全国走了一圈，回来对妈妈宣布，所有人的证词都证明她是混入党内的假党员变节分子。妈妈瞠目莫名，被迫在党组织的结论上签字。

后来姨父所讲的事情让我知道了那些人的卑劣。妈妈曾在姨父领导的广东东江游击纵队工作过，两个妇联女外调人员找姨父调查妈妈的党组织关系问题，意在把妈妈打成"假党员"。当时军内在文革的震荡下也分化得十分厉害，海军少将姨父也受到了冲击。姨父原原本本地提供了妈妈的组织关系运转的情况。姨父的证明当然不合她们的要求，两个女人立时面目狰狞起来，其中一人对姨父咆哮道："你自己是什么人你知道不知道，还胆敢保一个叛徒过关，罪上加罪！"这哪能威胁得了身经百战的姨父？他眼睛一瞪，"啪"地一拍桌子，怒斥道："你们还是不是共产党员？你们还要不要党的实事求是的作风？滚出去！等你们想好我的问题，再来找我。"姨父的眼睛大而圆，稍外突，瞪起来就是传说中猛张飞的铜铃眼，虎虎逼人。两个外调人员没想到竟有人如此凛然，害怕姨父那气势，灰溜溜地撤走了。可以想见，妇联外调人员是怎么对待其他证人的。像姨父这样天不怕地不怕的人并不多，绝大多数人是以保住自己为要。可惜姨父的正义言辞对妈妈并没有什么帮助，专案组在大会上出示那些不利于妈妈的证明时，唯独隐瞒了姨父的证词。

随后他们逼迫妈妈立刻下放干校。妈妈选择了去爸爸的干校。她不愿意去妇联干校，家里六口人已经分散在天南地北五个地方，再增加一个地方，互相的联络就再增加一些困难。还有，那个妈妈工作了二十年的地方已经伤透了她的心，昔日的同事朋友都已经成了乌眼鸡，何况她现在是什么身份。

1970年初我突然意识到，我有了享受单身国家职工每年12天探亲假的权利，我独身一人，可以去探望父母了！寒假一到，我就收拾行装，买了一些爸爸妈妈爱吃的点心，坐火车南下。到了咸宁，离干校还有二十多里路。我找到文化部中转站，帮他们装货车，然后搭车奔向干校。山迴路转，周围是绿树掩映的红土丘陵，虽是冬天仍是杂草野花一片绿意。想到即将见到爸妈，心情非常好。

文化部的干校在湖北咸宁县一个冬天干涸夏天积水的湖边，这个湖在古代有一个优雅的名字"云梦泽"，斗转星移，日月沧桑，湖水早已干涸，只是在大涝之年才是一片汪洋。当地老百姓没有幽思怀古之情，管这湖叫"斧头湖"。文化部干校在此安营扎寨后取了一个应时逸上的名字"向阳湖"。文化部所属各个文化单位除了几个留守人员，几乎全数人马聚集到这个荒蛮之地。

"五七干部"们初到"向阳湖"，什么都没有，暂住老乡家，在"人定胜天"的口号下围湖造田——在湖底开荒种地。首先沿湖筑起了一条十余里的围湖大堤。本来"向阳湖"是长江的分洪区，大水一涨，可以泄洪，缓解涝情。大堤一建，老百姓就遭了殃，涝季雨水不能再排入湖里，淹了庄稼地。大堤外围还挖了宽约二丈的壕沟，雨季沟里注满水，曾经淹死过一个老乡的孩子。

干校几年在湖底种的庄稼几乎颗粒无收，即使有一点粮食还没等到成熟就叫老乡偷光了。不过国家本来也没指望五七干部们打粮食，"改造"才是正题。目的是没有的，运动就是一切。

干校是军队连排班的编制,爸妈所在的人民文学出版社是十四连。

我到干校的时候,知识分子们正在搬砖盖宿舍,这时要盖的房子,好歹是个砖房了。爸爸妈妈没有预料我会跑到干校来,非常惊喜。妈妈是"小工",为砌砖瓦的"大工"和泥递砖打下手,小工我在农村干过,活路比大工还要累。妈妈正在搬砖,穿着一件大襟褂绵袄,裤脚绑着绳子。爸爸是"大工",正站在脚手架上砌砖。他穿着一身"再生劳动布"衣裤,(是那种又厚又硬,放在水里如铁板一般坚硬的布料),戴着棉帽,脖子上围个手巾,既不像工人又不像农民。

一放下行李我就跟妈妈一起搬运砖头。妈妈一次搬四块,她的一只胳臂早年摔断,用两根钉子连接着。真担心她的胳臂经受不住再次断裂。在干校里是没什么条件可讲的,在这里不管什么人,岁数多大,身体如何,都在干着同样的活。

我一下子搬十一二块,干得特别卖力。我努力干是为了她,为了让她在连队里有个好点的名声和待遇。

让我十分震惊的是亲眼看到了孟超老头的遭际。孟超才华横溢，他的剧本《李慧娘》曾风靡大江南北，文革前突然被批为"鬼戏"，说是目的在于反党。孟超从此遭罪。我在干校的工地上看见他时，觉得他怎么也有七十多岁了，骨瘦如柴，驼背，头发髭着，脸瘦成一小窄条，嘴部凸出，露出两颗大暴牙，样子与鬼真是所差无几。他抱着两块砖，对，是抱着，他的臂力不够，还要靠胸来帮助。他抱着两块砖跌跌撞撞地走着，周围一群"共产主义学校"放寒假的孩子追着他叫骂："老魔鬼！装孙子！偷懒！"

所谓"共产主义学校"是为下放干部的孩子开办的。我不解的是，1970年在城市里中学基本上恢复了教学秩序，红卫兵已经偃旗息鼓，打人骂人的事情也已经鲜见，为什么在干校倒死灰复燃了。那些孩子都是知识分子的孩子，又不是什么红卫兵。带头闹得最凶的是大翻译家萧某的女儿，她自己的爸爸的处境比孟超也强不了多少。这女孩据说在干校里极为革命，左数第一名，很惹人反感。

突然，孟超绊倒了，抱的两块砖摔在地上，脸正好磕在砖头上。嘴里流出的血和鼻子里流出的清汤或者是鼻子里流出的血和嘴里流出的清汤混在一起，蹭得满脸和砖头上都是，又把砖灰粘在脸上，真正是一个厉鬼的样子了。他趴在地上，两脚翘起，半天不能动弹。孩子们围着他转着跳着喊着："老魔鬼，装洋蒜，快起来！"。他一直也没能站起来，我实在不忍再看，走开了。

爸爸和孟超是朋友，他们在桂林时就相识，常有来往。1949年后两个人又都在同一个出版社供职。爸爸说孟超是奇才怪才。晚上我和爸爸说起这件事，他摇头慨叹："唉，这些孩子知道什么，他们了解孟超吗？他们看过《李慧娘》吗？简直是无端的仇恨。"爸爸说得对，文革制造了仇恨，是无端的仇恨，其种子深深地种植在孩子们的心灵。以至几十年以后这种仇恨还在中国人的头顶开花结果。

其他干部的待遇不比孟超强多少，穿得破破烂烂，不伦不类。当地老乡称五七干部为"五七宝"，还编了一个顺口溜："五七宝，五七宝，穿得破，吃得好，手上戴着大手表。五七宝，五七宝，种得多，收得少，想回北京回不了。"基本概括了他们的生活状况。所谓"吃得好"是相对贫穷的老乡而言，至少干部每天能吃到坚硬的红米饭和南瓜汤。

我觉得"五七宝"这个称呼很可爱。问妈妈为什么叫五七宝。原来"宝"是此地人对孩子的昵称。老乡对五七干部的这个称呼极具幽默感，又似讽刺又似同情，却一语道破真谛。

老百姓说的没错，但他们并不知道五七干校里全是宝，都是国宝。中国当代的文学历史美术文化各方面的精英耆宿都集中在这里：张天翼、谢冰心、沈从文、冯雪峰、孟超、郭小川、严文井、楼适夷、韦君宜、冯牧、周绍良、刘九庵、耿宝昌、许麟庐、金人、萧乾、纳训、刘继卣、邵宇……不可胜数。我爸爸也算一个——著名俄国文学翻译家刘辽逸。

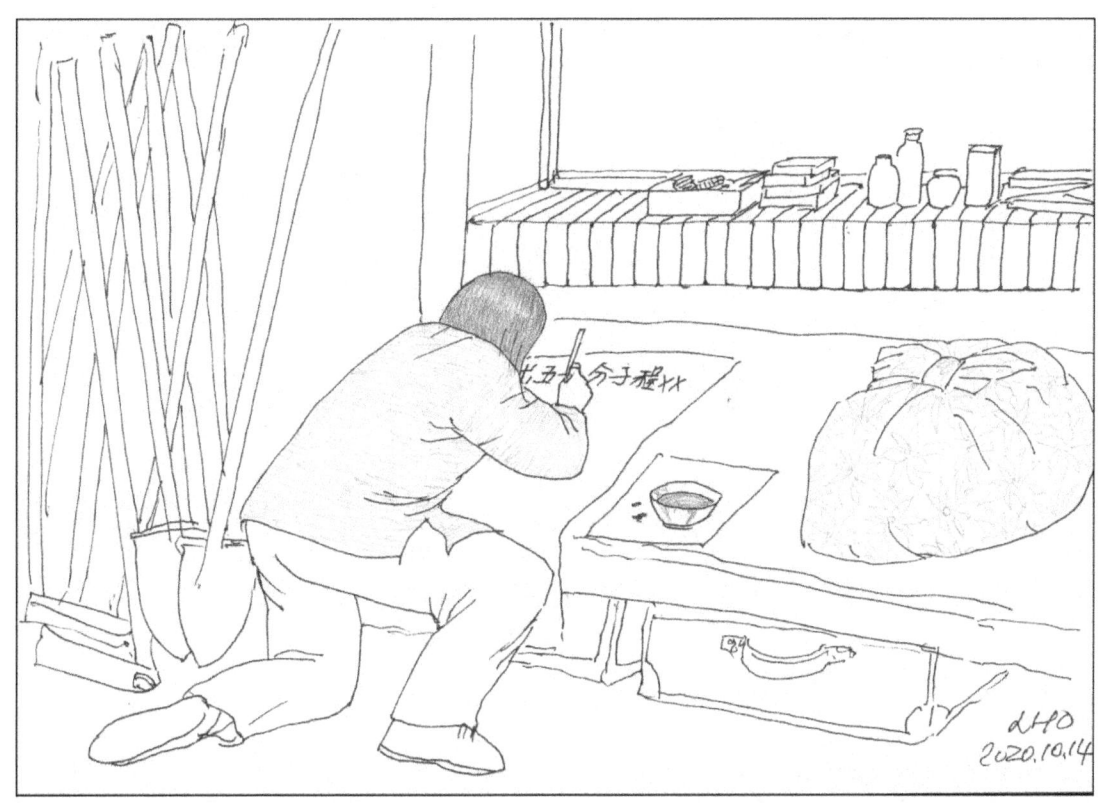

妈妈带我到她的宿舍,把我安置在一个回京探亲的人的空床上。在干校的头一两年,所有的干部和他们的配偶都是各住男女宿舍,孩子则在县城的"共产主义学校"住宿。简陋的小土屋里住了五六个人,床横七竖八地摆着,每人床头用箱子权做床头柜,上面摆一些水杯之类的日常用品。

同住的人对妈妈都十分友好,只有一个年轻的法文翻译徐某某,是个班长之类小头目,把妈妈当作牛鬼蛇神看待,颐指气使。这是一种因为自己家庭出身很差所以非常"革命"的人,对上和对下的嘴脸不必多说也可以想象得出来。我非常为妈妈不平,跟爸妈抱怨过她几回。爸爸笑笑:"这种人多得是,不要跟他们计较。"妈妈反倒看不起我,说:"不要把自己的身份降得那么低吧,值得吗。"

其实妈妈到文化部五七干校真是因祸得福。妇联是极"左"路线的"重灾区",像她这样没有权势没有背景的人正是人家手中拿捏的对象。那些不幸发配到妇联衡水干校的"敌我矛盾"们被三天一小批,五天一大斗地捱生活,而妈妈在爸爸的干校却如鱼得水。尽管干校里也开批斗会,但是与她无关。妈妈和知识分子们处得都很好,她的历史知识和古文知识极为丰富,和那些人谈古论今,有很多共同语言,心情舒畅之至。

晚上是开批斗会的时间,那阵正挖"五一六"分子,每天晚上让"五一六"分子交代同伙。采取的是疲劳轰炸政策,或叫"熬鹰",熬得人受不了了就开始胡乱指证,就像过去挖"AB团"、"改组派"一样。于是每天晚上都是"战果累累",挖出一大串人。究竟什么是"五一六"分子,竟没有一个人能说清楚。爸爸妈妈们的"任务"就是写大字报,根据揭发的材料进行批判。我到的第一天晚上,就帮他们抄写一份声讨的大字报。在干校那些天,我几乎天天都要抄写大字报,甚至帮他们起草批判稿。骂的是谁,我根本不认识,那时的大字报不过是为了制造气氛,内容就是些套话,以不变应万变。

　　干部是不允许吃"偏食"的。妈妈一生就爱吃好东西，嘴馋得不行。我带去的奶油小饼干不敢公开地吃，我和妈妈只能远远地走到大堤口，坐在树下，偷偷地吃。饼干很快就吃完，也解不了多少馋。我真后悔没有多带些好吃的东西。

　　妈妈带我去"参观"王六嘴村的"百货大楼"饱饱眼福。所谓"百货大楼"是干部们给王六嘴的小供销社起的名字。王六嘴只有几十户人家，供销社也就十几平米大小，黑洞洞的小土房。只有一些农具化肥蜡烛火柴煤油电池手纸之类的东西出售，可能还有一些块糖，饼干，一览无余。加起来可能还不够百十来样商品。五七干校来了以后，供销社也进了一些罐头，但军代表有令，不可在供销社买吃的，破坏五七战士的形象。还是有人偷偷地买，我和妈妈去时，正碰见郑振铎（作家文学史家，曾任文化部副部长，1958年因飞机失事殉难）的大公子及其夫人在那里买肉罐头，见到我们有些尴尬，搭讪着就走了。

军代表是干校的最高领导,本来不过是县人武部的小头目,一下子管了中央级干部,便有了洪秀全当上皇帝的感觉,动辄威胁不好好改造"就把你们'突突'了("突突"是用机关枪扫射的意思)。"只冲这句话就知道五七干部们的地位有多卑微。

有一些人家里从北京寄来了罐头,饼干奶粉一类的东西,一到就被军代表截获据为己有(我寄的包裹也被没收过,从此爸妈不让我再寄东西)。干部们也不许去村供销社买吃的,只能周末来回走二十多里到咸宁县城买点东西解馋。一个军代表站在路口,对回来的人一个个检查购买的东西,且不问自取。干部们不敢得罪丘八爷,您随意拿。那军代表每次都大有斩获,装满一书包,够一个礼拜的口福。

军代表还闹出了些风流逸事,有两个"要求进步"的年轻女五七干部,当了军代表的秘书,都在积极争取入党。常常和军代表"谈心"至深夜不归。其他群众知道是怎么回事,恨得不行,便设了捉奸计。一夜,一个女进步分子没有回来,于是同屋人以关心她的安全为名,大张旗鼓地唤起全连队所有的人去寻找,打着火把晃着手电喊着名字。直奔军代表的住处,军代表没在,最后大家在黑灯瞎火的档案室里找到这一对男女。据称是在黑屋子里"看"档案研究问题。这一类的事,像春风一样立即传遍干校。此事发生后那个军代表被调走了。

农民真是不能当皇帝,刚当上这么一个小官,食色本性全都暴露无遗。

　　春节到了,连队开恩,允许夫妻团聚,所谓"团聚"就是夫妻可以在一起睡三四天,而且只限于年纪轻一些的夫妻。这些人一年到头在一起劳动,吃饭时两口子也坐在一起吃,就是得各睡男女宿舍。像爸爸妈妈这样的老夫老妻,"团聚"就免了,继续各在各宿舍呆着。大年三十这一天,夫妻都在干校的年轻人喜气洋洋地搬家,连队专为他们腾出来了几间房子。我印象最深的是一个古文部的编辑,稳坐钓鱼台,依然埋头他最喜欢的修理钟表的小手艺活。他的太太是歌剧院的女高音,看见其他人都在欢天喜地地搬家,她急不可待地和丈夫吵闹,可男的不动声色地继续搞他的小修理,把太太气得当众大哭,最后赌气不搬了。我虽不懂"搬家"的紧迫性,也会心想,这一赌气,又得等一年了。几十年后,我看过一篇"向阳战士"写这次团聚的文章:空房不够,两对夫妇睡一个屋子,床隔几尺远,挂起一张床单遮羞,夜间鸡犬之声相闻,无奈人有三急,只好厚起脸皮,斯文扫地地干事。

干校的饭非常寡淡，南方的粗糙两季稻米还算是好的，多数情况下是吃窝头，菜也是清汤寡水，老倭瓜洋白菜。春节伙食稍微改善了一下，各班排从食堂领面粉和拌好的饺子馅，自己包饺子。饺子馅以白菜为主，里面可闻一点肉腥。知识分子们包的饺子真不怎样，软塌塌地躺平，包好后大锅一煮，大半都开了花，没油没盐味道寡淡。

趁着春节的几天假期，干部们三五成群到附近的县镇打牙祭。咸宁县城离干校二十多里地，汀泗相对近一些，那天爸爸和蒋路叔叔带着我到汀泗去吃馆子，说那里的红烧鱼量足味美，一定要吃。妈妈没去，她想趁这难得的假期在家好好歇歇。我们沿着高高低低的丘陵地走着聊着。蒋路叔叔也是俄文翻译（车尔尼雪夫斯基《怎么办》译者），和爸爸是最好的朋友，是那种在任何情况下可以无话不说的朋友。

快到汀泗了，在京广铁路线的一侧，有一座北伐军烈士纪念塔。那塔立在一个农家院的后面，周围被荆棘乱草窠子包围着。塔已经变成黑黑的颜色，上面的国民党徽被涂了一个瞎疙瘩，只有"国民革命军第四军北伐阵亡将士纪念碑"的字样还隐约可辨。早在小学历史课上就知道北伐军第一次大胜仗就是在汀泗桥与贺胜桥之间打的。今天亲眼看见这四十多年前的革命遗迹，我非常兴奋，拿出照相机站在塔下（需要钻过荆棘）照了好几张相。

汀泗令饥肠辘辘的我们很失望,绝大多数饭馆(其实本来也没有几家饭馆)关门,都回家过年了,过了初十五才开门。只有一家开门,爸爸他们盼望的红烧鱼根本没有,只有炒麂子肉。只好勉强吃了一顿,麂子肉并不好吃,硬得很,不香。爸爸说实际上是老水牛肉。

妈妈连吃老水牛肉的口福都没有,一年下来也就是这几天可以彻彻底底地放松一下筋骨,她宁可在宿舍呆着,吃窝窝头,也不想为了一时的口腹之欲去走几十里地。本来说好要给她带回一个红烧鱼的,没能实现。想到妈妈在"家"里等待,我真是心疼。

过了几天我自报奋勇要去咸宁县城买些熟菜回来,县城的饭馆总不会关门吧。妈妈不同意,这样对她太奢侈了,她不忍心劳累我。我坚持要去。

那天早上,我提了三个饭盒,妈妈送我到通往县城的大堤上,坐在上堤前最后一棵树下,拿出我从北京带去的最后一点奶油小饼干当早餐,然后,她用包装纸仔细撕了一条鱼,放在一个饭盒里:"买一条干烧鱼,他们的鱼很新鲜。"撕了一只鸡,放在另一个饭盒里,"买一个炖鸡块。"又撕了一头猪,"买红烧肉。"她最喜欢吃油香盐咸的大肥肉。

但是又让妈妈失望了,好不容易走到县城已经过了中午饭点,所有的饭铺都已休息,当然不能再等晚上饭铺开门,紧赶慢赶往回走。拎着三个空饭盒天擦黑才到干校,远远看见妈妈正站在大堤那头翘首盼望。她不放心我一个人跑那么远路,当然心下也希望我能带回点好吃的。这一趟跑得我心里更难受。

假期很快满了,我不得不告别父母,回到北京空无一人的家。

　　夏天到了，妈妈寄给我一张照片，是她去武汉看牙时照的。照片上妈妈头发花白，颧骨突出，两颊凹进，牙齿也少了几个，像一个晒干的葫芦瓢，却神采奕奕地咧嘴笑着。看了真让人伤心，我的眼泪立刻流出来了。我真想立刻奔到他们身边。

　　暑假一到,我立刻收拾行装奔赴干校。我真没有料到咸宁的天气竟是那么热,下了火车沿着大堤去干校,路被晒得干裂,一棵树都没有,正是中午时分,室外的气温肯定有五六十度,我热得气都喘不上来了,见路边有一个水塘,不太深,是给牛洗澡和饮水用的水坑。我不管三七二十一,穿着衣服就跳了进去。没想到浅浅的塘水被太阳晒得滚热,比人的体温还高,我一下水更觉得没法喘气,扒着泥塘便赶紧爬上岸。塘对面一个放牛的孩子骑在牛背上,目瞪口呆地望着我,不知我是否想不开什么事在自杀。浑身湿淋淋地走路,觉得稍好了一点。到了干校,衣服已经全干了。

　　屋子里的温度也有42度之高。当地的老乡都是早出午归，中午下午最热的时候就在家栖息，但是"五七战士"们得不到一点喘息的机会，整天全都在大田里干活。在灼热的天气下，知识分子们都已斯文扫地，女的上穿一件薄薄的马甲线衫，有的甚至连乳罩也免了，下穿一条短裤，男的只穿短裤衩，打赤膊。

　　人们的情绪都有点惶惶然。妈妈跟我说的第一件事就是刘敏如今天死了。妈妈说刘是一个大胖子，有高血压之类的毛病。他还有些"历史问题"，解放前他的家乡是日本鬼子和八路军的拉锯地区，是两面政权。他当时既是八路军委派的村长，又是日伪军委任村长，结果"就高不就低"，被定性为汉奸，历史反革命。军代表革命派对这些反革命毫不同情，巨热暑天照样干活，就在我到的那天，刘敏如正在抬水，突然一头栽倒在地，口吐白沫，再也没醒来。究竟死于什么，是中暑还是高血压引起的脑溢血，没人追究。大热天气下，尸体就摆在地边，不久就爬满苍蝇，于是就地埋葬。没有立坟头，埋在哪里，已不可考。到那时为止，爸爸妈妈所在的十四连已经死了四个人了。后来统计，干校几年十四连一共死了八个人，整个干校有四十多人死于非命。

咸宁地区的天气恶劣，热的时候真热，下起雨来则连绵不断，下得人都长毛，但是决不要期望下雨收工。老乡们对干校的古怪做法也编了一个顺口溜："大雨大干，小雨小干，晴天不干，大批判。"下雨干活虽然是无效劳动，但是目的在于锻炼知识分子们"一不怕苦二不怕死"的精神。"晴天不干"是要召开全校批斗大会。更多数时候是"无雨拼命干"。

每天早上男女老少，排着队，唱着歌，走四五里路到湖底干活。雨中和雨后的道路泥泞不堪，比泼了油还滑，不断有人摔倒。爸爸说："你妈妈是一个摔跤冠军，几乎天天都要摔跤，走在路上，要是听到后面'扑通'一声有人摔到田里，不用回头，准是你妈妈。"我听着咯咯笑起来，没留神眼泪已经淌下来。

万幸的是，这么摔打，竟没有伤了妈妈的筋骨。

　　妈妈正在闹肾炎，连队照顾她，让她烧水。这个活也不轻省，尤其是在室外气温四五十度的夏天，在田头简陋搭建的工棚里，整天守在炽热的大灶前添柴加火。妈妈穿着一条爸爸的大裤衩，一件香云纱的短衫，那是她五十年代的一件旗袍剪短的。香云纱已经变成黄色，汗水湿了干，干了湿，上面洇着一圈圈白色汗渍。妈妈让大家上工前把暖水瓶水杯放在灶棚，烧好水，一瓶瓶替大家灌满，再把一碗碗一杯杯水晾起来，工间休息的人端起来就能喝。妈妈的肾病不轻，人又黑又瘦，脸整个瘪了进去，还浮肿，但是做起事来仍是一丝不苟，赢得了十四连干部们的敬重，在铺天盖地的批判大字报中，竟然有一张是表扬妈妈的，题目叫"有口皆碑汪老太"。一个"有口皆碑"足以报答了妈妈的全部努力。

　　爸爸是一个放牛倌，正合了他喜好大自然间一切生命的本性，又合了他喜欢自由自在不受约束的性格。他看管的三头牛各取名为"花和尚"、"大老黑"、"机灵鬼"。爸爸只管放牛，犁地时蒋路这些"年轻"一些的跟在牛后面扶犁，有时还要和牛在前面一起拉犁，十分原始。不过放牛也不容易，爸爸同事卢永福叔叔说："牛也有发脾气的时候。有一次，老黄牛一时性起，发了疯似的从大田向山上狂奔，五十七岁的'放牛娃'刘辽逸，呼哧呼哧地跟在后面紧追。那情景真值得电影镜头去捕捉啊！"这是公牛发情逃跑，遇到这时候，爸爸追也追不上，急得团团转，只好自掏腰包请周围的老乡帮忙抓回来。

　　下工后"战士"们都在湖边的一个沟渠里洗澡，这沟渠宽丈许，边上长满了杂草。男人先洗，女的等男人走光了，放心大胆地脱衣洗身。已经是傍晚，刚到水边，无数只蚊子扑了上来，叮得我浑身刺痒，忍不住跳脚骂粗话。奇怪的是女战士们忍耐力特强，对蚊子的叮咬安之若素。

夜间屋里的温度仍然居高不下，妈妈嫌屋里太热，独自跑到湖底睡觉。在湖底的稻地边上，干部们搭了一个凉棚，且很有诗意地称之为"凉亭"。其实就是几根木柱支起一个顶棚，为的是在工间休息时能有一个遮阳的场所暂时避一下。

妈妈把自己的床搬到凉棚里，夜间就一个人睡在湖底。我去了以后，也陪她在凉棚里睡觉。夜晚，天色漆黑，我们早早就钻进了蚊帐，白天大地吸进的热气这时释放出来包围着我们。没有风，一点凉爽都感觉不到。远处是虫鸣蛙叫，近处蚊子把我们的蚊帐都包围严实了，发出巨大的轰鸣声。我担心着有野狼出没，又想起很多不愉快的事，心中觉得无比凄凉。第二天很早醒来，太阳就已经老高了，我也已经是大汗淋漓。身上被蚊子咬了好几个疙瘩，蚊帐里趴着六七个吸足了血飞不动的母蚊子。

因为天热，妈妈根本就不"上山"（住地）。需要什么东西，就让我回家去取，妈妈总是有很多闲情逸致，要取的东西很多，她不是写在一张纸上备忘，而是用小剪刀，在纸上剪出需要的东西，比如指甲盖大小的水碗牙刷避蚊油。说是闲情逸致，实际应该说是妈妈一贯的对生活的乐观和热爱。她在干活时，发现地里刚出生的小竹笋，便收集起来，晾干，夹在信里寄给我。竹笋有半寸大小，有模有样，可爱得不得了。妈妈最喜欢这些小玩意，也知道我喜欢。见到这些小东西，便知道了妈妈在那么艰苦的情况下，生活的情趣不变，使我安心了许多。

我们在湖底住了几晚，因为下雨天气凉快一些，我们又回到了"山上"。在宿舍我有空就给爸爸赶制衣服。咸宁天气不是炎热就是潮湿，爸爸经常闹皮炎，他让我给他买了一丈白粗布，缝两件中式褂子，穿在身上可解痒。我买的布极粗糙，上面疙里疙瘩，爸爸直说好。我便动手剪裁，一针一线地缝制，我很会做中式衣服，那阵我冬天穿的中式罩衣都是自己手工缝的。

二十　向阳湖上五七宝（1969-1974）　159

  离开干校的时候,爸爸送我,早上三点钟我们就出发了。火车是六点的,在咸宁这个小站只停一两分钟。我们必须早作准备。要抄近路,需要划船在河汊里走一段,然后上大堤。爸爸撑着小船,在芦苇荡中滑行。整个干校还在睡觉,只有连队的宠狗小花早早起来沿着河岸跟着我们,低声地呜呜着。走到一个分叉处,小船离开了小花所在的岸边进入另一条支流。爸爸喊道:"小花,回去。小花,回去!"小花只好站住,目送我们远去。

　　在夜幕中上了大堤，急急匆匆走到咸宁县。到了火车站时快六点了，火车预计六点五分到达。爸爸特别想在咸宁吃一顿北方式的早点：油条豆浆。车站边上的早点铺还没开门，我跟爸爸说："你等吧，我先进站了。"爸爸说："来得及，来得及。"好不容易早点铺开门，吃的还没准备好，要现做。我勉强吃了几口油条，跟还在等豆浆的爸爸说："我先走了，你吃完就回去吧。"就离开了。

　　我串连已经成精，从来不到候车室跟那些背着筐，挑着担的慌慌张张的老乡一起排队。我不慌不忙地绕过车站，顺车站旁的铁路走进尚无乘客的站台。车一进站，我就轻轻松松地上了车，找个位子坐下。车快开了，突然我想起了爸爸，并神差鬼使地站起来，到车门口张望。果然在济济人头中看到了爸爸的花白头发，可怜的爸爸夹在拥挤的老乡中间，东张西望，目光急切地寻找我的踪影。我逆着上车的人流，对下面大喊："爸爸，我在这哪！"可是他根本听不见。就在同时，车门关了，火车启动，我使劲敲窗，喊爸爸。他更是听不见了，只在茫然地寻找。我流出眼泪。列车员说，那是你爸爸？这个老头真好，他一直在那儿找你。听他这么一说，我简直要大哭起来。我恨我自己为什么那么机灵，一溜烟就上了火车，让爸爸到处眼巴巴地找我，算算时间，那碗滚烫的豆浆，他肯定没来得及喝。

　　我就这样哭了一路直到武汉。任何一次分离没有使我这样难过，爸爸日渐衰老的身影在我的脑子里无论如何也抹不去。我想起了朱自清的《背影》，也是父亲，也是在火车站。我此时此刻的心情感受和他一模一样。如果最初阅读这篇文章时就有同感，那么亲临其境就更引起我的共鸣了。人生悲欢离合已经够承受一番的了，那堪还伴以生老衰亡的过程！

　　这件事又成了我一辈子中最后悔的事情之一。每当想起此事，眼前就是爸爸眼巴巴寻找的样子，我都要流泪。

  1971年的9月13日，发生了震惊全世界的"毛主席的忠诚战友接班人"林彪事件。紧接着下发中央文件揭露林彪旨在暗杀毛主席的"五七一工程"。听到此消息，看到文件，我背上的汗毛都竖立起来，虽说文革中一个个国家领导一天天被揪出来，不是叛徒就是特务或是阴谋篡夺国家领导权的野心家。但是唯一一个紧跟毛主席的，全中国人民众望所归的人，一下子变成了搞暗杀活动的恐怖分子，怎能不让人恐惧？我心中还有疑问，难道"明察秋毫"的毛主席对身边的定时炸弹竟看走了眼？很多事情是老百姓无法解释的，只好跟着一起"全党共讨之，全民共诛之。"

  我立刻偷偷写信把此事告诉了在干校的父母。他们很多人都有北京的亲人写信通风报信了，但是谁也不敢说，个个心照不宣。

  林彪死后，干校好像皮球扎了孔，气慢慢地泄掉了，军代表早已不见踪影，刚去时虚假繁荣的劲头再也提不起来了。人们下棋打牌松快了许多，还有一个乐趣就是采灵芝。潮湿闷热的湖地很适合灵芝的生长，白娘子拚了性命采摘的长生不老起死回生的仙草这里俯拾皆是。每人都采了不少穿成串晾晒起来。爸妈回京时带回来一大串，像装饰物一样挂在家里。

二十　向阳湖上五七宝（1969-1974）

　　干校对食物包裹也不加管制了。每个周末我的全部活动就是给爸妈买东西寄东西。我买了很多核桃，去壳取瓤，油炸后用糖炒，做成"琥珀核桃"给爸爸妈妈寄去。有一次我买了好几斤上好的皮蛋，小心地排放在一个铁的大饼干筒里，周围塞上从农村买回来的稻壳，封好。到了邮局门口，刚刚支起自行车，突然哐啷一下子支架弹起，自行车摔倒在地，夹在车后座上的铁桶也狠狠地砸在地上。检查了一下，十之八九的皮蛋都摔碎了，与泥壳稻糠混合在一起，黑乎乎的一团。我又沮丧又不甘心，再买再寄。爸妈来信说，皮蛋怎么能寄呢？收到时全是碎的，已经发臭。

　　1972年的春节，干校很多人都回北京过节，只要有个理由就行。我给爸妈打了个电报谎称"克阳胃出血住院，速归"。我希望他们都能回来过春节，但是只有爸爸一人获准，妈妈回京得由妇联批准，出版社做不了主。妈妈也真老实，就乖乖地一个人留下了。克阳和刘元也回了北京，半家人好歹在北京过了一个春节。

　　1973年2月爸爸回到北京。不久妈妈也回来了。全家人挤在四合院西面的小跨院开始新的一轮生活。

　　至1974年，咸宁文化部五七干校终于结束了它的"历史使命"。

二十一、手足离散

（1965-1976）

一声令下，车站上"爷娘妻子走相送，尘埃不见咸阳桥。牵衣顿足拦道哭，哭声直上干云霄……"姐妹们分赴天南地北，分不开的是姐妹们的血脉情缘。

1968年，社会仍然处于震荡和混乱之中。大学不招生，工厂不招工，中学生无处可去，小学生无法升学，中学六个年级的学生几百万人成为社会上极不稳定的因素，因此毛泽东英明决定把这些人全都放到农村，他指示"农村是一个广阔的天地，知识青年在那里是可以大有作为的。""知识青年到农村去，接受贫下中农的再教育，很有必要。"于是旋风般地，全国开展了大规模的知识青年上山下乡运动。几乎所有中学生（即老三届）都被刮到了农村。上山下乡也分几个等次，出身好的到兵团，出身不好的去农村插队。

刘元最先去农村插队，文革开始她上初二，插队时也就17岁。学校有东北建设兵团的人来招生，她的出身不合格，努力争取也捞不上名额，哭了一场，只好去了内蒙呼伦贝尔盟莫力达瓦旗插队。

刘元是8月份走的，爸爸还有我和克阳去送行。公共汽车把一车车塞得密密实实的人倾泻在北京火车站。很多人是全家来送行，同学朋友们也都来了。站台上人山人海，红旗，锣鼓，喇叭，还有人们的叮嘱道别。那情景一千二百年前杜甫就在《兵车行》里做了精准的描述——"爷娘妻子走相送，尘埃不见咸阳桥……"很多妈妈一把鼻涕一把泪，年轻人则是眼睛红红的。一个男青年抱着小外甥（旁边哭泣的年轻妇女大概是她的姐姐，孩子的妈妈），眼睛里含着泪，强忍不让落下，这一场面给我的印象太深了，直至今天还历历在目。也有一些人高兴地说笑，作出满不在乎的样子。我们三人都很平静，刘元还在笑着。

　　火车终于长鸣一声缓缓启动，就在火车"咣当"一声前进的一霎那，站台上所有手臂同时举起，像突然冒出的一片树林。本来说笑的人们再也控制不住感情，车上车下同声爆发一片哭喊。又应了杜甫的那句诗"牵衣顿足拦道哭，哭声直上干云霄……"

　　12月份，"老高二"的克阳也去了山西原平插队。她不久前才刚刚胃溃疡大出血，已经是第二次犯病了，妈妈带着她到学校请求免于下乡，遭到半个屁股坐在桌子上的军代表无情拒绝。我们一家人都很老实，没有一句争辩的话便帮着克阳收拾行装。四年后，她还是因为这个病退回北京。

　　1971年的暑假,我去山西原平县看望插队的克阳。先到太原,在克阳介绍的一个插队生的表姐家落脚。那人是山西省话剧团的演员,很热情地给我做了一顿挂面,告我去村里的详细路线。她家里总是聚集着一堆演员聊天打扑克,文革中没有话剧可演,那些没兴趣打派仗的逍遥派就剩这一个乐子了。留给我印象最深的是他们自制的扑克牌,那年月扑克是四旧,买不到,搞舞美的就自己做。扑克是用X光胶片作的,在一面画上花纹,另一面画牌号,画工精巧别出心裁,尤其是"国王王后和王子"还有"大鬼小鬼",均造型奇妙,色彩鲜艳,勾勒精细,真是一副扑克牌的珍品。中国人的才智无论遭到如何的挤压总是可以找到展示的渠道。

　　克阳曾说过她们那里一天三顿窝头,没有菜,偶然有就是韭菜,用盐水煮,没有油。连酱油都买不到,插队生从北京带回去"酱油块"(固体酱油),老乡稀罕得不得了,每次插队生回京,都要替老乡大量购买。去看克阳之前,我买了一罐酱豆腐,一些点心,一些糖果,还学着阿巧做烧鸭的办法做了一只烧鸭带给她。

　　插队的知青住在村里专门为他们盖起的知青点里,一排土砖房前面一块院坝,还算干净整齐。他们的伙食的确太糟糕,一天三顿干咽窝头。带去的酱豆腐,名义上是给克阳的,可我吃一个窝头就三块都不够,短短几天时间,一罐酱豆腐就叫我吃光了。

　　克阳带我去访问了村里相处得好的乡村青年，去了一家打杏子吃，给他家几分钱，杏子随便打。我们还去看了水库，田地，给她和知青们照张相。她给我讲村里人们的故事，都非常有趣，三十多年后，她把这些人和事写成文章，勾画出一幅幅生动的农村世情。

　　一天我和克阳到村里转游，回来的时候发现一条狗进了屋子，把我带给克阳的奶油糖全部吃光。那些糖克阳本来细心地藏在枕头底下，准备一天吃一块，可以吃一个月的。可怜的妹妹竟然为了这点糖哭了一场。

原平县在平原地带，生活水平比山区强一些，这里的插队生的情绪还算乐观稳定。晚上我和知青们坐在院子里唱歌，一个知青把珍藏的《外国名歌二百首》及《续编》拿出来，一个女知青拉手风琴，大家拉开嗓子唱苏俄歌曲。周围点上编成绳子的干艾蒿驱赶蚊子，弥漫的雾霭与村庄中的袅袅炊烟混合在一起，恍惚间生出一种静谧田园的感觉。

　　离开村子时克阳把我送到太原，我们一起参观了依然保留完好的晋祠。晚上我们在火车站分手，我踏上了南去的列车，准备去干校探望父母。分别的那个时刻，看着克阳在黑暗中隐去的孤独身影，想到一家人天各一方，不由黯然神伤。

　　1972年，克阳因为胃溃疡加剧病退回了北京。

　　1973年夏天我去安徽老家看望在那里插队的刘元，她原来在内蒙插队，听说老家淮北要建一个大煤矿，需要很多工人，就从内蒙迁到老家插队，希望招工时能分一杯羹。安徽是全国贫困省份之一，而淮河以北又是安徽最贫困的地区，我的老家就在淮北的濉溪县临涣集。刘元一个人住在跟亲戚借来的房子里，屋子里除了一张竹床，一把细柴禾和地上一堆老玉米口粮，几乎什么都没有。

生产队分给她的那点细柴禾，几把火就烧完。没有柴禾，吃饭洗涮都成了问题。正在此时政府开始实施挖坟头扩大耕地的政令，刘元天天守在挖坟现场，见有不太腐朽的出土的棺材板如获至宝，一条条拖回家，晾干当柴烧。她的举动吓坏了老乡，甚至没人再敢和她来往。

　　刘元带我去看了一些刘家的亲戚，更穷，床就是一个木框子上面缠绕一些绳子，没有被褥，只有一堆看不出形状的破铺陈。拴在墙上的绳子上搭着几件破破烂烂的衣服，就是全家的家当。只知道我所在的永丰屯穷，出来一看还有更穷的地方，而我的父老乡亲祖祖辈辈就在这样恶劣的环境中休养生息。在这里我只有无望的感觉，真替刘元难受。

　　在家乡插队一年多，当矿工政审不合格，刘元只好又回到内蒙莫旗插队。直到1976年才办了假"病退"回到北京。

最让家人操心的是海燕。她1965年自愿到新疆生产建设兵团，但是现实和她理想主义的世界相差太远，她的简单，直率，任性及火爆脾气让她在兵团这个封闭专制的小社会里，吃尽了苦头。她被许多莫须有的罪名强加于身，间谍交通员（这是最主要的罪名，只因她和一个被定罪为"法国间谍"的女孩从小学就是好朋友，这是一个长长的故事，有时间另说），与少数民族交往（有叛国投敌的嫌疑）……再加上妈妈的"叛徒"问题。她七年来没有享受过一次探亲假，在兵团受尽折磨凌辱。

1972年我收到了海燕一封信，信中说她因为被连队干部打击报复而关了禁闭，她被粗暴地拧着胳臂，扔进一间小黑屋。

她在黑暗中她扑向门口，撕心裂肺地喊出了人类的最强音："妈妈"。

看到这里我的心都撕碎了，夜里我在被窝里偷偷地哭，我感觉她的精神已经到了崩溃的边缘，万分担心，立刻和爸爸妈妈商量，我要去新疆，去解救她于水火之中。

以前我就想过去看海燕，但是妈妈不同意，不愿意让人家觉得海燕"特殊化"，寄希望于海燕自己在兵团好好劳动改造自己。看了我转去的海燕的信，爸爸妈妈再也不说"不要去"了。

1972年的暑期，我和刘元踏上了去新疆的列车。四天五夜后到达乌鲁木齐，我们找到姨父介绍的军区的一个领导，开了"边境证"。海燕的连队在伊犁地区，靠近国界，到那里必须持边境证。

给海燕打了电报，告知我们即将到来，然后坐上长途公共汽车向伊宁进发。

汽车走了几天，在记忆中已经模糊。只记得到达伊宁前的最后一站是在五台住宿。那时也就是下午三四点钟。安排好住处，我和刘元出来转，五台这个地方，除了一些黄土房子，再也没可以入眼的东西。旅店后面就是漫无边际的戈壁滩，远处是天山山脉，空旷寂寥。想着这就是海燕生活的地方，心里揪成一团地难受。唯一有点生气的地方是旅店对面的饭馆。时间还早，饭馆还没开门。我们两个还像在外地串连时一样无所顾忌，一头钻进饭馆的厨房，见一口巨大的铁锅里燉着满满一锅红烧羊腔骨，香气扑鼻。大师傅说，刚下锅，再等等吧。饭馆门口停着一辆大卡车，上面满载着大蒜辫子，一些蒜辫从车帮上吊下。那蒜头之大，我头一次见到，几乎有我的拳头大小。我和刘元一人扯了一头大蒜，准备着一会儿就羊腔骨吃。终于等到饭馆开门，我们迫不及待地一人买了一大碗羊骨头，就着大蒜吃得香喷喷的。新疆的羊肉比起内地的来，又鲜又嫩，还不腥膻。

吃完晚饭天色还早，我们俩到戈壁滩上散步。因为眼前辽阔，我们不由得放声嚎歌，远处几个维族小孩赶着羊群穿过戈壁滩，穿着布袋似的宽大裤子，戴着维族小帽。我们冲他们吆喝："嗨，巴郎子，叽里咕噜叽里咕噜（假装说他们的语言）。"他们也叽里咕噜回答着什么，然后撒开腿嘻笑追赶着羊群跑掉了。我和刘元也哈哈大笑，这时候，我的心情好了很多。

一个多月后刘元一个人回京，又在这里住宿，面对漫漫戈壁滩，想起了羁留此地的海燕，她流下眼泪。

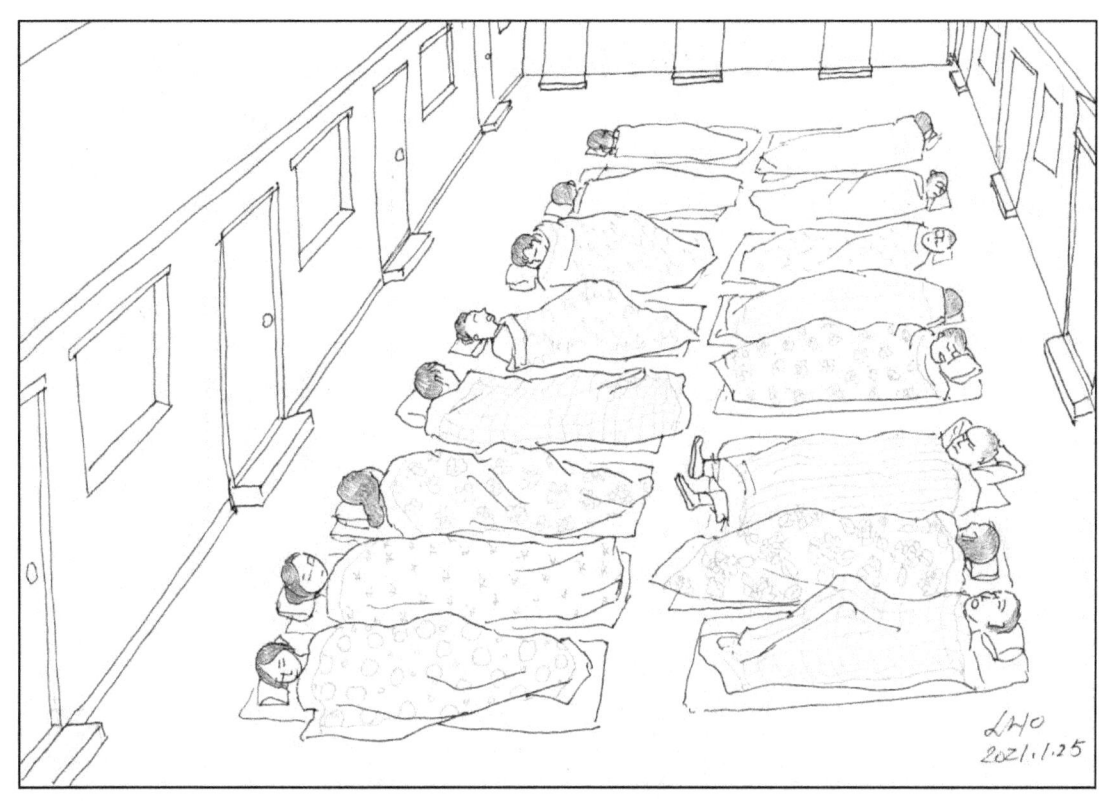

　　我们入住的旅店,和在古装武打片里看到的大车店毫无二致(就是院中没有拴马桩和马厩而已)——一个黄土大院子,三面各一溜干打垒的土房。我们登记了两个床位,屋子里除了几张脏兮兮的床和被褥外什么也没有,同住的是一些少数民族妇女。

　　夜晚,旅店的房间里闷热极了,我发现好多人都睡在外面的院子里,于是我们抱着被子,扯着褥子,也到外面席地而卧。院子里陌生的男男女女人挨人地躺了一地,我第一次体验这种局面。这一宿虽然凉快,但蚊虫骚扰了一夜。

到了伊宁，海燕没有像在信里所说的在伊宁接我们。她没有收到电报，电报在我们到达后几天才到了海燕所在的农四师谊群农场园林队。好在找到了海燕的好朋友季晓峰，她带我们在兵团招待所住了一晚上。

我们决定自己去园林队，次日一大早就坐了一辆木轮牛车出发了。一路上风景明媚，远处有层层起伏的山坡，坡上的松树因地势而一排排高低交错，路旁耸入云天的白杨把道路引向远方。我不断地想起俄罗斯度假画派的风景画和《田野静悄悄》这首歌曲。我明白了海燕为什么如此热爱伊犁。

可是我们坐的车却不舒服，木轮牛车是新疆农村广泛使用的运输工具，坐上去才知道是那么受罪，木轮上只有一层胶皮，毫无弹性，在坑洼不平的路上颠簸，人都快颠碎了，而且车子又走得极慢。

到了园林队，马上就见到海燕的期盼又一次破灭，她不在。没人知道这个休息日她跑到哪里去了，我们的失望可以想见。她就是这样不按常理出牌的人，被整得七荤八素，还是我行我素，根本不把领导的限制（不允许她随意离队，除非经过层层批准）放在眼里。直到第二天海燕才回来，她去附近公社的朋友家了，见到我们大哭，恨自己把珍贵的暂短的姐妹会面白白丢掉了两天。

　　海燕住的房子在一排干打垒土房宿舍的尽头,和她同住的是江国莲,这会儿回家探亲去了。江国莲有精神病,很多人把海燕也当成"半疯",而领导带有整蛊性地把"疯子们"放在一起住。屋里甚至连电灯的开关都不给安,与隔壁的宿舍共用一个,只能被动地等待隔壁开灯或关灯。

　　环视海燕的生活空间,小小的,两张床,是芦苇把做成的,上面铺了两层毛毡。被子卷成一团缩在墙角里。床也是"办公桌"。墙上镜框中装着一幅十九世纪俄罗斯森林和田野的著名油画(记不住是哪位画家的了。那是她离开北京时,悄悄从爸爸的"特列甲阔夫画廊藏画"的大画册中拿走的)。窗台上躺着吉他琴盒,琴盒上排列着三支木盒,分别装着笔记本、练习本、信纸、报纸。琴盒上叠放着两摞裱糊着封面书脊的旧书,那是海燕收集来的小说、文艺论集。因为传过无数的手,散了架,经过海燕的细心裱糊变得整整齐齐。床边的箱子搭成"桌子",一边放着书,一边是放零七八碎的小木盒,中间是一个巧克力糖铁盒,装着针线。房屋的空间虽小,东西摆放十分整齐,一尘不染。这哪里是一个被整得七荤八素的"半疯"人的住处?海燕是个追求完美的人,日子多么不堪,绝不容许乱七八糟得过且过。

　　晚上我用海燕的小煤油炉给她做晚饭。海燕从小就不会做饭,在兵团一年到头吃着食堂粗制滥造的饭菜,实在馋了就买个罐头和面糊糊一起煮煮吃。她老想吃以前我们在"和平餐厅"、"莫斯科餐厅"和"新侨饭店"吃过的奶油番茄汤。我土法上马,用西红柿煮汤,加上牛奶和面粉做了一个类似的糊糊汤。这汤做得实在土,和我们一起吃饭的上海姑娘季晓峰浅尝一口就放下了,那汤怎么能和上海"红房子"的相比呢。海燕吃得特别香,"就是这味!"喝得精光。她还让我用鸡蛋炒当地的柿子椒,柿子椒皮薄薄的,是辣的,炒出来的鸡蛋特别好吃,我没想到炒鸡蛋也可以是辣的。

二十一　手足离散(1965-1976)

园林队到处是大片大片的果园。到园林队的当天我和刘元就参加了摘苹果的劳动，为的是给农场的群众留下一个好印象。我们累点倒没什么，对海燕有利就行。苹果园有诸多品种的苹果，酸的甜的，汁多味美，海燕摘下各种苹果让我们品尝。有一种苹果长到后来就变成半透明状了，果汁浓缩，味道醇厚，蜜一样甜，海燕说那叫"油果子"。她最喜欢这种苹果，不断地摘来让我吃。

海燕跟园林队买了一大筐苹果，放工后我们一起削皮切片晾果干，等刘元回去的时候（我只有十二天假，刘元还要多呆一个月陪陪海燕）果干应该晾好了。海燕没有什么东西送给我们和爸妈，所有的心意都寄托在苹果干上。那次关禁闭就是因为给我们晾晒的果干被连长的孩子偷去了大半，她去连长家理论，惹怒了连长，遭到报复，关了三天黑屋，是连队有史以来最严厉的惩罚。

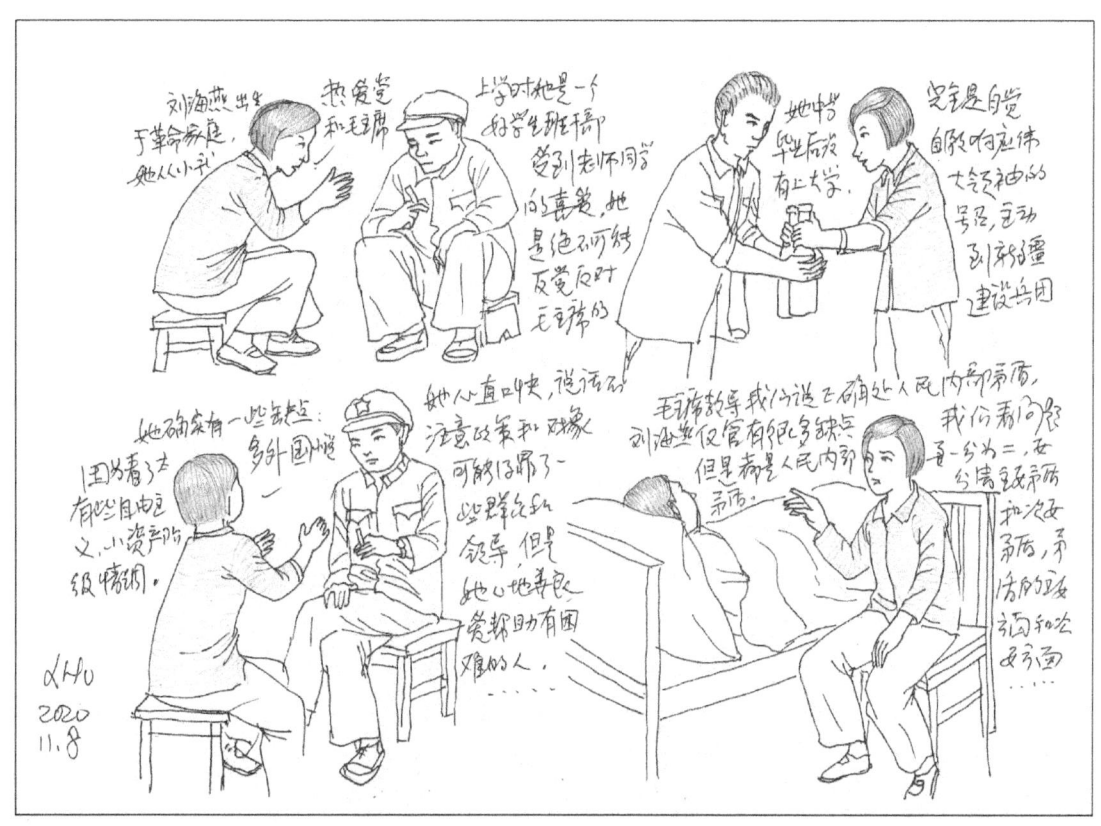

这次新疆之行，我的使命就是改变海燕在各层领导眼中的形象，争取让她享受回京的探亲假，甚至脱离兵团。我深深地了解海燕的为人，她没有什么不好，最多就是自命清高，自由主义，还得理不让人而已。但就是这点小个性也不为刻板的领导和制度所容。她被强加了各种莫须有的罪名，甚至和五类分子同等待遇。

海燕给我提供了从班长排长连长连指导员团长团政委师长师政治处主任参谋长一系列领导的姓名人品性格和联系方法。第二天，刘元和海燕去干活，我就开始找领导谈话。从班长排长连长……层层往上，直谈到师长，同时还有各级领导中管"政治思想"的教导员政委之类，最后一个是师政治部主任。他正在住伊宁院，我不管三七二十一，直接找到病房里，搬个椅子坐在床边滔滔不绝。所谈内容基本一致——海燕出身在一个革命家庭，从小热爱党和毛，响应号召自愿到新疆……加以无数优秀事例。然后指出她的缺点——自由主义，根源是外国书读多了缺乏分析能力……总之给她定了调子，好人犯错误。我的要求非常简单合理——给她一个探亲假，她已经七年没有享受过国家职工年年都享受的探亲假了。整个谈话我运用毛主席的《矛盾论》《实践论》为武器条分缕析，听得那些干部们五迷三道。后来师政委曾对海燕赞赏道："你妹妹政治水平非常高。"

让人高兴的是师政治部主任明确表示海燕的问题是思想问题，属于帮助的范围。几天的谈话，基本达到了来疆的目的。至于让海燕探亲的要求，他们说会再讨论安排的。

顺便说一下，在访问各级领导时全都送了礼。礼品不重，不外是一盒果脯，或一瓶二锅头，那年头还不像如今非金钱重礼开路办不成事。那一点礼品只是为了制造一个谈话的好气氛。

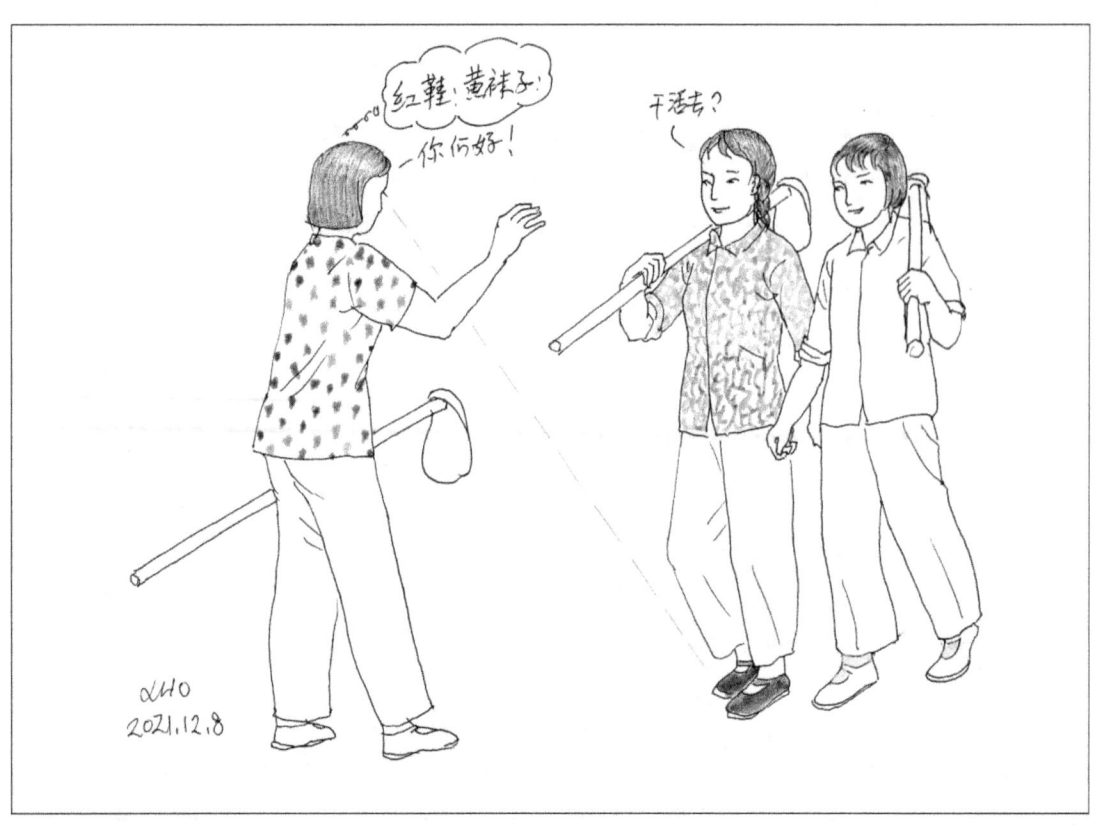

其余的时间就是和海燕一起劳动，替海燕"联系群众"了。

海燕在兵团除了和少数支边青年谈得到一起，多数群众在她眼里都属于"精神世界乏匮"一类的俗人，海燕对这些人的态度真是很过分，不和他们在一起聊天，为了阻止他们来串门，耽误她看书写字的时间，在门上贴了鲁迅的话："时间就是生命，无端的空耗别人的时间，其实是无异于谋财害命的。"因此在群众眼中，海燕毫无疑义是个妄自尊大的狂徒，简直就是个怪物，最好躲她远远的。失去了她周围环境下的群众基础，海燕在遭难时处境就更加险恶了，很多人都在看笑话，甚至落井下石。

其实海燕内心善良正直，比如对待同宿舍的江国莲，几乎所有的人都因为江国莲是神经病人而侮辱她欺负她戏弄她，海燕极为痛恨这样践踏人性，她若见到别人欺负江国莲，就会愤怒地瞪起眼睛，脸涨得通红，说话声音都变了调："你们凭什么欺负人家？你们还有没有人性？！"在江国莲犯病时，海燕给她梳头，打饭，洗沾着屎尿的衣裤。她两次为了保护江国莲不受欺侮和其他农工大打出手，结果更招来别人的攻击和记恨，还被开了批判会。

为了替海燕挽回"群众影响"，我和刘元在园林队作出亲善大使的模样。刘元这个人十分平易，不论在哪里都能和人说到一起。而我和园林队的农工的确无话可说，为了海燕，没话也要找话。我还有一个极大的毛病——"脸盲"。已经和人家说过好几次话打过好几次招呼，就是记不住，下次再见时还是陌生人一个。我们一到园林队，好多人跑来寒喧看热闹，为了下一次见到这些人能认出来打招呼，我努力地记忆他们的特征，面孔记不住，就记穿戴。有一个人穿了一双红布鞋，还有一个人穿着一双黄袜子，于是见到红鞋就打招呼，见到黄袜子就迎笑脸，好在那时人们没有那么多衣服鞋袜可换。

我和刘元的努力多少见了一些效果，海燕在人们眼中的印象多少改变了一些。

　　海燕最崇拜和最知心的朋友莫过于老周夫妇，嘴上整天挂着他们的名字。我们初到伊犁等待海燕的那两天，她就是去天山公社访问老周夫妇了。

　　我很想见识一下这对夫妇，究竟是什么让海燕这么着迷。一天下工她带我们去老周家。这是一个农家小院，院子里黍菽椒豆长得热热闹闹。老周夫妇都在家，招待我们吃饭，非常热情。他们的确谈吐不俗，虽然是农民身份，却是两个有文化的人，尤其是周大姐，嗜书如命，家中不乏西方古典名著，海燕和她颇有子期伯牙知遇之感。

　　但是我不知如何对此二人作出界定，我感觉很不安，因为他们完全游离于社会潮流之外。老周原来是西藏军区的干部，后来转业到地方工作，又辞职不干，离开家乡成都跑到边疆来。老周本来干着大队会计的工作，有"贪污公款"的问题。奇怪的是所谓的"贪污"，不是把钱揣在自己的腰包里，而是慷公家之慨——凡有求于他的人，他都解公家之囊以相助。结果他把大队一年收入的二分之一都花费在一些因衣食无着而求助于他的社员身上，自己并不图他们丝毫利益。受到批判后索性辞掉会计工作，在家里过着悠哉游哉的生活，还把家命名为"招贤馆"。他的妻子原来是峨嵋电影制片厂的美工，也辞职跟着他来到天高皇帝远的地方。

　　以我当时的"觉悟"来说，我内心不能接受老周夫妇。他们躲在世外桃源里，看来是对外界不闻不问，但是谈起社会来十分不满，十分抵触。这样敢说的人在那些年里我还是第一次见到。用现在的话说，纯粹是社会的异类。我觉得火热的革命年代对每个人都是一次考验，是投身革命还是站在革命的对立面，或者是站在潮流之外指手划脚，决定了他是革命、反革命或不革命。我更加担心的是他们这样的态度对海燕的不利处境火上浇油。

二十一　手足离散（1965-1976）

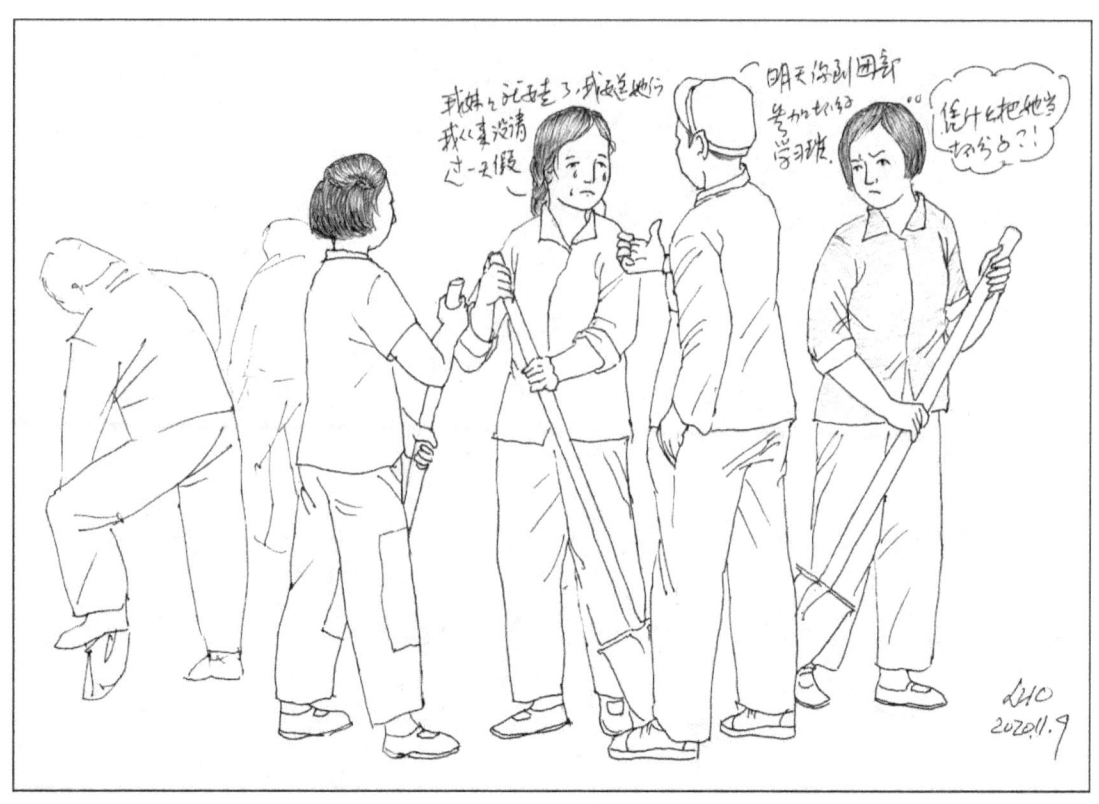

我的探亲假只有十二天，转眼就快到了，临走前几天，海燕打算请三天假带我们去伊宁市玩玩，顺便送我走。尽管她恨兵团，但她从不后悔来到伊犁，在日记上称之为"伊犁——我的第二家园"，她要让我们充分领略伊犁之美。

我和刘元到了兵团就干活，兵团规定家属干活的工作日算在职工身上，所以海燕有足够的假期。还没来得及请假的那天，我们三人跟着连队挖水渠，有人来通知海燕，让她到团部参加一个斗批改的学习班。参加学习班的都是坏分子——五类分子、劳改释放犯、新生人员（说是斗批改学习班，实则就是坏分子学习班）为期半个月，明天开始，不准离队不准请假。

海燕一听就愣住了，并哭起来。这时她的那些暴脾气一点都没有了，又不服气又委屈又不敢说什么。

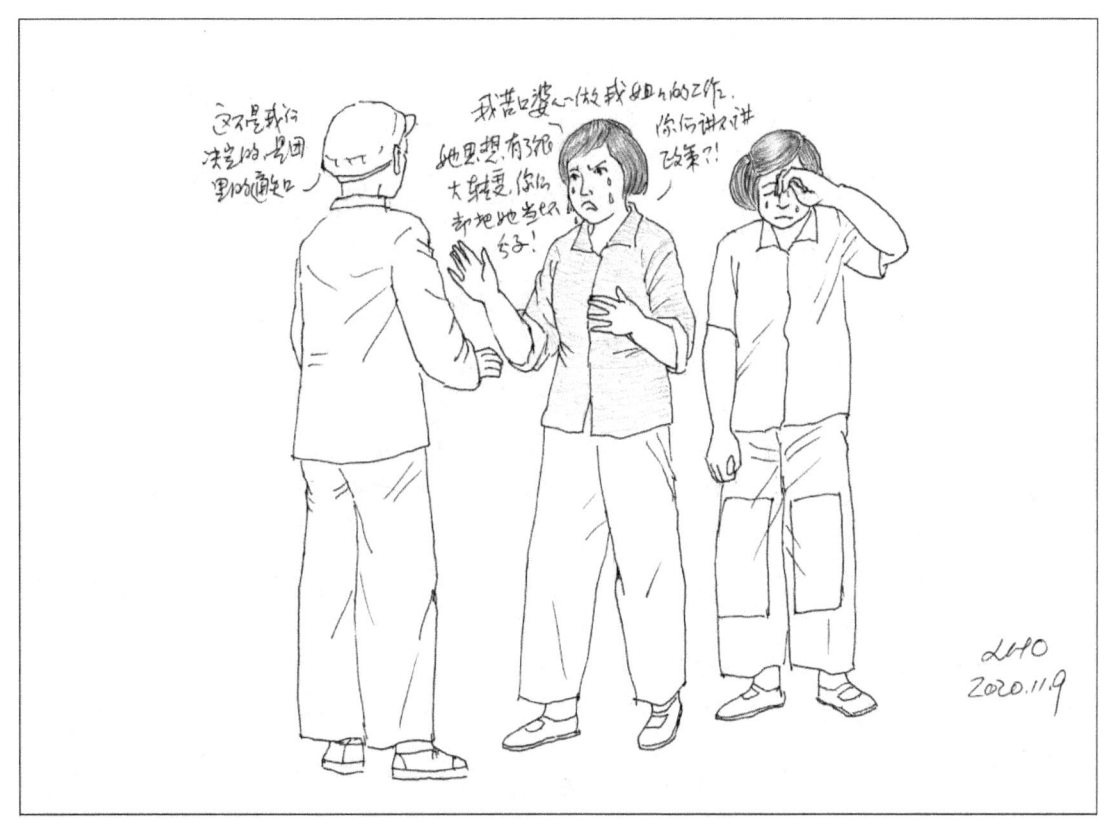

看见海燕无助的样子，我心都碎了。我扔下铁锹拉着刘元就去找指导员，还没开口已经泪如雨下。我哭着嚷道："师政治部主任都说了，海燕的问题不是敌我的问题，为什么要参加坏分子学习班？我们苦口婆心地帮助你们共同作海燕的思想工作，她的认识已经有了很大的转变，你们这样一来，不是'拉一拉'，而是起到了'推一推'的作用。再说海燕已经多年没有回家探亲，我们千里迢迢来看望她，就在这么几天短暂的聚会中，我们一直和她一起劳动，她也一天假都没有请，如果最后几天还不让我们姐妹在一起，连送行都不让，是不是太不合情理了？"刘元在旁边陪着落泪。

指导员没想到本来那么谦和的我这样大哭大闹，而且说得句句在理。他支吾了一阵，推说这是团里点名要她参加的，连里做不了主。

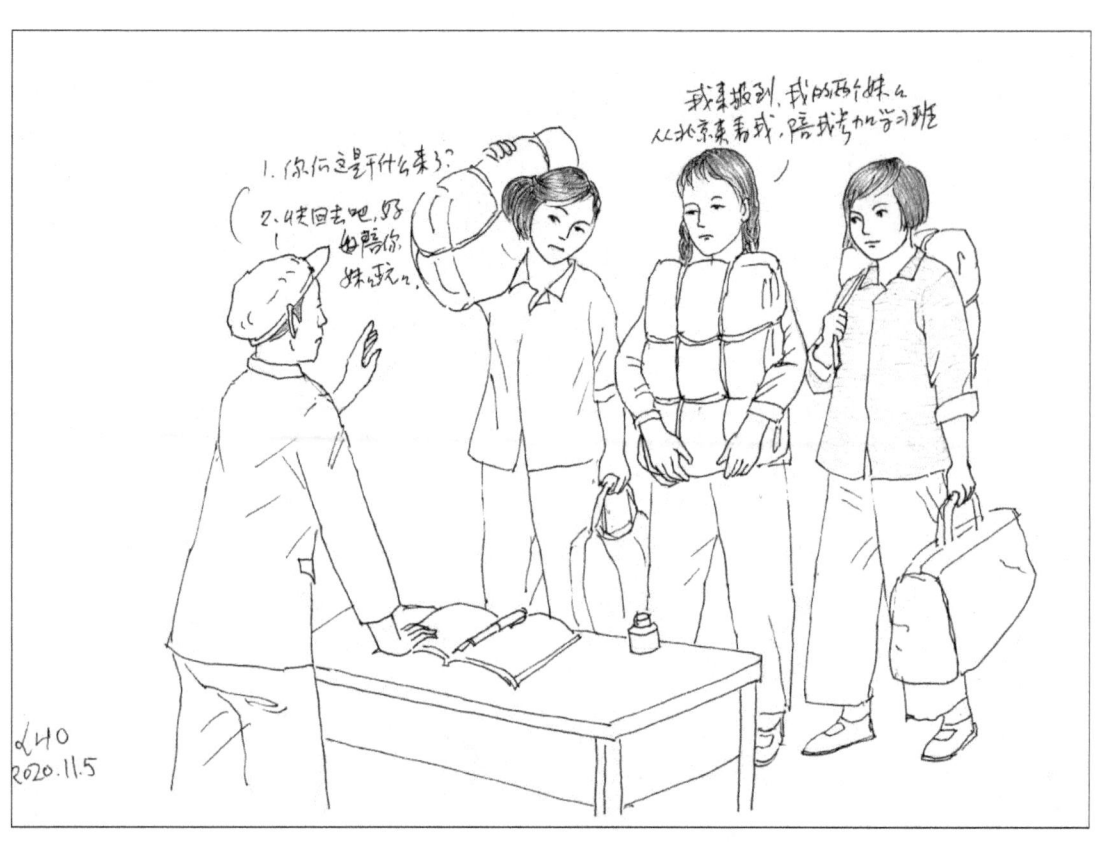

　　既然是这样，我决定陪同海燕一起去学习班。海燕的心情好了一些，她已经完全把我看成了她的主心骨。

　　我们扛着行李到了团政治部学习班报到。政治部主任一看这是什么阵势？三个如花似玉的女孩一起来参加坏分子学习班。听说是探亲的妹妹来陪读，主任对海燕说："你回去吧，不用参加学习班了。"海燕担心主任这是气话，我也同样担心，他别以为两个妹妹是有意来向学习班挑衅的。我和主任说："如果我们在这里会干扰学习班，就先回去了。"主任说："你们不必顾虑，我是真心诚意这样说的，你们大老远来不容易，姐妹几个好好在一起玩几天。"接着他打电话给连部，取消了海燕的学习班。第一次得到这样有人味的待遇，海燕竟感动得眼泪花花当场向政治部主任表决心，一定要好好改造自己，好好表现。她就是一个顺毛捋，只要给一点温暖，马上就化成一滩水。

海燕得到了三天假日，带我们到伊宁市。我们是走路去的，从农场到伊宁三十多里地，要走三个多钟头。一路上，海燕给我们讲她的经历和她所认识的人的故事。海燕讲故事有极好的口才，即使平常的事情，也能让她讲得有声有色。

路上的风景怡人，我们不时停下来照相。

我们来到伊犁河边。伊犁河水面宽阔，波浪滔滔。新疆的地势西高东低。东去的河水湍急跌宕，即便是路边的小沟渠的水也是汩汩奔流。河岸时而陡峭，时而平缓。岸边有几个头包纱巾的维族妇女正要涉水过河，她们提起裙摆，小心翼翼地伸出一只脚，踏进水里试探深浅。我们三个人手拉手趟过伊犁河。岸边的风景如画，远处有一片开阔的高坡，长满浓密的松树，与滚滚急流相互照应，一静一动，让人心旷神怡。我连拍了三张相，后来印出来把它们连在一起，留下了一幅伊犁山水图。

三个小时的路不知不觉就走完了，伊宁到了。

伊宁这个城市聚集着维吾尔族、哈萨克族、乌兹别克族、塔吉克族、回族，十几个少数民族，充满了异国情调。伊宁的街头上到处是水果摊，满街是葡萄李子西瓜哈密瓜的果香，卖果子的民族群众比汉人大度得多，果子可以任意品尝，不买也没意见。我们在一个维族人开的饭馆吃了午餐，是羊肉包子，油香盐咸，味道特别醇厚。

到伊宁的这几天海燕准备带我们访问她的朋友们。她在伊宁的朋友都是少数民族，她热爱少数民族，爱他们的文化，他们的语言，他们的歌曲舞蹈，他们的吃穿，他们的长相，他们的身材，他们的家居，他们本人，一切的一切。而海燕在新疆的厄运和她所交的朋友紧密关联。

到底是些什么人让海燕这么倾心，我充满好奇，便跟着海燕去了，她先带我们去原中央民族歌舞团的作曲家乌斯满江的家里作客。据说他有一次参加巡回演出从马上摔下来，把腰摔坏了，便从北京病退回来，在家中作曲，然后寄给歌舞团。他做的歌曲有五十年代的《各族人民大团结万岁》、六十年代的《亚非拉人民要解放》（在六十年代，中国以第三世界的救世主自居，我们肩上的重任是解救世界上三分之二的处于水深火热的阶级兄弟，在天安门经常举行几十万人大集会，声援某个第三世界国家的反美斗争，比如伊拉克、越南、古巴……这首歌就在天安门广场和收音机里反复播放）、还有《农庄姑娘》等。

乌斯满江很热情地招待我们坐在院子里。院里有葡萄藤架子遮荫，他弹起东不拉为我们唱了好几支他创作的歌曲。他的声音浑厚悦耳，音色饱满又欢快活泼。海燕非常喜欢结识这些艺术家。

我对乌斯满江本人没有任何成见，喜欢他的豪放和热情，但是我担心的是海燕，和少数民族交往是兵团禁止和痛恨的，对海燕非常不利。

海燕又带我们去回族朋友艾斯玛家。这家人的生活水准属于中下等，但是回族人不管生活境况如何都把自己的家弄得干净舒适，汉人是远远做不到的。房间里充满异国风味，墙上是波斯花纹的挂毯，房屋的正中的地面铺着地毯。两张单人床在地毯的两旁，用色泽鲜艳的床罩盖着，床头各放一个硕大的方形枕头（海燕特别欣赏他们夫妻分床睡觉）和绣花靠垫，桌布窗帘都是手工镂花刺绣的，均出于女主人之手。

海燕说这家跟她借钱已达六十多元，可是还不起，就用劳力来顶替。海燕请艾斯玛帮她做两件维式棉袄，两件维族小褂，两幅窗帘，一件制服，以抵销这六十多元。在今天看来海燕是占了大便宜，可是那时候，在北京裁缝店做一件衣服也就一块来钱。所有的工钱宽打宽算加起来也超不过二十元。何况棉花布料棉线全都要海燕自备。

问题是制作的衣物也拿不回来，总是拖着，拖着，直到海燕离开新疆时才拿到一些。

这些衣物海燕几乎都送给了妹妹们。在北京冬天我穿着一件维式棉袄做大衣。黑色的，立领，紧袖口，通身匝着线条；夏天我穿着胸口有十字挑花的维族式花纹的衬衫。我非常喜欢这些衣服，因为它们在北京显得很特殊。那两幅窗帘我至今还留着，一直没有机会挂在窗子上，（维回族的窗帘不大，也就四十公分长，三十公分宽）。海燕去世后，我把它们珍藏起来。一是把它当作一个永远的纪念品，二是我不能再看到任何与海燕在新疆有关的东西，一看到就无比的心疼。维族小褂还剩了一件。我也收藏了起来。

在伊宁的最后一天，也就是我走的前一天，原定我们到铁匠麦哈尔家去取海燕给我订制的新疆匕首并吃饭，但是在路上我和海燕发生了激烈的争吵，因为她的这些"朋友"。海燕在兵团的一大"罪行"就是和地方上的少数民族来往，这是兵团纪律严格禁止的，但她不管不顾，依旧偷偷和少数民族交往。我实在地为她的政治生命担心。我想趁仅有的一天把我的想法全都灌输给她，可是她根本不以为然。

我不想对少数民族作出如何如何的指责，客观的情况是，新疆的少数民族尤其是维吾尔族并不以自己是"五十六个民族大家庭"里的一个成员为荣，在他们的深层意识里，他们是独立的。几百年来，他们争取脱离汉人统治的努力从来没有停止过，清朝和民国的多次暴动就不说了，近的如 1963 年的"伊塔事件"，逃离中国几万人。在七十年代，又有"东土耳其斯坦共和国"的地下组织搞得轰轰烈烈。政府对付的办法就是坚决镇压，从上到下抓了无数的人，轻者服刑役，重者枪毙。其结果是他们与汉人的对立情绪更加严重。在这种政治历史背景下，维族及其他一些少数民族对汉人有一种天生的抵抗情绪。至少，在平民的心里是不喜欢汉人的，是不会真心实意地和汉人交朋友的。

我们越吵越厉害，最后我拒绝去麦哈尔家吃饭，并且和海燕在街上分道扬镳。看见海燕一个人气哼哼地，"腾腾腾"快步离去的背影，我的心里非常难过。海燕这个人心地善良，与人相处情真意切，不存戒心，只要别人一句暖和话，就能让她掏心窝子。在一个人情险恶的环境中她只想寻找一些家庭的温暖，这就是为什么她要和民族朋友交往的原因。我那时根本不理解。

我的脾气也拧，心里觉得自己这样对海燕可能过份了，但还是硬着心肠离开了她。从小到大，我们打架后都是海燕主动求和的。

晚上海燕回来，给我们带来了铁匠家的饼卷烤羊肉。我们又和好了。

8月23日我离开伊宁，海燕送我时早已忘记几天来我们激烈口角的不愉快，又哭了起来。她把积攒了多时的，自己晾晒的苹果干装了一大袋，让我带回北京，寄给爸爸妈妈。我心里也非常难过不舍，想到她探亲有望，稍感安慰。可是她回北京又能怎样呢？户口、工作都是问题呀，只能走一步说一步了。

我临走之前海燕得到消息，师政治部主任要亲自找她谈话，因为全团都知道了刘海燕七年没有享受过探亲假，她的妹妹为此千里迢迢来探亲，影响太大，师里不能不重视。海燕慌了，不知道说些什么。我已经来不及陪她去谈话，临时给她写了一个详细的提纲，海燕反复阅读，记住了重点。

海燕后来和主任谈得很好。一开始主任就说："你妹妹们这次来，对我们也是个教育，你犯了错误我们是有责任的，你父母把你送到新疆，交给我们，我们没有很好地帮助你，我们在你父母面前并不光彩。"

主任说，很多实情政治部并不知道，材料没有送上来（都压在连里了！）。好消息是，经过调查了解，她没有任何政治问题。可以在适当的时候回家探亲。

这次谈话让海燕倍受鼓舞。

回顾我这次出使西域，不辱使命。最大的收获是从师领导处知道了关于海燕的底线：是一个"认识问题和态度问题"（平心而论，他们还算讲究政策）。海燕本人破罐破摔的态度，我行我素的作为以及交友不慎的问题都有所转变。她在园林队搞得支离破碎的群众关系多少有所挽回。剩下的就看海燕自己了。

海燕在1972年年底终于获准探亲假，并且兵团同意她离开兵团自寻出路。

二十一 手足离散（1965-1976）

　　1973年底,海燕离开了她深恶痛绝的兵团,带着一身的伤痕,精神上的,情感上的,肉体上的,还带着从来也没改变的天真、率直和任性到了河北献县落户。

　　1978年海燕考取内蒙古师院外国文学系研究生。毕业后分到中央人民广播电台外国文艺部。

　　海燕从小立志当一名作家。新疆的遭遇并没有成就她的梦想,回到北京后她写了一部长篇小说《云中鹤》,讲述了一位叫云中鹤的女孩子在新疆兵团的悲惨遭遇。云中鹤便是海燕本人的写照。可惜这本书无处出版。

　　2002年4月28日海燕患肠癌不治,与世长辞。得年57岁零23天。

　　海燕去世十周年之际,我做油画《云中鹤》以志纪念。

二十二、革命时期的"罗曼蒂克"

（1968-1973）

按照当时的社会风气，和工农兵搞对象是最吃香的。我已经完全被这种时髦所左右，我一定要找一个出身好的，解放军肯定不行，妈妈的政治"问题"断绝了找军人的路子。那就找工人阶级，而一个小工厂的工人也断然对我说不。我陷入迷茫，难道我只能"臭鱼找烂虾"吗？

　　到了 1969 年底,家人都离开了北京。家里的一切都要我自己动手干了。冬天的活特别多,买冬贮大白菜、腌雪里蕻、酱疙瘩、晒白薯干、安装炉子、烟筒、风斗,我最得意的活是搪炉子,又是无师自通,用青灰、麻刀、黄土加水合在一起,一块块贴进炉壁,做成花瓶状,我搪的炉子火烧得特别旺。

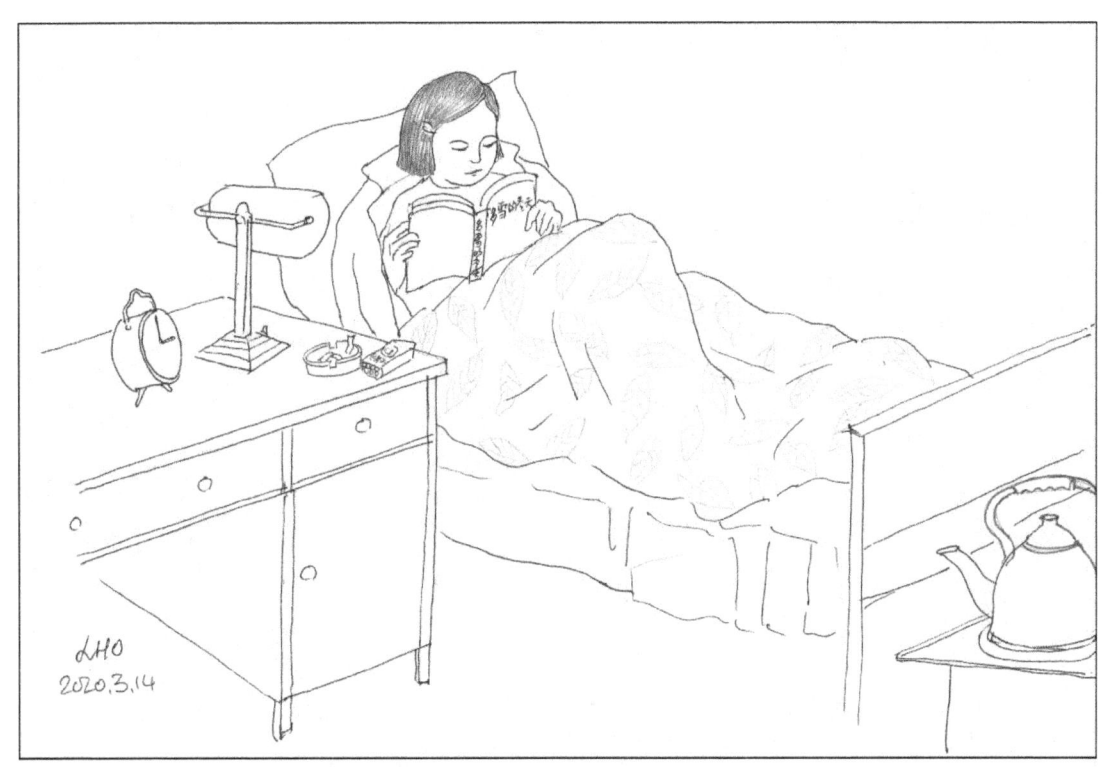

老师们都住校，也不得不住——早上六点半"天天读"，吃完晚饭政治学习到九点，家在城里的老师还怎么回家？如果一定想回家，也可以，只要有勇气，晚上九点以后可以摸黑走，第二天早上准时赶上"天天读"就行。

那阵学校里我收到的信件最多，全家人从不同的地方来信，还有分散在全国各地的同学朋友的信件。读信是最高兴也是最伤心的事，我心中充满对家人和朋友的怀念。家人的来信读到心里难受时，特别想家，不管多晚，也想回家自己呆呆，特别是冬天的夜晚，即使家里空无一人，也是亲切的。九点钟以后学校这边已经没有公交车了，只能骑车，十一点多到家，冰冷冷的，生起火，钻进冰凉的被窝，捧起一本书《多雪的冬天》或者《你到底要什么》看到黎明时分。

　　早上四点钟起床,天还黑着,就往学校赶,抄近路走三环。那时候的三环路还是一条穿过农田的砂石路,一个人没有,很吓人。一次有两辆自行车相呼应着与我同向而行,其中一辆后架上绑着长形的包裹,直挺挺的,一看就是一个人体的形状,头脚可辨。我吓坏了,拼命蹬车,心忖那俩人一定是杀人抛尸,可别因为我看到了他们,把我也杀了。

　　六点半准时赶到学校,天还没亮,"天天读"开始了。就这样回了几次家,老师们就开始议论,连夜赶回去几个小时干嘛?有对象了吧?懒得理他们。

那一段时间我的情绪很低落，只是在内心，外表上我还是拼命工作，而且越做越好。

好在克阳和刘元像候鸟般冬来春去。她们的知青朋友回京后常常在我们家聚会，冬天的家里常是热热闹闹的。知青们聚在一起一定会唱歌，我们家里总是歌声飞扬。刘元的插队地点离苏联国界咫尺之遥，听"苏修"电台比听中国的还清楚。从苏联的广播中，知青们抄录了许多苏联新老歌曲，有一首俄罗斯民歌我最喜欢，叫《野樱花》，优美忧伤，特别牵动我的情绪"野樱花在窗下摆动／开放了自己的花朵／河那边传来了忧郁的歌声／那是夜莺整夜在歌唱。"

女孩子们在东北和大姑娘小媳妇学会了抽烟，在我家抽着关东烟叶卷的大炮吞云吐雾，十分豪放，我很好奇，也尝试着吸了一口，没有什么特别的感觉，就这样开始了抽烟。我发现烟是个好伴侣，特别是当我孤独一人时，抽烟有一种温馨的感觉。

　　文革开始的那年我十九岁，然后是二十岁，二十一岁，二十二岁……一年又一年，青春丰茂的年华在没有硝烟或者硝烟遍地的年代悄悄溜过去，但是女孩怎么会忘记自己的青春呢，除了暗暗地幻想会突然遇到心仪的男人外，展现自己青春和满足青春需要的唯一表现就是穿着了。

　　那个时代有那个时代的审美标准——英姿飒爽，不爱红装爱武装。文革一开始，青少年以穿军装为时髦，出身好的都弄到了一身旧军装，越旧越好，洗得发白了的为上乘。这表明你父辈的革命资格更老。而那些"高军高干"子弟更是要穿将校呢的军装，即便是濡暑盛夏，也愚蠢地捂着一身呢子。这种时尚迅速传遍全国，年轻人几乎一人一套假军装。那时我也曾亟切地梦想有一件发白的军装，绝不是为了鱼目混珠地充当干部子弟，而是真切地认为穿上那身衣服真是帅极了。前面已经说过，我在云南搞了一件，只穿了一天，就被"红五类"的老韩没收了。

　　到了六十年代末期，大多数干部子弟的家庭失势，他们外表上不再那么狂傲，但仍然引领衣着的新潮流，那阵最时兴的服装是一身藏蓝制服，白袜子、黑礼服呢面料或黑条绒面料白塑料底边的懒汉鞋或女式方口一字带布鞋。冬天外穿军棉大衣，女孩头裹一条色彩鲜艳的拉毛长围巾，男孩则是羊绒帽子。那阵很兴抢帽子，自行车飞驶而过，将路人的羊绒帽抢走。我又是不能免俗，头围玫瑰色拉毛大围巾，穿一身最新上市的"的卡华达呢"衣服，不过布料质量不过关，颜色不正，洗了几水，深蓝色变成灰突突的了。

　　后来又兴铁灰色裤子，我和克阳跑遍各商场寻找铁灰色布料，在各种稍有区别的灰色布匹中比较来比较去，想找一种最入眼的。好不容易穿上一种最理想的灰色，在街上立即化入一片灰蓝衣服的大色调中，找不出来了。

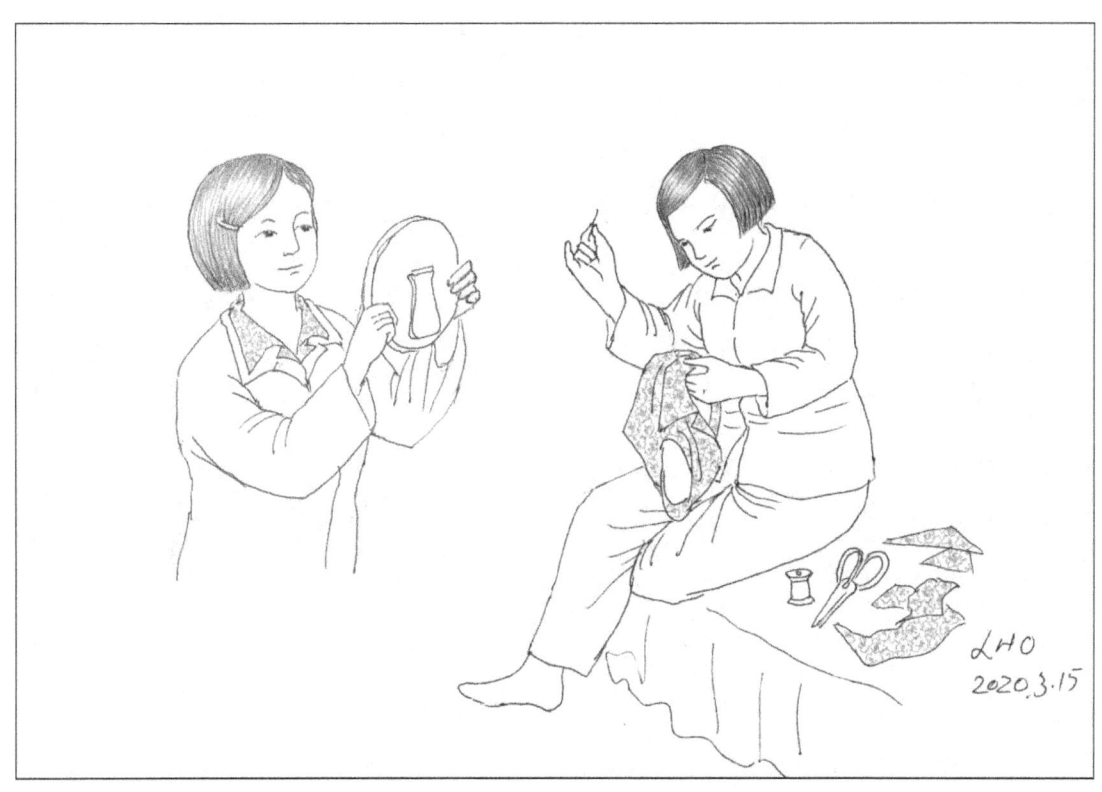

    七十年代初从上海刮过来穿假领子的风。假领子给不敢穿红戴绿的女孩子提供了一个多么好的展现自己美的机会！花一尺布票几毛钱，买一块漂亮的花布（所谓漂亮也是相对而言的，那时候的花布上的图案不是"红宝书"、梅花、火炬，就是《红灯记》里李玉和提在手中巡查铁道，后来又交到铁梅手中，象征革命精神代代相传的号志灯。唯一可以入眼的花布是格子图案，为了寻找颜色协调，布局合理的花格布，不知多少周末在各商场转悠挑选），然后自己手缝一个假领子。在灰的或蓝的外衣里隐隐露出假领的领口，大胆一些的把领子翻到外面，这样就觉得十分满意了。

　　五十年代曾经大肆推行"布拉吉"（连衣裙），那时一切以老大哥苏联马首是瞻，裙子连同它的叫法全都照搬。文革一开始，各种类型的裙子就销声匿迹，它是资产阶级生活作风在穿着上的体现。出人意料的是，1973年左右江青心血来潮设计了一种连衣裙，自己穿上在公众场合露脸，并作为服装革命向广大妇女推广。中央乐团或什么国家级的文工团在演出合唱节目时，女演员一水穿着这种连衣裙。那裙子的试样，古今中外全算上，是最愚蠢难看不过的了，且不说颜色黯淡无光，图案因循守旧，那个样式更可笑——和尚袈裟式的领子，中间束一条腰带，下摆是过膝斜裙，大概是要体现古为今用，中西结合的精神吧。这裙子曾经大批生产上市，摆在商店里根本无人问津。人们私下里称之为"和尚装"。

　　尽管"旗手"带头，还是没有几个人穿连衣裙。

　　只有一个场景我永远难忘。一天在美术馆对面，见到一个女孩，竟然穿着一袭白色连衣裙，裙子无领无袖，薄纱料子，如一支傲然独立的百合花，那女孩长发披肩，身材苗条，走起路来嬝娜飘然。她目不斜视地穿街而行，无视人们的瞠目结舌。那是七十年代初期，红卫兵虽已经销声匿迹，但是鉴于破四旧给人们留下的伤痛及立四新建立的审美标准，没有人再愿意或敢于回到从前。这个女孩的出现如同一道白光穿过灰蓝色的世界。我的目光追随着女孩，心里感到疼痛，因为羡慕她的美丽，嫉妒她的勇气，鄙视自己的胆怯，哀叹青春的失落。仅仅是因为一件连衣裙！那时候已经没有人说："你不能穿！"但是送给你的是惊异的暧昧的厌恶的眼光和背后的窃窃私语，我是没有勇气承受的。

对穿着的向往只是青春唤起的一个方面，最实质的内容是对异性的渴望。

有一次回家"猫冬"的知青们带来了一个男青年，老初三的，说他很会唱歌。那青年大高个，脸盘方方正正，眉眼和嘴唇的线条细腻，鼻子笔挺。他的嗓音共鸣很强，歌声温润回缓，我和他在一起合唱《小路》《山楂树》，玩得很快活。

春天来了，插队的孩子们又飞回北大荒了。一个周末男青年突然独自出现在我家，说是没事来玩。他在北京的一个工厂当学徒工。他说工人师傅知道他爱唱歌，工间休息时让他唱，他就唱："在那遥远的地方，有一位好姑娘……"唱完工人都不敢拍手，连吭声都不敢，凡是有关爱情的歌那时都叫"黄色歌曲"。他嗤鼻道："一群胆小鬼，懂什么音乐！"我很喜欢他的这种洒脱不与时代同流合污的劲头。

后来他每个星期天都来找我玩，我们去公园游逛，去体育场看他打球，要不就是去新侨餐厅吃西餐。我清楚地知道，我只是和他一起玩玩，决不是谈恋爱，也从来不扯感情问题。原因是第一，他的家庭不清不楚。他避免谈他的家，只说父亲在盘锦。而人人都知道，盘锦有一个巨大的劳改农场。如果北京的人家里有在盘锦的，八成会和"劳改犯"联系在一起。其次，他本人对文化革命怪话连天，一副玩世不恭的样子，而我对文革的看法是积极的，我本人也是积极要求进步的。表面看来，在政治上我们几乎没有什么相同的地方。可是和他在一起玩我觉得放松，不必强求自己一定要做"正确"的事，说"正确"的话。甚至听到他的怪话，内心深处有一种痛快淋漓的认同感，尽管我对自己的这种双重表现很忧虑。

我们的交往时间很短暂，几个月就无疾而终。我的理性告诉我，不能这样放飞自己，否则我四五年的思想改造成果将毁于一旦。我决不能沉沦。但是和他的交往我看明白了一点，我内心所喜欢的和我思想所追求的，不是一回事。

独自一人生活,我深深地感到心中的空虚。我是应该有一个男朋友的时候了,数一数学校的男老师,几乎没有选择的可能性。在校外我几乎一个男人也不认识。

我把自己接触过的男性细细过了一遍,新疆串连的高老师又回到我脑际,越来越清晰。我知道那时他曾有意追求我,但是我对他冷若冰霜,令他知难而退。现在想起来,他的胆识魄力,人格魅力,聪明学识,在我的农村学校里无人可以匹敌。

我后悔那时候为什么那么骄傲,我简直压抑不住马上再见到他的愿望,终于下定决心,鼓足了勇气,在1970年春天的一个周末,跑到科技大学去找他。

出乎我的意料,科大冷冷清清,一幅凋零破败的样子。我在传达室打听了一下,原来又是那个林彪一号命令,整个科大连锅端到了安徽合肥。没法形容我是怎么样的失望,我郁郁地回到家里,又作出了一个决定,给他写信,如果我们有缘分,我宁可搬到合肥,我的一家人不是都不在北京吗,呆在北京和呆在中国其他任何地方,对于不断经历变动的我们来说,没有什么太大的区别。

我给他写了一封信，说了一些我的近况，家庭的变动等等，开始焦急地盼望他的回信。几天后，果然收到了他的回信，信中很详细地介绍了他的情况，同时表示出对我像在新疆时一样的不露声色的热情。我兴奋极了，我的感情终于有了归宿。又通了一两封信后，我告诉他我父母的情况。父母的问题已经是我身上沉重的包袱了，那个年代，没有人愿意找有家庭问题的人谈对象。他回信劝说我不要背上包袱，讲了一通道路由自己选择之类的话勉励我。这封信让我又感动又高兴，我认为，他已经接受了我这样的家庭。下一封信我决定不再和他兜圈子了，直截了当地向他谈了我对他的印象及和他交朋友的愿望。我是那么急切地等待他的回音，而这次的空白时间好像是那么长，终于有一天我得到了回信，读了这封信，我一下子跌入了冰冷的深渊，他拒绝了我，不是因为家庭原因，而是因为他已经结婚了。他说，他确实很喜欢我，曾经几次想跟我提出交朋友的愿望，但是看我总是拒人千里的样子，自忖不是我所喜欢的类型，就打了退堂鼓。林彪的一号通令下达后，科大在最短的时间迁校合肥，想到在下边更没机会找对象结婚，就和当时所有被"疏散"的单身知识分子一样"突击结婚"。人家给他介绍了一个女工，认识了三天就结了婚，婚后三天就下去了。至于和这个女工的感情，他说，慢慢培养吧，也就这样了。最后他写了一首诗给我，记不住全诗了，意思是春色已去，百花凋零，只记住了最后一句是"只怨杜牧寻芳晚"，表示了他的遗憾。

我的眼前一片黑暗，一点希望也看不到了。这可以说是我的第一次"搞对象"（我只能说是搞对象，在那个畸形的年代，婚姻充满了政治性目的性，几乎没有真正意义上的恋爱，只能是找一个结婚的对象而已），虽然不是因我主观条件被他拒绝，但也让我大大地受挫。我有好多天缓不过劲来，情绪低落。

暑假到了，到永丰以来从来没放过寒暑假。凡是寒暑假，公社都要办学习班，全公社教师集中政治学习。实在没得可学了就劳动，冬天修水利，夏天干大田管理，反正不能让教师们"放松阶级斗争的弦"，舒舒服服地休息几天。不知怎的了，这个暑假上面开恩，破天荒地第一次给老师们放了假，尽管只有可怜的一个星期。老师们欣喜若狂，奔回家里各有安排。正好克阳从山西回来休假，我们一商量，当即决定到泰山玩一趟。我并不是想玩，而是想散散心，摆脱与高老师交往失败的阴影。

到达泰安时已是晚间，周围的小旅社都已经客满，无奈只好回到火车站像大多数农民旅客一样在候车室过夜。车站拥挤，闷热的空气中充塞着孩子的屎尿味和劣质烟叶味。长凳上都睡满了人，凑合吧，我们在遍是鼻涕脓痰和尿迹的地上铺了些报纸，睡了一夜。

第二天一早四点多钟，天蒙蒙亮我们就出发了。和偶然碰到的农民打听了一下，按照他指引的路往

上走。山路平缓。经过一个果园时，我们摘（应该说偷）了一书包的苹果，以防口渴没有水喝。苹果还没熟，青小酸涩，但路上真是帮了我们大忙。

沿路风景奇美，巨石飞湍，奇松怪柏，还有随处可见的历代皇帝和文人骚客在石壁上的题词歌赋。山间只闻鸟鸣不见游人，长风阵阵，山岚缭绕，幽深静寂，如置身于仙境。我们一路欣赏景色，照相，抄碑文。走了几个小时，转了一个弯，忽见南天门兀然耸立在半天之中，上千阶石梯从南天门直挂到我们脚下。石梯下一老妪摆了一个小摊卖水，五分钱一杯（山下只卖一分一杯）。我们嫌贵舍不得花钱买，一人吃了几个酸涩的苹果，便铆足了劲，直奔南天门。石阶上还是没有几个游客，只有几个往山顶挑沙石的农民，肩上百十来斤的担子快步如飞。我们只管埋头爬呀爬呀，好像永远也爬不到头。

终于登上泰山顶端时，已经是中午十二点钟了。肚子咕咕作响，在天街一个餐馆里吃饭，叫了一个肉炒菜，肉是臭的，没法下咽，可不是吗，高天滚滚的，哪来的冰箱储存呀。

南天门内几所大殿空空荡荡的，除了一两个穿着棉大衣的工作人员，没有一个人。山顶的温度很低，我们穿着夏日的单衣，冻得簌簌发抖。俄顷云雾四起，茫茫一片皆不见。身边传来克阳惊慌的叫声："海鸥！海鸥！"声音就在耳旁，却不见人影。云雾一下子又飘去，克阳就在我对面两三步远，她心有余悸，说："咱们走吧。"本来我们的计划是在山上过夜，第二天一早看泰山日出。听工作人员说夏日山顶总是阴霾一片，很不容易碰到晴天看日出，再加上南天门里的凄清恐怖，我们决定下山。

下山时走的是另一条路，全是陡峭的台阶，听说这才是真正上山的路。我们上山时走的那条平缓的路应该是下山走的，让人们可以在回程信步而下，还可以放松地欣赏路旁景致。这条上山路可苦坏了我们，两条腿机械地被动地跟着台阶一起一落，完全无暇顾及周围景致，幸好我们在上山时观足了山景。五个小时后，我们终于坐在泰安的一个小饭馆里，双腿已经累得抬不起来。

回到学校，领导和群众都投来责难的眼光，质问我上哪儿去了？这才知道，放假的当天，公社举办全公社中小学教员"一打三反"学习班，学校几个领导立即骑车把遍布京城的老师全部紧急召回，老师们的暑假连完整的一天都没享受完。幸亏我果断出游，虎口夺回一个假期。

这趟泰山之行，虽然心胸没有开阔到登泰山而小天下或小齐鲁的境界，但是个人的烦恼已经随山间的长风流水散去十之八九。

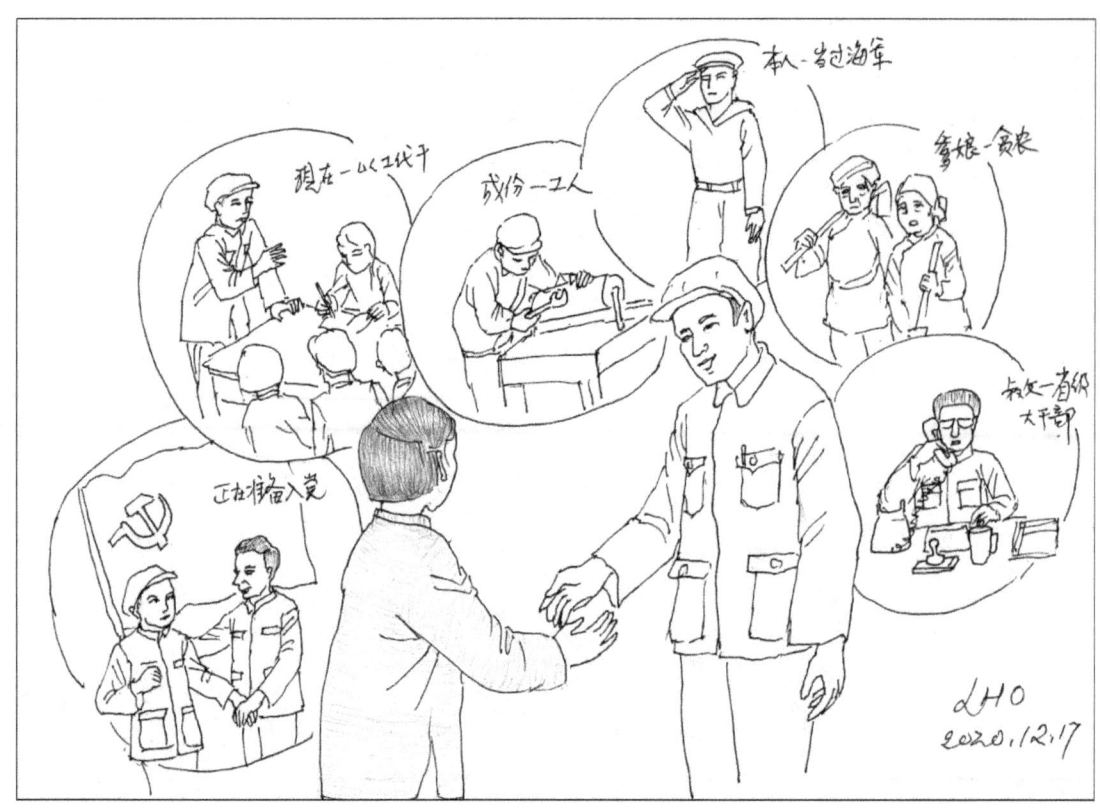

虽则如此，"对象"问题还是没有解决的大事情。热心人为我介绍的对象倒是不少，没有我看得上的。按照当时的社会风气，工农兵是最吃香的。我已经完全被这种时髦所左右，我一定要找一个出身好的，解放军是不行了，妈妈的"假党员""叛党"结论断绝了找军人的路子。那就找工人阶级，如果他们不苛求我的出身，还是有可能的，于是我接受了西屋赵大婶给我介绍的东城区中药厂工人小章。

小章个子矮小，湖北人，当过海军，本人家在农村，出身贫农，有一个亲戚在湖北某城里当着什么大干部。"红五类"基本占全。他本人是"以工代干"，正在积极争取入党。见了第一面，没有什么特别的感觉。不久他给我来了一封信表示愿意和我作"革命战友"。他的文化程度不高，小学或初中毕业，信的开端恭录毛主席"你们要关心国家大事，要把无产阶级文化大革命进行到底"之类的语录。信的末尾敬书"祝毛主席万寿无疆，林副主席永远健康"之类的贺词。我回信也是如法炮制，觉得很勉强，既是"搞对象"，中间夹个毛主席林副主席煞是别扭。回信的内容，也是通俗易懂，尽工人水平所能接受的写。通信之外也见了一两次面，没话找话地聊，我对他没有什么恶感，也没有什么特别的好感，想必他对我也是。就这么硌硌楞楞地交往了一阵子，我觉得应该告诉他我父母的情况了，于是写了一封信告知妈妈作为假党员变节分子被清除出党。他会怎么决定，我只能听天由命。

虽然做了充分的思想准备遭到拒绝，但是收到了他的信，还是让我受到了极大的挫折。他说他正在争取入党，是党组织的重点发展对象，入党指日有望，故不适合再与我交往下去。和这个工人断交让我难受了好一阵，伤痛之处并不在于失去了他这个人，我和他还远远谈不上感情，而是我的自尊心大大地受到伤害——连一个区级工厂的工人都能断然地对我说不。妈妈的问题成了更沉重的包袱压在了身上，难道我只能"臭鱼找烂虾"吗？我自己确实是迷茫的，但是我清楚工人我也没资格找。

心里一不痛快，就又想起了登山。我趁着探亲假看望干校爸妈的机会开始策划上庐山的事情，去庐山是我的秘密之行，不能让学校知道，因为我出来的原因只有一个，探亲，而不是游山玩水。我也没有告诉父母，我知道他们一定是想让我尽可能多一天和他们在一起，我心里很内疚，但上庐山的愿望实在吸引我，特别是很想借机舒缓一下感情上的挫折。

在从咸宁到武汉的火车上找了一本列车时刻表，算计着时间。发现到了武汉刚刚错过当天发往九江的轮船了，这样就要在武汉住一夜，耽误整整一天一夜的时间。我在时刻表上搜寻着，发现到武汉后正好有一辆开往黄石的火车，而去九江的轮船在黄石也有一站。火车怎么也比船走得快，我可以到黄石去追轮船，当天就可以抵达九江。于是在武汉一下车我就登上了去黄石的火车，一到黄石立刻奔往码头，轮船已经鸣笛正要启岸。我买了一张票，飞奔过去，一踏上甲板，船就开走了。我心里得意得很，觉得自己真能干。后来写信告诉爸妈，爸爸到处跟人夸我聪明，想出一个火车追轮船的办法。

到九江已经很晚，在一个小客栈住下。睡的是过道边的一张床位，和衣而卧，有蚊帐挡着。旁边是流水沟，人们洗涮的水汩汩流过，泛着异味。附近还有一个鸡笼子，不知是什么人带来去卖早市的，鸡们叽叽咯咯闹了一宿，鸡粪味混杂在闷热的空气中始终散发不去。住客人来人往地说着陌生的语言，一夜都没安静下来。我想着妈妈爸爸，又想起感情上不愉快的事情，心乱成一团，无法入睡。

　　第二天一早，坐了一辆上山的车，车在山路上盘桓，随着海拔位置越来越高，眼界越来越开阔，不久就发现九江市变成了小块积木的堆积物，远远地在我们的视线以下。村镇田野山丘河流公路也逐渐渺小起来，越来越多地收在眼底。翻过一座山头，骤然，反射着阳光的鄱阳湖像一面镜子射进眼帘，广袤的田地，开阔的天空均在云雾的弥漫之中融为闪闪发光的一体。我仿佛凌驾在大自然之上，越发地心旷神怡起来。

　　到了牯岭镇，搭车到拦河坝下，向上走到乌龙潭、黄龙潭。然后又到三宝树，参观了三棵巨大的参天古木，再向上走就是芦林桥。芦林桥将两座山峰连接起来，站在桥上，从两峰中间望去，北面远山层层交相掩抑。南面山谷中有一池湖水，四周绿树围绕，群山环抱，映丽如山神之娇女，明澈如山林女王之秀目。下一个目标是"含鄱口"，不知翻了多少山，跑了多少路，终于见一个石牌楼兀立在眼前，牌楼上三个大字"含鄱口"。登上旁边的小亭子，极目远放，豁然开朗，可谓登庐山而小三吴。

　　第二天早上我又独自上了山路，绕过一泓湖水，穿过优雅的花径，到了因毛主席为江青赋诗《为李进同志题所摄庐山仙人洞照》而名声大噪的仙人洞。此地已成为人们顶礼膜拜的地方，我也不能免俗，和所有的人一样在此照相留念。

　　走进仙人洞的石门站在一块上有"纵览云飞"题词的大岩石上，可以观望又一天地：浩浩荡荡的长江及它所养育的田地村庄。

　　庐山之行眼界无限开阔，心胸无比开朗，正所谓"胸中的层楼有八面来风"。

　　登庐山的日记我怕被人看到，回学校后我把那几天的日记用线缝起来，直到离开永丰后才拆开。

　　从庐山下来，黄昏乘"东方红2号"江轮，由长江逆流而上，去武汉转火车。江轮又老又旧，我买的是三等舱票，在轮船的底舱条凳上坐满了农民小贩，天巨热，船舱里充斥着汗馊味和鸡鸭猪崽的臭味。我一分钟也呆不住，跑到甲板上，见舱房周围甲板上已经一条条躺满了人，一人铺一张席子，打听之下才知可以花五角钱租一张席子睡甲板。我租了一张席子，在靠栏杆的一边躺下。夜间，气温仍然没有降下来，闷，湿，热。听着江轮轰鸣的声音和哗啦啦的江水声，一夜不能入睡。

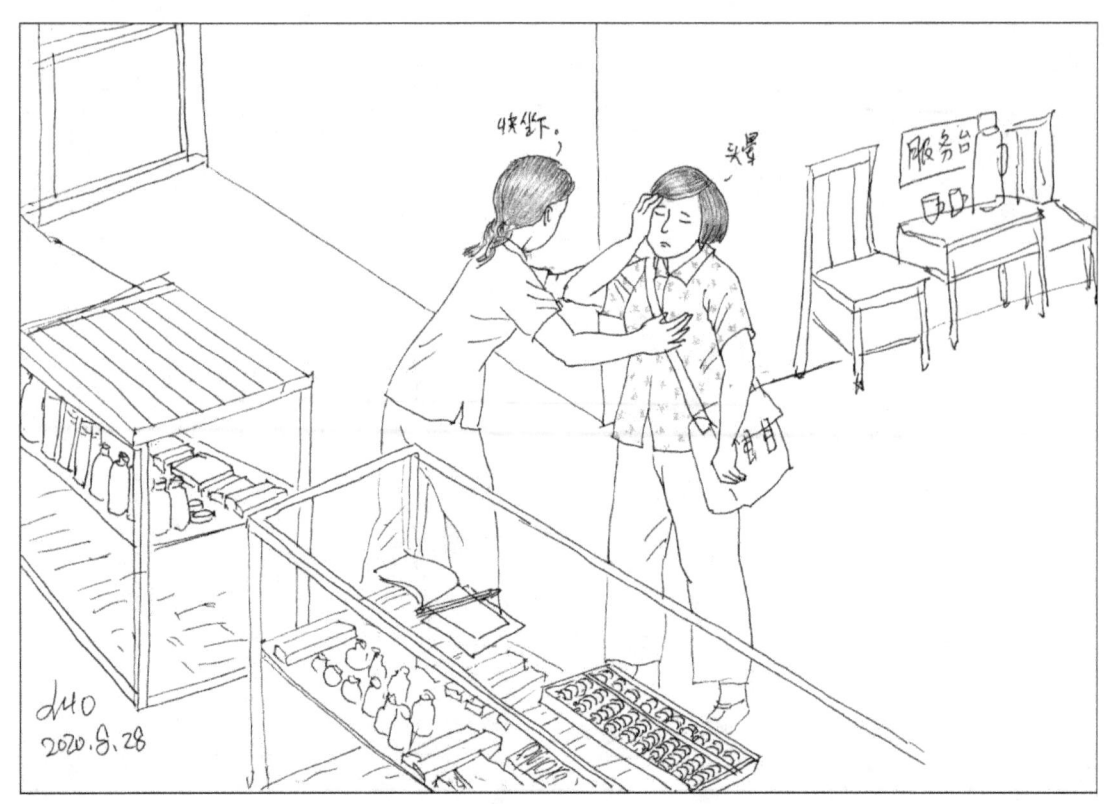

　　到了武汉，从码头去火车站的路上，感到浑身不适，头晕恶心，大概是中暑了。我赶紧钻进路边的一个小药店，寻找适合的药品。突然我眼前发黑，几乎什么也看不见了，站立不住，我知道要晕倒，使劲定住神，摸到售货柜台，问有没有药。我感觉我的声音极其细微，像是从遥远的天边传来。我当时的样子一定很糟糕，售货员见了吓了一跳，马上给我拿药倒水，让我坐在店里吃了药再走。吃了药，坐了一会，又觉得肚子闹得慌，售货员把我带到他们店后面的房间，让我在里面解手。屋子里有一个大木桶，是南方人解手用的。我虽然觉得很脏，但也顾不得了，放松后稍觉舒服。又在店里歇了一阵，觉得药力已开始起作用，才慢慢离去。我非常感激那个售货员，她关心的样子让我觉得很温暖，她让我用他们的私人便桶，不在乎我有病，更让我觉得人性未泯。那个年代，人们之间除了怀疑和殴斗，剩下的东西不多了。

　　1971年底，马老师给我介绍了一个"对象"老宋，这个人我早就见过，1968年我和老马正在公社往大影壁上写毛主席语录。他来找老马，那时我根本没想到有一天会和他"谈对象"。尽管他个人的条件不尽如意——出身于贵阳的一个工商业者家庭，比我大七年半。想想我自己的条件，也只能接受了。他是体院运动生物化学课教师，我们之间的共同语言比和工人多一些，同时他个高英俊，喜爱画画，这些我还是很满意的。

　　我们的接触很简单，每周末见一次面，没话找话地聊聊天。我感觉他人还可以，但是两人关系平平淡淡，没有什么大的进展，也没有感到现在人们说的"来电"的感觉。既然是介绍认识，目的很明确，需要做的就是观察其人是否可以相伴终生而已。

　　春季的一天他约我去公园玩，在紫竹院我们找了一个地方坐下，他吞吞吐吐地要讲什么，开始得非常艰难，我以为他要提出求婚之类，心想，这也太快了吧，连手还没碰过呢。我该怎么回答呢，心里紧张得不得了。结果他讲出来的东西大大地出我意料。

　　老宋说他要向我坦白一件事——他曾经犯过严重的政治错误。事情是这样的：大约十七八岁时，他有一个特别要好的朋友小罗，做什么事都在一起。他经常去罗家玩耍，罗家有一个舅舅也很喜欢他。罗舅舅有一个兄弟在香港，1949年以后再无联系。三年大饥荒时期，罗家生活困难，饥饿难熬，罗舅舅想和在香港的兄弟联系求助，可又不敢自己写信，就起草了一封信，请宋替他抄写一遍，特别叮嘱要写仿宋体，宋经常刻写钢板赚钱补贴家用，能写一手标准的仿宋体。信中没有什么特别的内容，只是问他弟弟生活得怎么样，很是想念他。家里生活困难，如果可以能否寄一些粮款来。

　　宋也知道这封信寄往境外有极大的风险，信写好后和小罗两人特地跑到远离住所的郊区投递信筒。

对贵阳这个小地方来说，香港无疑是一个"敌国"，信件寄往香港就等于投进了公安局。信寄出后不久，罗舅舅便被逮捕.并以"叛国投敌罪"判处二十年徒刑。

从此这件事成为一块心病埋在宋的心底。他认为自己也参与了罗舅舅的"叛国"活动，他死守着这个秘密，无时不刻担心自己的"罪行"有朝一日被揭发出来。

1968年的"清理阶级队伍运动"及"一打三反运动"矛头又指向了广大群众。人人都被勒令交代自己现行的或历史的问题，宋在这强劲的攻心战术下，惊恐不安，生怕自己的"罪行"已经被掌握。

一次工人体育馆召开反革命分子公判大会，体院派老宋参加，他心里立即打鼓：为什么单让我参加？是不是领导已经掌握了我的事情？莫非派我参加公判大会是对我的隐瞒那事的一个警示？

　　回想写信的那件事，他越想越害怕，觉得自己真是"罪大恶极"，他把自己过去的照片一张张剪碎，剪一刀说一句"你这个反革命！"然后把照片碎片烧掉，表明与自己的过去彻底决裂的决心。

　　他整天在坦白与不坦白的选择中游移，几次在"清队"办公室门口徘徊，精神几乎崩溃。他用刀子割破手指，在日记本上写下血书"向毛主席请罪"，甚至试图自杀。

在反复宣传"竹筒倒豆子""坦白从宽，抗拒从严""自己交待出来和被查出来性质不一样""你即使不交代组织上也已经掌握了你的问题"一系列强大攻势之下，老宋终于跨进了"清队"办公室，向党组织交代了这一"罪行"。

老宋跟我说这事时，"组织"还没有做出处理结论。后来才知道事缘体院的老宋专案组去贵阳监狱向罗舅调查，得知当年罗舅供述这封信是自己一人所为，与他人无关。为定铁案，公安局还让他写字查对了笔迹。罗舅也会写仿宋体，字迹特请北京公安局的字体鉴别专家辨认，鉴定的结果认定这封信是罗舅舅亲手所书。体院去外调时罗舅仍然坚持说信是自己写的，与"孩子们"无关。因此"组织"不知对老宋如何定性，事情就一直作为"严重政治错误"挂着，没法解决。

我听到这件事极为震惊,一下子无法回答,无法思索。我无言地独自离开公园。

在"对象"问题上我再一次受到打击。我觉得自己是个有志向,好学习,好钻研,求上进的人。我在"找对象"的标准上一直傲然地保持着冷静,不为感情所驱使,理智地判断着一切,宁可让孤独伴随着我,也不愿意随波逐流,陷入低级的情感旋涡。

最初认识老宋,我是勉强自己接受这个人的。相处下来,发觉他是一个很好的人,聪明,上进,诚恳。乱世中一个男人有这些优点已经是很难得的了。我对他刚刚有了一些好感,却冒出来这么一件事,而在当时是非同小可的严重问题。

我非常难过，想了又想，人都是有阶级性的，但人又都是有血有肉的。我不断权衡两者的比重在我的头脑中哪个占得大一些。脑子告诉我，当然是人的阶级性更重要，但是除了阶级性之外，人就不会犯错误吗？抄一封信本身不是什么大问题，重要的是，事实是怎么样呢，我不了解他，我凭什么相信他所说的？还有，"组织上"将会怎样看待这件事的严重性呢？那个时候，一个人的价值，一个人的社会存在不是由自己决定的，而是由组织给你做的结论来确定你是谁。社会的变动让人琢磨不定，从而对人们产生什么样的影响呢？不可知，就像右派分子，说是摘了帽，可是不再被重用不说，在文化革命中的遭遇甚至比当时打成右派时更惨。

况且，虽然"解放"二十多年，但是封建社会的"夫贵妻荣"或相反的"夫衰妻贱"的原则一直通行无阻深入人心，难道我要为了一个人而忍受大多数人的不解甚至责难嘲笑的目光吗？

更重要的是，事实上社会通行的既定政策就是血统论。文革那么多对夫妻离婚不都是因为怕其中一方的"问题"影响子女的前途吗。难道我的孩子一辈子要背着"阶级敌人"的父亲的黑锅吗？

一百次想起此事，内心九十九次告诉我，不行！绝对不行！我决定断绝和他的联系。还没来得及找他表态，他倒先打来电话告诉我一个"好消息"，他参加民兵打靶了，成绩最好，他认为这表明组织还是相信他的。这么一点小事都能让他感到欣慰，我觉得他真可怜。然后他又告诉我，他把我的相机修好了，找时间交给我。照相机是我们刚认识时他拿去修的，一直也没修好。现在交给我，我知道这是一个继续联系的借口。我不得不和他见面拿相机，而见了面又觉得十分不忍心开口说"不"。

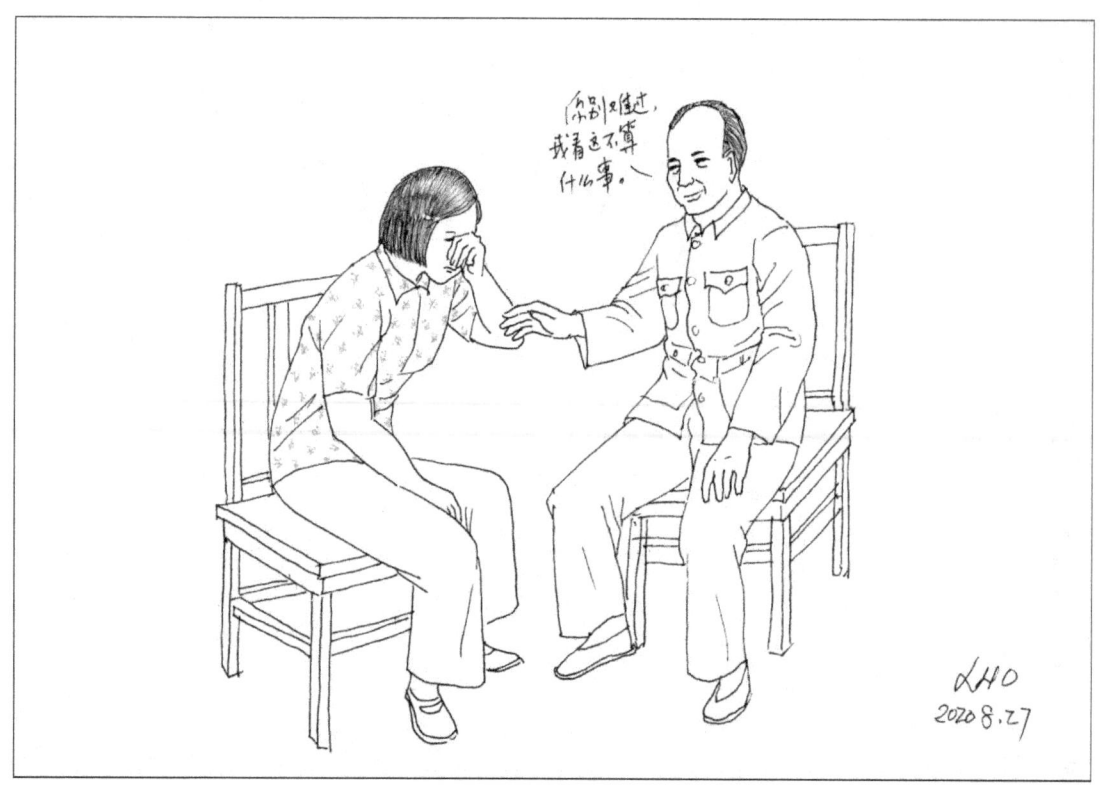

就这样犹犹豫豫反反复复多天，起码我得知道，他说的事情是否属实。我干脆采取了"依靠组织"的作法——通过组织调查他的问题，如果"组织"说成就成，"组织"若不同意，我拒绝得心安理得。我跟革委会主任老李谈了此事。老李是一个团级的复员军人，复员后直接安插到我们学校。他不是那种武孔有力，作风简单的一般军人形象，相反是个婆婆妈妈老好人的类型。听了我的诉说，一再地安慰我："不要难过，我听着不算什么大事，我去外调一下，了解了情况再说。"

老李还真是负责，不几天就找我谈话，我是那么紧张，生怕自己听到什么更坏的消息。幸好，他调查到的东西和宋所说的一致。老李自己的意见是，他觉得问题不大，可以继续交往。老李是刚刚从部队下来的，他可能还不很清楚，在地方上政治清白对一个人的重要性已经和在部队上一样，可以决定一个人的前途、命运、家庭甚至后代的幸福，所以他觉得问题不大。

听了老李的话，我心稍稍释然。我和宋继续交往了，我说不出太多的理由为什么，并非爱上了他，远远没到那个地步，就是同情他，不忍心拒绝。多少年后我才意识到我人性中最大的弱点就是悲天悯人，对一切弱者都报以同情，对别人的任何请求从来不说一个"不"字。这个弱点决定了我几乎一辈子都在适应别人，没有自己的生活。当然我自己的家庭情况也迫使我退而求其次。

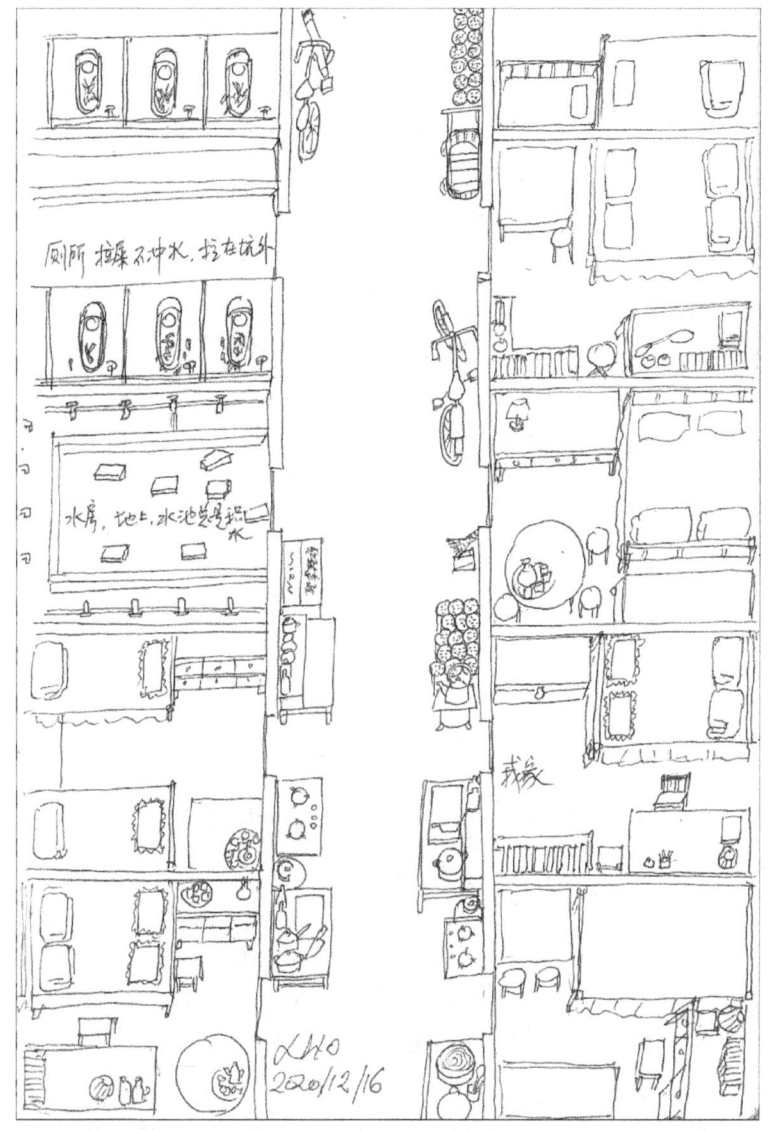

和宋的"恋爱"是非常磨人的，他要等到组织上给他定了性后才敢结婚，如果在这之前结，会被认为是不严肃对待自己的问题。妈妈不断地催促我们结婚，怀疑宋的诚心，我却无法告知真相。我已经被磨到二十六岁了，被他的拖滞搞得疲乏和不满。

1973年他的结论终于做出来了："属于严重的政治问题，作人民内部处理。"这个结论让人心寒，将来我们的孩子难道就要背这么一个可怕的政治包袱吗？开弓已经没有回头箭，我们结束了毫无浪漫可言的"恋爱"阶段，并在没有任何兴奋的心情下准备结婚了。

1973年的夏天，我们领了结婚证。体院分给了一间房子，在一个筒子楼的五楼顶层。老宋带我去看房子。所谓筒子楼，中间是过道，两边房间门对门，房子不到十平米大小，原来设计的是两人宿舍。楼道里有一个公共厨房，早已被别家占领。一个十几平米的厨房，也就能容四五家的炉子和炊具。其余的住户家家门口一个煤炉，一个碗橱，一个做菜的桌子，和一堆码放的蜂窝煤，加上一些自行车小推车之类的杂物，把个楼道挤得满满的。

楼里有男女公共厕所各一个，厕所里不是屎尿没冲，泛着恶味，就是冲了以后不关水龙头，流水的声音哗哗咆哮。还有一个公共水房，全楼道的人刷牙洗脸洗衣服洗菜淘米都集中在这里。水房的下水道时常堵塞，弄得水池里，地上全都是水，上面漂着，鼻涕、痰、烂菜叶。人们要小心翼翼地踩着不知是谁摆在地上的砖头去接水。

"号"房子那天正是周末，各家各户在阴暗的楼道里煎炒烹炸，互相传递着合作社供货的信息——豆腐今天不要本，来排骨了，桃子处理了……我的心情十分沮丧，难道结婚就是这样，在这种拥挤的环境下津津有味地经营着自己的小日子？我几乎对结婚失去了兴趣。

二十二 革命时期的"罗曼蒂克"（1968-1973） 219

我们的婚房布置很简单,和体院借了一张桌子、两把椅子、一个小书架、两张单人床,为了扩大地方,我们只用了一张单人床,再拼接一条 20 厘米宽的木板,聊做双人床。放了这些家具,屋子里只剩一条由门口到床边的窄窄过道了。

我们的婚礼很低调,就在这间小小的宿舍里举办。宋的"问题"刚做结论,并非好事,与喜庆相抵,不宜张扬。宋的教研室十几个老师来祝贺了一下。送了一本大照相簿,上面把我的"鸥"字写成鸟字旁在左区字旁在右,对体育学院的文化水平我不敢过高要求。

我觉得结婚披红挂绿非常俗气,没有为结婚买任何衣服。婚礼上两人都是平常的一套穿戴,他穿的是一件旧的豆青色的短袖衬衣,我穿的是两三年前做的深蓝底细彩格衬衫。我们的暖壶是一蓝一白,一个塑料的一个铁皮的。被面一床是白底黄花贡缎,一床是白底绿花绸布,取其素净,没有一样是配对的。

屋子里容不了几个人,多数站在门口往里张望,想看看三十四岁的"老大难"老宋娶了一个什么样的老婆。教研室领导主持,首先要我们向毛主席三鞠躬,眼睛扫了一圈,发现"咦,你们怎么连主席像都没有啊?"我心里"咯噔"一下,婚礼闹出政治问题来了。幸好有人解围,赶紧从隔壁邻居家找来一个巴掌大的软塑料皮毛主席胸像(夜里会发光的,很瘆人),摆在桌子上,让我们对它连鞠三躬。然后在众人的起哄下,我又直着嗓子配合着老宋的左嗓子唱了一曲《东方红》。

第二天我们请了介绍人马老师夫妇来吃饭,大家高高兴兴地吃了一顿我做的饭。

妈妈送我一张羊毛毯,80 多元买的,是我两个月的工资,算是非常贵重的礼物了。

我们决定去旅行,现在叫"蜜月旅行",两年"谈恋爱"中的政治阴影,已经没有一点"蜜"可言了,这趟旅行不过是借机满足我走遍大江南北的愿望。路线是南京安徽杭州上海。

我们在南京探望了姨姨和姨父,在安徽老家探望了在那儿插队的刘元,杭州是妈妈的故乡,妈妈的叔公曾是杭州第一任市长。上海有我的舅老爷,我们住在他家。我去上海的目的是想在回程时从上海坐船到天津,看看我向往已久的大海。我从来没有看见过大海,这次终于要见到了,一到上海就买好了船票,心中急切地盼望着。

离开上海的那天,我们兴致勃勃地赶到了码头,一张公告给我当头泼了冷水。公告说,因为某号台风即将来临,轮船暂时停航三日,三日之后是否启航再另行通知。不愿等待者可办理退票。

退票还是不退,我和老宋在码头发生了激烈的争执。我说看一次海实在不容易,失去了这次机会,谁知今生何时还能看到大海。既然已经专为坐船看海到了上海,何不再等几天,坚持到底。宋说他的假期已到,回去还要政治学习和备课。晚回去一天,领导和群众都看在眼里,影响不好,坚决不能再等,何况等三天以后海面情况如何难料。我觉得他实在小题大作,超假对我来说是家常便饭,甚至不超几天都不甘心,随便编个理由就对付过去了。我们在码头上僵持了很久,谁也不能说服谁。最后他一屁股坐在地上,双手抱头,蜷缩成一团,一副被逼得走上绝路的样子,勉强同意了我的要求。看他痛苦的样子,我知道即使坐上轮船看到大海他也不会开心,我的心情也会变了味,那还不如不看。我让步了,退了票,心里非常不高兴,联想到如果不是他有"严重的政治问题",刚刚"作出组织结论",他会是那么谨小慎微吗?几十年来,他的那种绝望神态深深地留在我的脑子里,挥之不去。

二十二 革命时期的"罗曼蒂克"(1968-1973)

　　宋的结论作出不久，就被送到体院的"五七干校"劳动去了。在干校里养猪养兔。好在干校就在北京西南近郊，周末我可以到干校去看他。宋做事认真，干一行爱一行，养得鸡肥猪壮，一年的劳动期满，领导让他继续留在干校发展养猪事业。爸爸很生气，写信叫他和领导谈，知识分子不是用来发展养猪事业的。

　　我们结婚后的生活从来不富裕。我的工资是42块5毛，宋的工资是56块。相对于工人和服务行业来说，这已经是很不错的收入了。宋在结婚前没有任何积蓄，他的工资除了留下生活费，其余全寄给贵阳的父母。结婚前他存了一百五十多元，和我认识以后，为了和我见面买了一辆自行车，买完车存折上只剩了一块钱，他就是带着这一块钱的存折和我结婚的。

　　生活虽不富裕但是很和谐，我们的钱主要用在吃饭上，我们吃得不奢侈，平日每天买两毛钱的肉（约二两），那阵肉已经不限量，但是每人每次只能买两毛钱，要想多吃，就要反复排队。冬天的晚上买两毛钱肉，把火炉搬进屋里，切点白菜，斟上两杯酒，围着炉子涮火锅，其乐也融融。婚后他继续供养父母。寄多少钱，我从来不问。过年过节，他还要给家里寄一箱食品，无非是些挂面粉条一类的粮食。猪肉供应开始放松后，我们就自制一些腊肉香肠，装满满一箱寄去。

　　八十年代初，国门开放，中国人的海外亲属纷纷以各种渠道寻找国内的亲人。罗舅舅已刑满释放，他在国外的弟弟也终于有了消息——加拿大某大学的教授。他弟弟来中国开会并寻亲时，听说老宋为他无端受牵连觉得很过意不去，特地请我们全家在高级宾馆吃饭，又送了一些小礼物，有给孩子的睡衣、乐高玩具，还有给我的化妆品——极精巧的一瓶香水和PONDS面乳，给宋些电动剃须刀之类的东西。

　　八十年代中期，人事处把我叫到办公室（我那时已经在高校教书）告诉我："体院来函通知你爱人的问题已经平反，让我们把你档案中的有关文件销毁。"他当着我的面取出档案中对老宋问题处理的通知，销毁。好家伙，真的是夫败妻衰，我的档案袋里塞进了丈夫的反面材料，幸亏文革结束了。

二十二　革命时期的"罗曼蒂克"（1968-1973）　　223

二十三、光明与黑暗的较量

（1974-1976）

人们对文化革命已经厌烦透顶。为了挽救文革的颓势，收音机和电视里天天大放"文化大革命好"的歌。那歌词已经完全和小孩打架强词夺理一样了："无产阶级文化大革命就是好——！就是好——！就是好——！就呕——是好！"唱起来只需声嘶力竭地喊，就行了。就是这样地招魂，文革还是不可避免地在毛泽东寿终正寝后随毛而去。

　　1975年春节我和妈妈去广州。我们住在妈妈的老战友广东人民出版社社长杨重华的家里，他的女儿小欣整天陪着我，有一天她告我有个朋友聚会，让我也去参加。

　　到了朋友家，已经有几个人，有些神神秘秘，关好门拉好窗帘，打开录音机，播放一个讲话录音。他们给我介绍讲话者是"李一哲"中的一个人，李一哲是三个人——李正天、陈一阳、王希哲，各取名字中的一个字，合成一个名字。这三个人是广东著名的持不同政见者，他们在1973年11月7日写了一份两万六千言的大字报《关于社会主义民主与法制》，批判某党建国以来破坏民主法治的种种行径，反对现行集权政治。一大批像小欣和他的朋友们一样的热血青年追随李一哲，最起码也是赞同他们的观点，这让广东省革委会非常惊慌，组织了写作班子"宣集文（宣传部集体作文）"，并发动全省各单位对李一哲展开针锋相对的大批判。

　　他们送给了我许多阅读材料，论战双方的都有。李一哲的文章援引马克思主义经典，有理有据，鞭辟入里，痛快淋漓并且文彩非凡。而"宣集文"则秉承"两报一刊"（《人民日报》《解放军报》《红旗》杂志）的风格，连篇累牍的空话，帽子，叫骂，水平低下。

　　我十分佩服李一哲们的水平，并且承认他们说的非常在理，但是我也很彷徨：我这些年拼命往脑子里灌输的东西和他们的理论正相反。我应该站在哪一边呢？我把这些材料带回家细读。无论怎么读，都觉得李一哲说得对。就在那几年，我对文化大革命，对无产阶级革命路线，对党和领袖都产生了疑问，人们在下面偷偷议论，我很爱听，但行动上还是相当谨慎。

　　李一哲们1975年被抓，1978年释放，其中一个多次抓放。

　　1976年是中国共产党史上的又一个多事之秋。一月八日，周恩来总理去世，全国上下都陷入深深的悲哀之中。上层对于周恩来的祭奠非常低调，引发了人民群众的不满，清明节之前，人们到天安门广场和人民英雄纪念碑自发地组织了大规模的悼念活动。整个天安门广场人山人海，人民英雄纪念碑下花圈堆成山，花圈上和纪念碑上贴满了人们写的挽联诗歌、散文和小字报。无数人聚集在纪念碑周围念诗，演讲，喊口号，表达对总理的歌颂和怀念之情，痛斥王张江姚把持中央文革领导小组把中国推向危险的边缘。我们一家都十分激动，天天去天安门广场观看，妈妈抄录了好多首诗歌，装订成册。海燕写了几首诗贴在纪念碑上，她的诗立刻被人们广泛传抄。"四人帮"倒台后，有人编辑了《四五天安门革命诗抄》第一页第一首诗就是海燕的。当时海燕和多数人一样不署名，书上的作者是"佚名"。我已经怀孕七个月，也大着肚子去看了天安门的盛况，还照了相留念。

　　4月5日晚间，北京公安、卫戍部队、"工人纠察队"冲进天安门广场，见人就打就抓，花圈没收，诗抄撕毁。有上千人被捕，天安门广场被清洗一空。群众的悼念活动就这样遭到了暴力镇压。这就是有名的"四五天安门事件"。

　　天安门清场完毕，中央又下发文件，要求各单位清查曾去过天安门的人，收缴所有天安门诗抄，情节严重者送交公安机关。那时中央文革的权势已经是强弩之末，"四五镇压事件"可以看成是它们的垂死挣扎。对他们的作为，人们的心里像明镜似的，都感觉社会将会发生大的变化。各级领导已经不像以前那么卖力地执行"中央指示"，只是一般地问问有没有人去过天安门，如果否认，便不再追究。我校的领导也是这样"阳奉阴违"，在开会时只是提了一句，让去过天安门者及有诗抄者向领导汇报，就没有下文了。他知道我去过天安门，不仅没有追究，还和我偷偷讨论有关上层的小道消息。

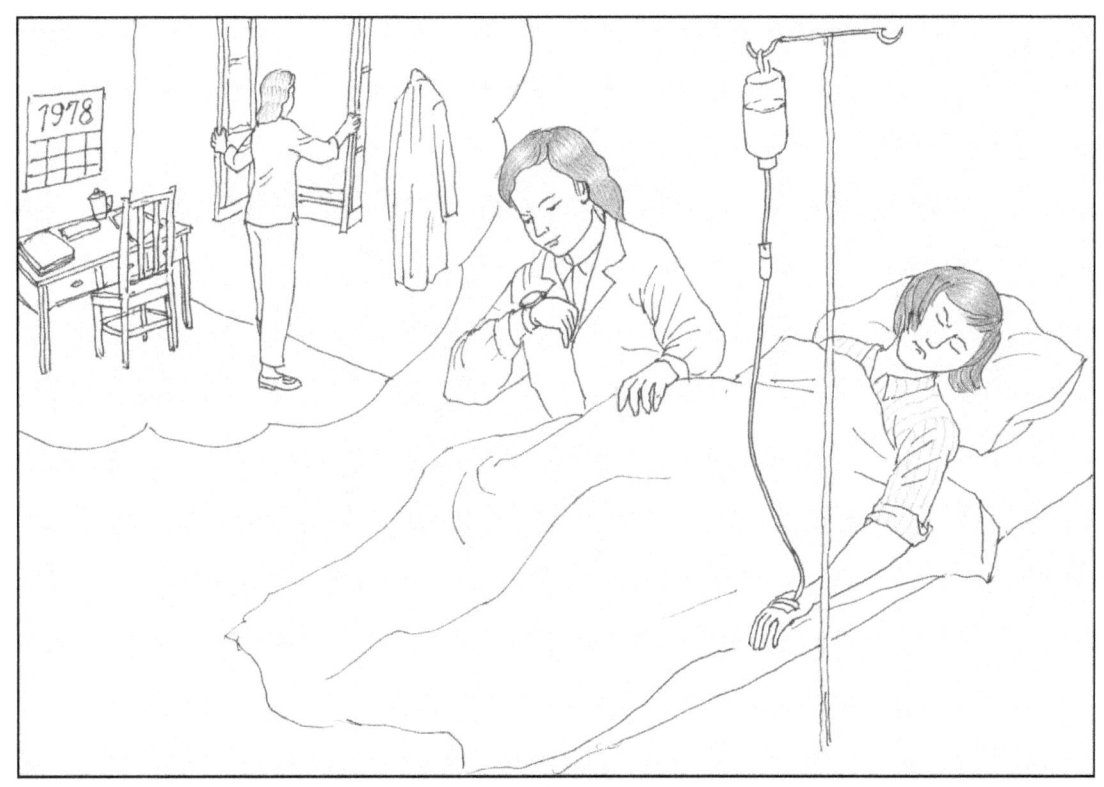

　　1976年的6月18日，儿子出生，叫大田。生大田的过程真是艰难，预产期到了回家等待，谁知过了近两周，他老人家还是没有动静。一天我正在大幅度地拖地，想让他快点出来，羊水破了，妈妈马上和我去了全市最好的妇产医院。医院说孩子必须尽快生下来，因为过期不生会因胎盘"老化"而导致胎儿夭折，而且羊水破了孩子随时都有可能窒息。

　　住院后，医生给我用了各种引产方法：吃药，喝蓖麻油，电针刺激，均无效，子宫就是没有收缩，只好采取危险的一招——使用催产素。从早上开始，催产素通过点滴进入身体，我立刻有了强烈的宫缩，把我痛得死去活来，这种强迫性的宫缩轻重节奏掌握不好就会导致子宫破裂，所以主任医生黄九妹亲自坐在我身边，手按在我的腹部，检查宫缩的程度。终于，大田在晚上八点钟降临人间，七斤八两重。

　　他一来到产床，小身体挨着我的腿，我就实实在在地体会到了一个生命的质感，立刻觉得在这个世界上我从此有了责任，有了挂牵。第三天我才见到大田，那么大的眼睛吓了我一跳，所有新生儿几乎都是一对眯缝眼，几天张不开，而大田的眼睛睁得大大的，眼白蓝蓝的。别的产妇都羡慕地说，这个小孩长得真漂亮。

　　黄九妹大夫给我的印象很好，四十岁左右，上海人，医术高，敬业，严厉中带着亲切。两年以后，中国23年来第一次上调工资，但名额有限，由群众评议，领导拍板。黄大夫没被评上，宣布的那天她照样上班，为一个个产妇接生婴儿一直忙到晚上。下班后，她安安静静地脱下白大褂，穿好衣服，然后推开窗子，从六楼跳了下去，一个有前途的医生就此断送。

二十三　光明与黑暗的较量（1974-1976）

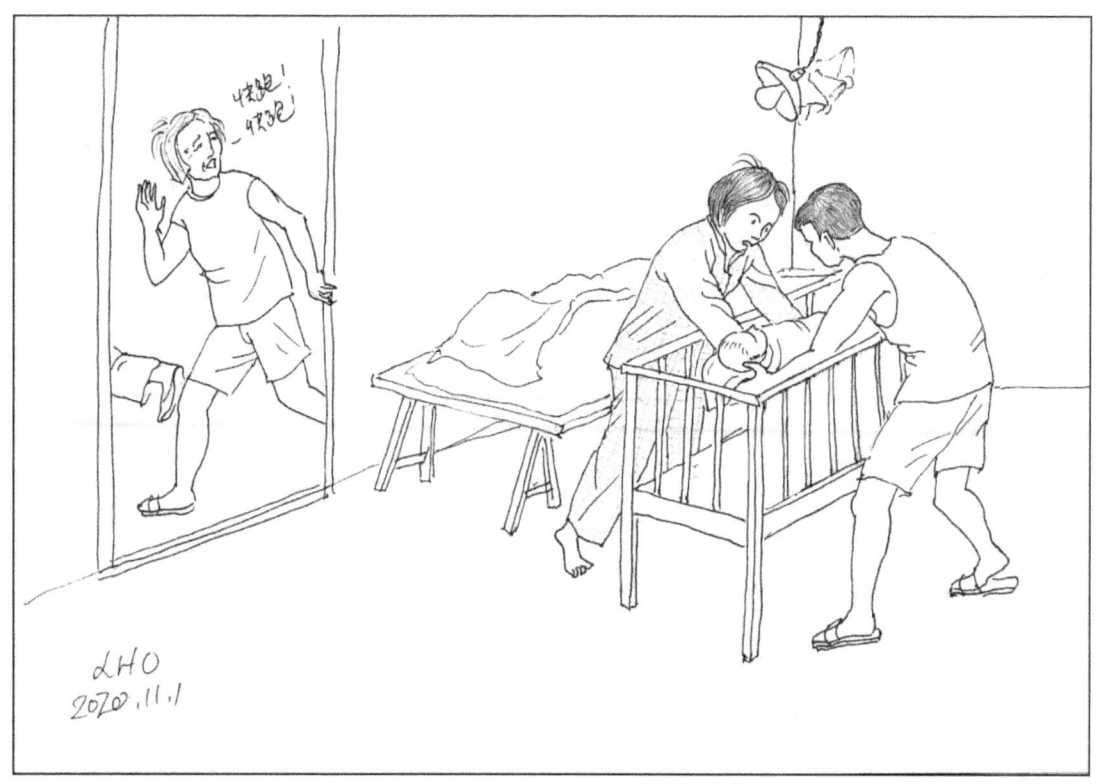

  我在妈妈家坐月子。很多烦心事都聚集在一起：七月底的天气特别反常，闷热潮湿，阴沉沉的，压在头上让人喘不过气来。我的奶水不多，流得又不畅，大田吃几口，吃不到什么，就大哭大闹。想到五十六天的假期很快就会过完，那时肯定要停喂母乳，不如早些停了算了。我吃了回奶药。

  自从地震局成功地预报了东北海城地震后，从头年十二月起就在各个单位传达京津唐地区将有大地震，让大家做好准备。曾经有一段时间，大家抢购大米面粉和各种生活用品，以备地震之需。妈妈也买了很多饼干，灌了几瓶水放在桌下床底。我认为这是十分荒唐的事，地震是无法准确预测的，这样没边没沿地做准备，要等到哪年哪月？时间长了，北京的老百姓听"狼来了"的呼声听多了，也都松弛下来。就在这时，"狼"真的来了。

  7月28日的凌晨，十二点多钟，大田又醒了，没了母乳，他无依无靠的，哼哼哧哧地哭。我喂了他几口水骗骗他，他抽抽噎噎地又睡去了。我把他胸前的米袋摆好（一条宽布带，两头缝上米口袋，布带盖在孩子身上，米袋在身子两旁，以防止新生儿睡觉时手脚乱动），把小床栏杆拉起，披好蚊帐。此时，房顶上的老鼠像炸了窝，排着队，蹬蹬蹬从东跑到西，又蹬蹬蹬从西跑到东。耗子的闹声，加上儿子偶尔的抽泣，还有屋子里昏黄的灯光，让我心里感到一种悲凉，那一晚上我记得非常清楚。

  三点多钟，我被老宋急促的叫声吵醒了："海鸥，地震！海鸥，地震！"他那天恰巧来看我和孩子，被妈妈喊醒。几十年神经衰弱的妈妈第一个觉察到地震，疯狂大叫，唤醒了全家。我睡得那么死，如果老宋没来看我，我还不知在那个爪洼国里。我的床在猛烈地上下震动，黑暗中有一种可怕的轰鸣声。这与1966年我感受到的邢台大地震不同，那次是左右摇摆的感觉。这次地震来势凶猛！我一跃而起，冲到小床前，抱起了儿子，连同米袋，连同蚊帐，和老宋一起冲出屋门。

　　妈妈和刘元已经站在外面。我家住在西跨院的耳房里，耳房正对着西屋的山墙，我们半睡半醒，半醒半懵，站在山墙底下哆嗦着，还没有回过味来。地下继续发出沉闷的轰鸣，地面先是弹跳着，然后又像风浪中的甲板歪斜着，我们随着大地摇晃。

突然,头上在掉土,越掉越急,夹杂着小碎砖块。转眼碎石烂沙如下雨般落下,不知谁喊了一声"山墙要塌!快跑!"妈妈和刘元冲出小跨院与正院相隔的栅门。我和老宋头顶头颈交颈胳臂环绕着,把怀里的婴儿严严遮住,像个连体人一样挪向栅门,山墙上开始掉大块砖头,砸在我们的头上脚上。栅门被掉下来的石头绊住,拉不开了!情急中,宋抬脚猛力一踹,门开了一条斜缝,就在我们俩奋力挤出栅门的半秒间,轰隆一声,山墙轰然倒塌,砸坏了栅门,碎砖盖满了跨院,飞进了我们的屋里。

生死竟在瞬间。

半秒钟的时间赢得了三条性命。首先想到的是大田,他有没有受伤?他在老宋的怀里纹丝不动,我感到不好,喊了几声,没有一点反映。天黑,看不清。我们跑进西屋邻居家在灯下仔细观看,儿子的头脸像个土葫芦,襁褓也全部盖满灰尘,额角一丝细细的血流正在往下淌。我的心已停止了跳动,老宋简直要哭出来。他小心地吹去儿子脸上的灰土,在我们的狂喊中,儿子动了动,巴巴嘴,又睡了,样子很恬静。除了额上小小的擦伤,他没有事!

西屋的小四见到我们,惊恐地喊起来:"二姐,血!血!"我这才感到,头顶上正在汩汩向外淌血。血流过我灰尘蒙面的脸,流到胸前,染红了整个胸襟,又往下染红了裤子。宋也一样血流满脸。

那阵小四不学好,流里流气,偷东西,见了我早已经不再打招呼叫姐姐。可是这会儿,他急忙给我找了一块手绢,男人的有点脏的手绢,帮我捂在正在流血的头顶,关切地让我坐下。北屋的三福妈也不示弱,非要拉我们上她家去坐不可,理由是他们家更安全。邻居们平时为了一两分钱水电费常常闹得你死我活,这会儿表现出了空前的爱心,我真是很感动,但是我们哪家也不能留,我们必须马上去医院治疗。

我们去离家不远的隆福医院，走路时我发现我的脚也受了伤，一瘸一拐，行动困难。天还早，街上没有什么车。路上有很多人躲地震，他们集中在马路的中心，远离路边的建筑物。有人发现了我们，张口结舌地指着，"啊、啊"地说不出话来。我们的样子肯定很可怕——在朦胧黑暗中行走的血衣，上面架着两颗血葫芦。

到了隆福医院才发现，我们的伤势不算什么。急诊室里已经挤满了伤员，砸胳臂断腿的，血肉模糊的，哭天喊地的，不省人事的。一位母亲背着比自己矮不了多少的孩子，飞奔而进，大声哭喊着："大夫大夫，救救我的儿子！"孩子趴在她的肩上脑袋耷拉着，可是医院的值班大夫根本不知道在哪里。看到这般情景，我说："回去吧，轮不到咱们。"

二十三 光明与黑暗的较量（1974-1976）

回到家一会儿，不知谁把"红医站"（那时每个胡同都有一个红医站为本胡同的居民治头疼脑热，还管打针发药）的老太太找来了，她给我们头上抹了一点紫药水，盖上一块纱布，拿绷带裹巴裹巴。

余震频繁，人们不敢在屋里呆，都站在院子里。院子太小，躲过这边的房子，就靠上了那边的墙壁。站在哪都不合适。我们决定天一亮就回自己体院的家，那里到处是大操场，避震容易一些。

当我们头缠绷带，穿着血衣，抱着孩子坐着嘣嘣车（三轮摩托出租车）回到体院家属宿舍时，在外面避震的人们都震惊了，赶紧把我们拥到医务室重新消毒包扎打针。我们的头被纱布结结实实地缠起来，就像电影里的伤兵。

天开始下雨，体院理论系的人都转移到教学实验楼躲避。这个教学楼是五十年代末在苏联专家的帮助下建筑的，和苏联的一切东西一样，虽然粗笨，但是结实。我们受到特别照顾，三个人分到一间教研室。雨越来越大，多天来堆积的厚厚云层全部化为雨水，终于像决了口一样从天上狂泻下来。雨水密得看不见任何东西，只有惊天动地的雨声和雨幕包围着你，好像面临洪荒时代，整个宇宙即将天塌地陷。我们感到恐惧，不知道下面老天爷还要干什么。

有消息传来，地震中心在北京东南的唐山，整个城市全变成了一片废墟。更可怕的是医务室杨大夫的丈夫和妹妹大哭着从唐山回到体院，带来了杨大夫在地震中遇难的消息。地震的前一天，体院有一辆车去唐山拉货，杨大夫夫妻和杨再春老师的家在唐山，就搭这辆顺风车回家看看，结果杨大夫被落下来的房梁夺去了生命。他们说，唐山几乎没有留下一件完整的房子了，地震后一片死寂，仿佛人全死光了。杨再春老师死里逃生，但是没有回来，义不容辞地留在那里抢救受难者。几天后杨再春回来时，眼睛血红，神情可怕。他天天和死人打交道，看尽了人间惨状，似乎神经都出了毛病。

　　余震又来了，每次余震，震级都不小，整个楼都在剧烈摇晃，人们都像惊弓之鸟一样东奔西跑。预报还有更大余震，全体教师和家属都转移到打靶场的带有顶棚的看台上。大田渴了，我给他灌了一瓶白开水，出来得匆忙，什么吃喝都没有带，那刁孩儿尝了一小口，扭头拒绝再喝。教研室的一个老师带了一瓶软包装的果汁，兑了一些在瓶子里，他先用舌尖舔舔，尝出甜味，立刻咬住奶嘴，咣叽咣叽一口气把水喝光。他的挑剔引起一片欢乐的笑声，给恶劣的环境带来一线生命的阳光。

　　晚上我们被安置在学校里的一个自行车棚里睡觉。男人们冒着危险回家搬被褥碗筷煤气灶。车棚里并排摆上床板，支上蚊帐，便是一个个的"家"了。我不放心爸爸妈妈，要老宋进城把他们接来，并顺便将儿子的生活用品带回来。宋找到爸妈时，他们在大马路边坐在小板凳上，正无计可施。临走时，妈妈把给我坐月子养的几只鸡送给了院里各家，为的是感谢他们在地震时对我们的关心和帮助。

　　露天住宿真是困难之极，白天又闷又热，没法休息，吃饭幸亏有食堂。我们的煤气罐主要给孩子热奶。妈妈不知道从哪本书上学来的，一瓶牛奶分装在四个奶瓶中，瓶里再兑上水，放在锅里蒸，一天四顿。儿子出生四十多天了，一出生就是这样吃法。地震后他天天拉稀，屎绿绿的，夜里还老哭。眼看他一天天瘦下去，我们商量的结果是，把他送回贵阳老家去。做出这个决定，我不禁为儿子松一口气，也为自己大大松了一口气。我怕地震，怕得要命。

　　我们买票十分顺利，排队时人家主动把我们让到前面。本来无论何时火车票都是十分难买的，可是售票员一看我们头上包扎着绷带，立刻卖给了我们卧铺票。在去火车站的汽车上及在火车上，人们都对我们这两个抱着月孩的伤员表现出同情、关心和照顾。

二十三　光明与黑暗的较量（1974-1976）　　233

到了贵阳，我们到了安全岛。

我不必每天夜里惊醒，感受地震余震的恐惧，这里也没有不停的政治运动让你精神上无法喘息，没有各种渠道来的政治小道消息让你无所适从。尽管这里的生活比北京艰苦得多，比如用水，各家没有自来水供水系统，要到街上挑水，一条街只有一个水龙头，一大队等待接水的人。挑满一缸水要半天的工夫。好在那时"抓革命，促生产"可有可无，老宋的兄弟姐妹上班很随意，可去可不去。这些工作他们全包了。我们只需在这里安心地养伤、带孩子。

贵阳的牛奶很难搞到，儿子来贵阳后只好吃糕干粉。糕干粉熬得稠稠的，灌满一大瓶子，那小家伙抱着瓶子咕咚咕咚一会儿就喝得精光。吃喝拉撒都正常了，再也不哭不闹，睡得安安稳稳。我这才意识到，在北京他天天拉稀哭闹是因为饿的。

本来的计划是把大田放在奶奶处，我们自己回北京。一天我们去贵定县老宋的妹妹家住了一天，我已经想儿子想得牵肠挂肚，等我们回去，奶奶说大田哭得要死要活，弄得她无措手足，只能陪着掉泪。离回京的日子越来越近，我一想起要把大田一人留在在这个陌生之地，就要哭。老宋看我这么舍不得大田，就说那我们还把他带回去吧。我一下子就浑身轻松起来。但是又不愿马上回去，家里来信说他们仍然在外面住宿，时有余震，能在外面多待就多待些时候。

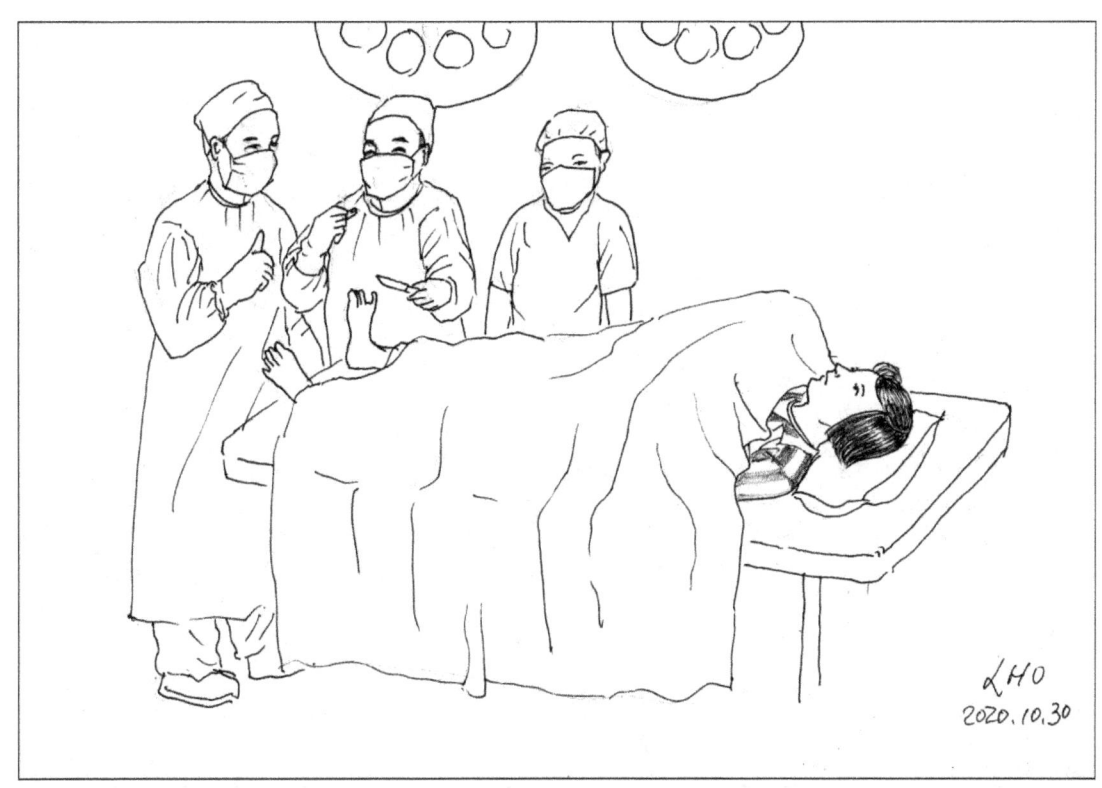

留下来唯一的办法是找医生开证明。我头上的伤基本好了，但是脚上的伤被忽略了，等我发现时被砸伤的脚趾缝间已经腐烂发臭，清理干净后伤口愈合，但右脚一个脚趾下面肿起一个大疙瘩，一着地就痛。去贵阳人民医院看看能否以此为由多留些时候。照了透视后，莫医生——据说是贵阳有名的骨科医生——说第四趾的骨头被砸碎，又自己生长起来。碎骨被后来长起来的纤维组织包围，长成疙瘩，会永远影响行走。治疗的办法是将该趾割除。我想也不想就同意了。

当我在手术台上头脑清醒地接受着半身麻醉手术，听见那个姓莫的医生在教他的学生如何动这样的手术，边说大家还哈哈地笑，我万分地后悔了，我怀疑这个手术是多余的，医生纯粹是为了让他的实习生做一些临床练习。反过来再想想如果没有这个手术，又哪能得到在贵阳休养生息的机会呢？

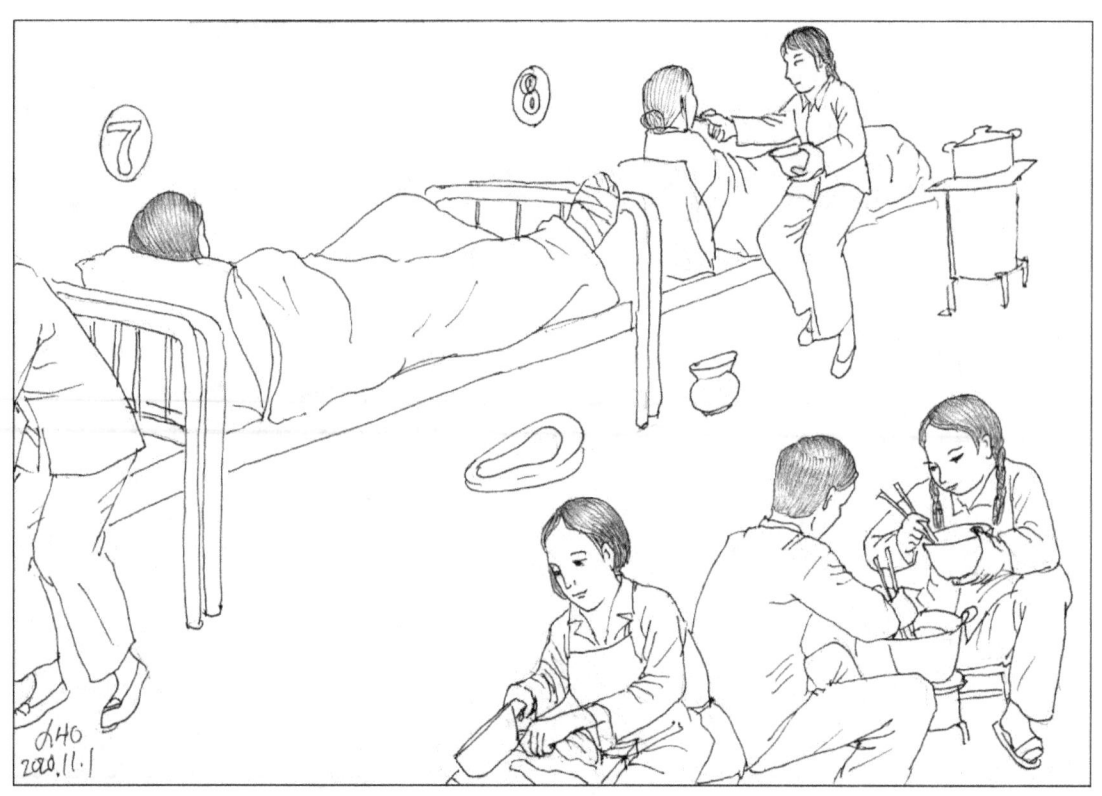

贵阳的病房脏乱得可怕。每个病人的家属恨不得把全家都搬来。七大姑八大姨都在病房里转来转去，谈笑哭闹话家常，比菜市场还热闹。家属们甚至搬来了煤炉子，炒菜煮饭如同在自己家里（医院没有饭吃）。护士除了发药打针露一面，根本看不见。老宋和他的妹妹轮流来看着我，主要是送饭和伺候上厕所。十几天后我的绷带拆掉了，少了一个趾头的右脚丑陋不堪。后面的半辈子，一直在下意识地遮掩我的脚不要暴露在别人面前。

唐山大地震对外报道7.9级，但内部盛传是9.1级。按官方公布的数字死亡人数24万人，民间的数字大大地超过此数（从官方，永远也别想得到真实情况）。中国拒绝了所有国际援手，"自力更生"地抗震救灾，不知道耽误了多少宝贵的生命。

更加荒谬的是，震前国家地震局已经接到大震的预报，却慑于政治风险，没人敢向中央汇报，这件事多年后才被揭发。而我知道最真切的一个例子就在我身边：我们中学有一个刚从海淀第三师范分配来的年轻物理老师，他是地震预测爱好者，并且是海淀区地震预报小组的成员。他天天观测自己制作的地震预报仪器，在地震前两天，准确地测出在两天之内北京东南二百公里将发生特大地震，学校不敢耽误，立即把预测上报区政府，但没人重视这个业余地震预报爱好者的警报。地震发生后，海淀区政府这才梦醒如初，把他捧为英雄，开大会表彰请功颁发奖状。顶个屁用啊。

我呢，从那以后健康就开始走下坡路，持续性地头疼，1990年查出脑子里有个三厘米大的脑瘤，西医们在看病时总是要问我脑袋是否受过创伤，中医们更是言之凿凿地断定，这瘤子就是地震那一击造成的。事情还没有完，按照中医人体的辩证法来说，开颅的大手术影响了我机体的平衡，从那以后，病痛不断，大小手术十多次。我还是幸运的，想想唐山大地震的遇难者，我的算什么呀。不值一提。

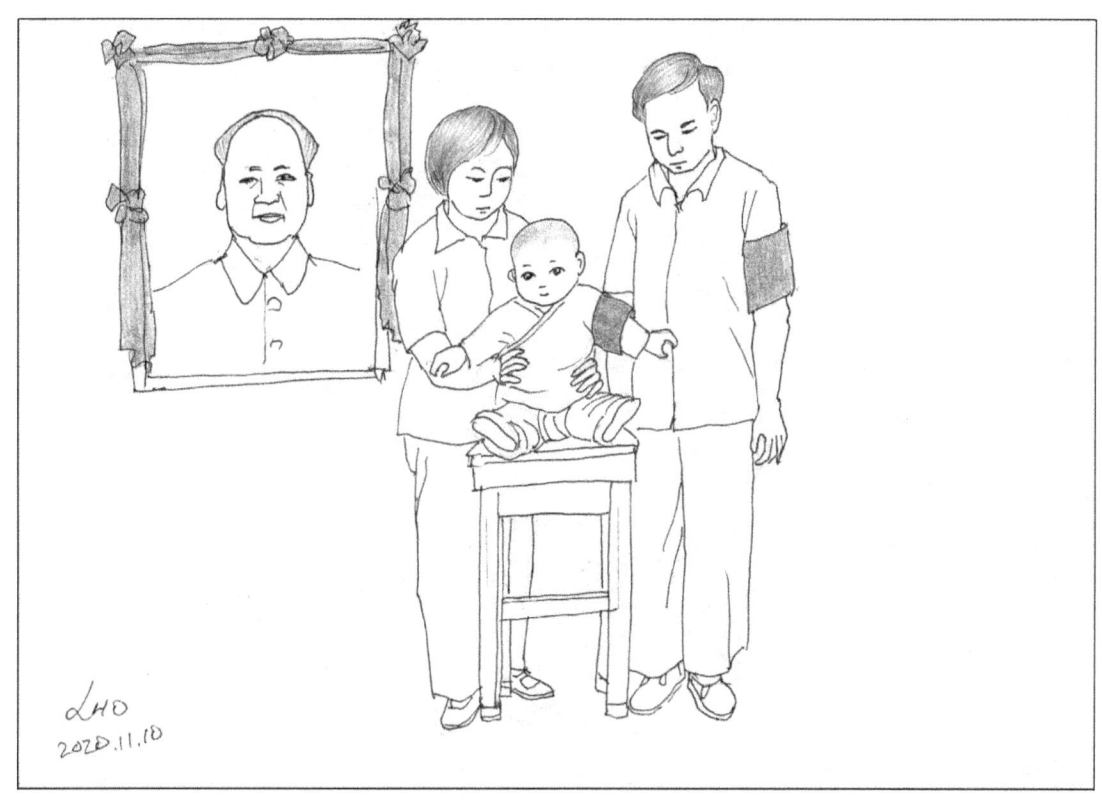

1976年7月6日朱德去世,然后万寿无疆的毛泽东也难违天意。

1976年的9月9日,我正在贵阳的街上走路,忽然听见到满街响起哀乐——毛泽东去世了。看看街上,人们没有什么动静,该干什么还在干什么。有几个女售货员坐在柜台前,把头埋在胳臂里,看上去很悲痛,但是她们没有哭,似乎觉得在同事面前不做出沉痛的表情很说不过去。

几天以后天安门开公祭大会。全国上下在那一个时间都同时祭奠。我身穿素色臂带黑箍,还给大田穿了一身白色的衣服,带了一个小黑箍。当收音机里播送全国军民默哀三分钟时,我认真地低头站着。后来宋家弟兄谈起来当作一个笑话说。现在想起来我自己也不理解当时为什么那么虔诚,我心中的毛泽东还是在神坛上,只不过在晚年时被身边的佞臣架空,一切坏事都是他们做的,并非毛的本意。

我没有哀伤的感觉,只是心情沉重,觉得毛一死,国家一定会乱,当时关于"四人帮"的非议已经四下流传,人心不满。这些人究竟会把中国带到什么地方呢。

人们对文化革命已经厌烦透顶。为了挽救文革的颓势,收音机和电视里天天大放"文化大革命好"的歌。那歌词已经完全和小孩打架强词夺理一样了:"(唱)无产阶级文化大革命就～是好!就是好呀就是好就呕是好!……(喊)文化大革命好!文化大革命好……(唱)无产阶级文化大革命就是好——!就是好——!就是好——!就呕——是好!"唱起来只需声嘶力竭地喊,就行了。就是这样地招魂,文革还是不可避免地在毛泽东寿终正寝后随毛而去。

二十三 光明与黑暗的较量(1974-1976)

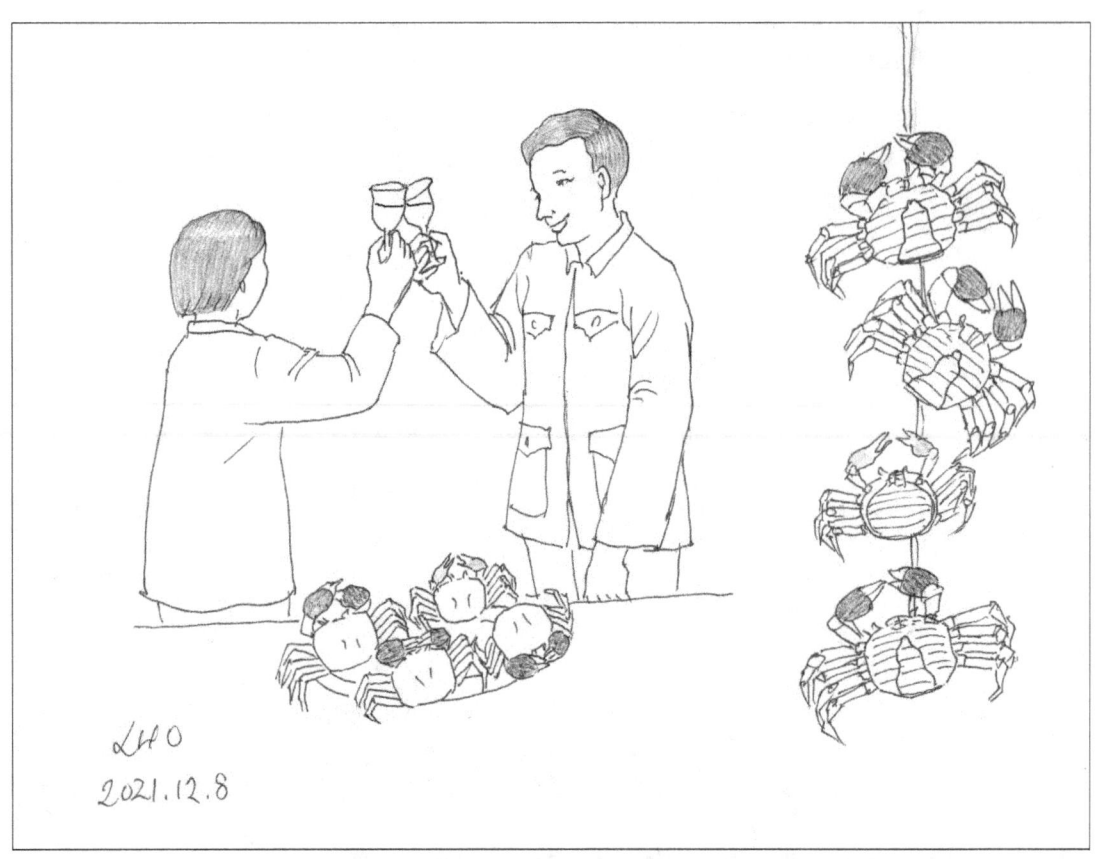

　　不久接到克阳的信，带来了惊人的好消息，中央一举粉碎"四人帮"，北京人载歌载舞地游行庆祝。她特别提到，十几年没见的螃蟹也上市了，人们将三公一母螃蟹提回家把酒言欢，有人特作画"看你横行到几时"。

　　文化革命终于在全国人民的狂欢中结束了。

　　等到截趾手术完全恢复，我十一月份才回北京，回到学校，有些老师听说我做了手术，要看我的脚。我脱下鞋袜给他们看了，但是几年后第一次调整工资时，大家对我的意见中有一条就是地震时抱着孩子回老家躲避抗震救灾。没有人提起我头上受的伤，没有人提起我失去一个趾头。人们想到和记住的只是我去了外地几个月"逃避抗震救灾"，而他们则天天在上班，他们吃亏了。

二十四、否定之否定

（1978-1981）

我非常感谢（当年的）北大的自由空气，感谢（当年的）北大教授的开放思想，从这里开始，我的"思想改造"进入了一个否定之否定的过程——对过去十几年洗脑的否定，我终于一点一点地找回了自己，尽管这又花费了我若干年的时间。

　　1977年大学开始重新招生，招考范围除了应届毕业生外，还包括1966年以后被耽误了十年学业的历届学生。那些有志上大学的"老学生"重新拿起课本，励精图治，准备一博。当年永丰中学就有三个年轻老师考上了大学，均是重点大学。这三个人恰好都是北大附中的毕业生，我这个老北大附中对他们羡慕之极，特别是其中一个，和我年龄一样大，上学晚点，是老高二的，他有资格考，我就没有，我文革前高中毕业，不在这次的招生范围，心中无限惋惜。

　　1978年初，大学恢复招收研究生。一天，老宋从学校里拿来一张研究生的招生简章，说你可以试试报考研究生。大学本科已经让我肃然起敬，眼巴巴地望着它的门槛爬不上去，更何谈研究生。我说绝对没可能。老宋坚持说可以考一个试试，即使考不上也没有任何损失。我动心了。那时我已经没有什么雄心壮志，只是想换个学校，离家近点，考研究生倒是一条途径。

　　考哪科呢？我接过招生简章，目光首先落在北大中文系，那是我高考那年的第一志愿，可是没有希望，那些必读书什么史什么学什么概论，听都没听过，更不知到哪儿去找。再看历史系，也不行。法律系更没门。只有哲学系还沾点边，起码《矛盾论》和《实践论》我看过，而且看过多次，在我的概念中哲学就是《实践论》和《矛盾论》。我的选择无可奈何地落在了北大哲学系马列主义哲学原理专业，就试试它吧。一看必读书，又是脑袋发晕，浑身冒汗：《两论》只是沧海一粟，要读马恩列斯毛和国内哲学家的主要哲学著作，要读世界史工运史共运史联共（布）党史，还要考数学和英语。

　　幸而那些马恩列斯的哲学著作我家里全有，文革期间，文学书籍都抄了烧了，仅仅留下一柜子马恩列斯毛。

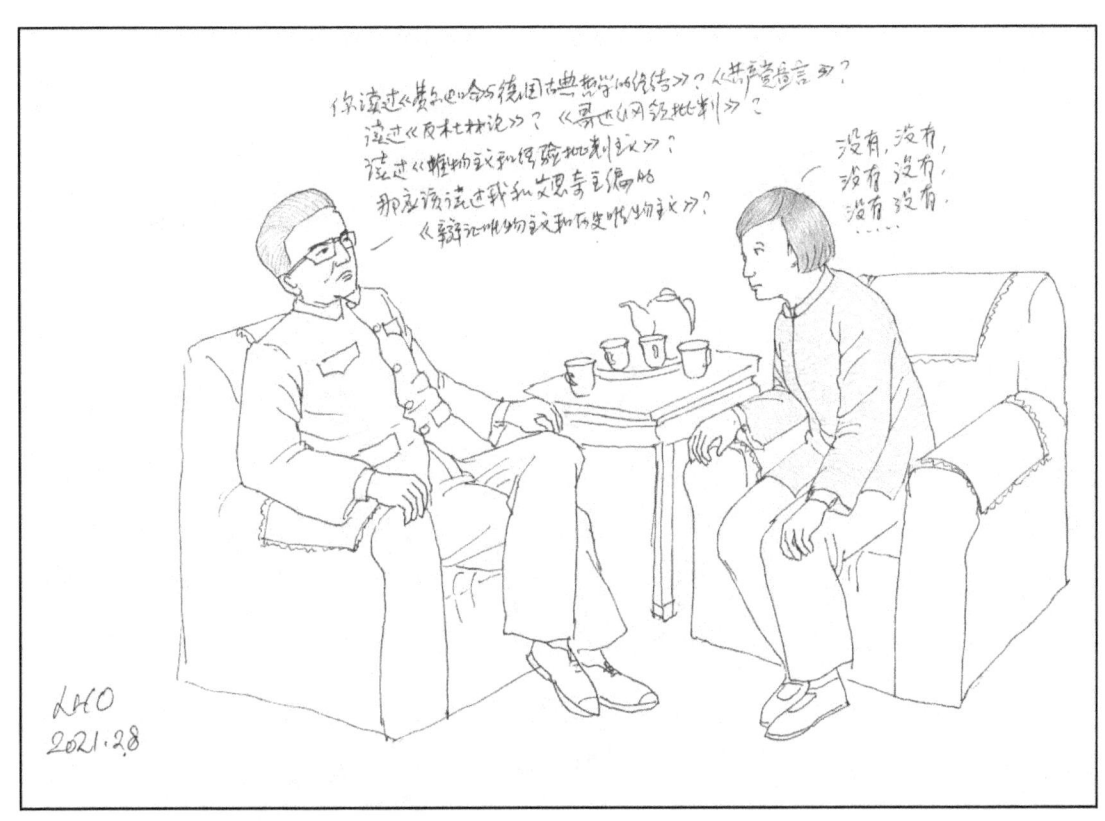

妈妈带我去请教中央党校的副校长韩树英。1949 年以前他是大连教育局副局长,妈妈是大连师范学校副校长,与他常有来往。韩树英问我,都读过什么哲学著作?读过《马克思主义的三个来源和三个组成部分》吗?没有。读过《费尔巴哈和德国古典哲学的终结》吗?没有。《反杜林论》?没有。《自然辩证法》?没有。《哲学笔记》?没有。《唯物主义和经验批判主义》?没有。那么至少应该读过《辩证唯物主义和历史唯物主义》普及本吧?也没有。韩树英摇摇头:"这些书粗读也至少需要一年,你首先要细读一下我和艾思奇同志合写的《辩证唯物主义和历史唯物主义》。明后年再考吧。"

我们又去找了爸爸的高中同学任继愈,他是搞中国哲学史研究的,看来也是不以为然,只说那些东西得精读,有问题可以找他。

二十四　否定之否定(1978-1981)

  尽管专家们都说不行，我也要试一试。对我来说，考研究生的目标并非当个哲学家，而是换一种活法，更主要的是考我有多大潜能。自从大学落榜，我对自己的能力就失去了自信，尽管我知道那是因为我资质以外的原因。想到这一点，我就有一种摩拳擦掌的兴奋。学校里的好多人都用一种莫名其妙的眼光看我，好像在等着看我的笑话。更有老师讥讽："刘海鸥想考研究生？纯粹是癞蛤蟆想吃天鹅肉。"不管别人怎么说，既然我已经打算吃天鹅肉，好歹也要尝一尝。

  我日夜兼程啃完了所有的必读马列经典著作，写满了两个笔记本，记住了世界史工运史共运史上所有重大事件的时间过程结果意义，做完了高中三年的数学题，背下了一本英语语法书。白天还要上课，这一切主要是用晚上时间，我几乎每晚都读通宵，只是在凌晨三四点钟最困的时候迷糊一阵。

  我利用一切空闲时间背英语单词，骑车回家时手持一个英语单词小本，一路背诵。

  仅仅用了不到两个月的时间，我完成了全部学习。整理书本带回家时，才发现我这一个多月读的书加起来竟有一米多高。最让我骄傲的是，我的体重达到了我历史上最辉煌的数字，一百零六斤，减少了二十多斤。就为这个，考不上也值得。

　　应考那天，北大图书馆考场前拥着上千男女考生，多是文革前那几届的老大学生，个个气度不凡，胸有成竹。见此阵仗，我竟头一晕，坐在台阶上喘息了一会儿。待第一门课的考卷拿到手里，心才平静下来，不难，答案都可以在我看过的书里找到。

　　几门专业课的考试发挥得很好，唯一知道的错误是把被恩格斯誉为新世纪曙光的旦丁写成海涅。考完专业课，心已放下了一大半。

英语考试允许带字典。进入考场，吓了我一跳，只见人人都带了一两本辞海那么大的英汉词典，见都没见过，而我只带着巴掌大小的郑易里的袖珍字典。凭着这个小字典，竟也啃完了一篇列宁和第三国际的文章。

数学也不难，感谢北大附中的数学课，我那时虽不用心学，基础也够扎实。十三年过去了，连解析几何都还能对付，只是忘记了一个算利率的公式，问的是一笔存款二十年后增长到多少，我只好一年一年利滚利地手算（那时连个计算器都没有），算了一个钟头才得出答案。

如果考题我都能答出，对那些老大学生们不更是易如反掌？考完试回家睡了一天，不再抱什么希望。

一个多月后，一天早上一群坐公交车上班的老师到校后，争先恐后地告诉我："你考上研究生了！你考第一。"他们哪儿来的消息？原来永丰公社某小学有个老师的丈夫是北大哲学系的老师，负责招生，看见了我的考试成绩，想不到永丰公社还"藏龙卧虎"，就问他的妻子是否认识刘海鸥这么一个人。一般来说，全公社的中小学老师经常一块开会学习，不认识也知道。小学老师在车上把这消息告诉了中学老师。

我将信将疑，不敢高兴，直到收到了成绩单和复试通知。我的成绩平平，马克思主义哲学原理才73.5分，政治75分，世界近代史82分，数学81分，外语61分。数学和外语给我帮了大忙，这两门虽然分数也不高，但是有些考生专业成绩拔尖，数学不及格，外语零分。

复试是写一篇命题论文。那阵刚刚冒出了一个新提法——"实践是检验真理的唯一标准",在学术界和社会上还颇有争议。参加复试那天早上,骑车经过清华大学,听见学校的大喇叭里正在播送《人民日报》社论《实践是检验真理的唯一标准》,我边骑车边听了两耳朵,记住了几句关键的话。复试的论文题目竟然真是《论检验真理的标准》。我不知从何而降神来之笔,一气呵成写了三四千字。纸不够用,要了一张又一张,把监考老师都逗笑了。后来我的指导教师黄楠森先生跟我说过几次:"我真佩服你,考试三个小时的时间,你竟能写出四千字的论文,我是做不到的。"据消息灵通人士说,复试成绩又是我第一(只限我的专业)。

口试由郭罗基先生主考,问我如何看待中国统治阶级的"让步政策"在改朝换代中的作用。过去我们学过的观点,基本持批判态度。我一高兴,大胆地发表了一个文革中被彻底批判,当时还未被"正名"的观点:中国统治阶级在改朝换代中的"让步政策"对推动生产力的发展的积极作用。

总而言之,我被录取了。一切都出于偶然性,如果不是丈夫发现一张招生简章,如果不是恰巧家里有马恩列斯的书,如果不是听见两耳朵大喇叭播的社论,我也许至今与哲学无缘。

我收到了北大哲学系研究生录取通知书,终于在三十一岁时跨进了大学的校门。

我对研究生完全没有概念，也不知道该怎么读。第一次开会时黄先生问我们各自准备研究什么题目，我说："我想研究中国人为什么这样。"把大家逗笑了。我实际想说的是，中国人民群众在文革中到底扮演的是什么角色。

刚刚召开的十一届三中全会否定了"阶级斗争为纲""无产阶级专政下继续革命"的理论，平反了文革中重大的与高层领导的有关案件，从根本上架空了文化革命"成果"，也就是说文革没有一件事是正确的（后来1982年召开的中共第十二届代表大会上以文字决议的形式彻底否定了文化大革命）。

我实际上是困惑的，因为否定文革就是对我这十年生命的否定，这十年我即使没有百分之百也至少把自己百分之八十的青春精力热情投入了文革之中。我几乎脱胎换骨地换成了另外一个人，一个按照文革给我们指定的标准所变的新人——无产阶级专政下继续革命的斗士，然后一下子这些都是错误的，反动的。就像文革开始时一样，我又要否定自己的一切作为，来一个否定之否定，尽管没有人要求我这样做，尽管这样做是痛苦的。但是我不能这样糊里糊涂地翻来覆去，我必须搞明白，为什么我和百分之九十以上的中国人民能够一呼百应地疯狂地投入这个错误的运动，这和几千年中国社会的结构、中国的文化传统、中国人的民族性有什么关系。若是再碰上一次这样的革命（老毛说"这样的文化革命每隔七八年来一次"），我不能再把自己来一个否定之否定之否定了。

我的问题尚不属于当时哲学系所研究的范围，只能暂时存疑。

哲学系共招了三十几个研究生，分别研究中国哲学史、西方哲学史、马克思主义哲学原理。我在"马哲原理"班，有七个研究生，三个老大学生，两个工农兵学员，两个（包括我）高中毕业生。读研的三年中，有一个同学因为精神问题退学，一个同学中途出国。最后五个人完成学业。

我们的导师有黄楠森（本应是"黄枏森"，但多数人读错枏字，无奈只好改名）先生、郭罗基先生、宋一秀先生。我非常荣幸地被黄楠森先生收为研究生弟子，他看上了我复试的答卷，把我的研究方向定为马克思主义认识史，黄先生在这个领域有相当高的造诣。

我们的课程为小组授课，有马克思主义哲学史、西方哲学史，我还选修了黑格尔《大小逻辑》、康德《纯粹理性批判》、宗教史、逻辑学、美术史、第二外语（我选了德语）。没上过大学的还要和本科生一起上辩证唯物主义和历史唯物主义、工运史，还有高等数学等大课，以补足哲学本科的基础知识。

在小组授课中，教授们的讲授不再是给本科生讲大课那样中规中矩，常常有一些自己的闪光思想和大胆论证。最敢于发表异端见解的是郭罗基先生，这位先生个子矮小精致，带着同样精致的眼镜，有一种漠视一切的神态。我的入学口试时就是他主持的，当时感觉他盛气凌人，所提问题也比较刁钻，好在我应付过来了。他授课不按常理出牌，讲的几乎都是社会政治问题，提倡思想解放，言论自由和政治民主。其观点新颖大胆，敢说当时没人敢说的话。听他的课收获最大，那真是一种精神刺激，让我的思路大开，并有一种重新审视一切的跃跃欲试的冲动。他的这些观点后来系统地写成几篇文章《思想要解放，理论要彻底》《政治问题是可以讨论的》等在1979年的《红旗》和《人民日报》上发表。这些文章惹怒了邓小平，下令将其逐出北京，郭罗基拒不从命。1982年邓小平再次下驱逐令，并责令中宣部和北大党委发动对他的批判运动，郭罗基全家最终被放逐南京。当我听到这个消息，非常为郭先生感到不平，我所能做的是写了一封支持他的信，并寄去了一个精美的挂历，得到了他的感谢回信。1989年"六四"后，他被取消党员资格、教授资格和授课资格。最后被迫远走他国。

黄先生的课也好，他在1957年曾经被划为右派，仍是坚持真理，他给我们讲他学术研究的见地，学问扎实，不落窠臼。他为人平和，表达观点时也是不露锋芒，但绵里藏针。他是一个真正的学者。

我学习从来没有这么努力过，除了细读马列著作，还认真阅读了黑格尔的《逻辑学》，康德的《纯粹理性批判》等，做了大量的读书心得笔记。后来我对现代西方哲学和科学哲学又发生了浓厚兴趣，以我的自然科学基础弄明白科学哲学的研究内容是十分困难的，但是他们的理论对我认识问题的方法大有启迪。

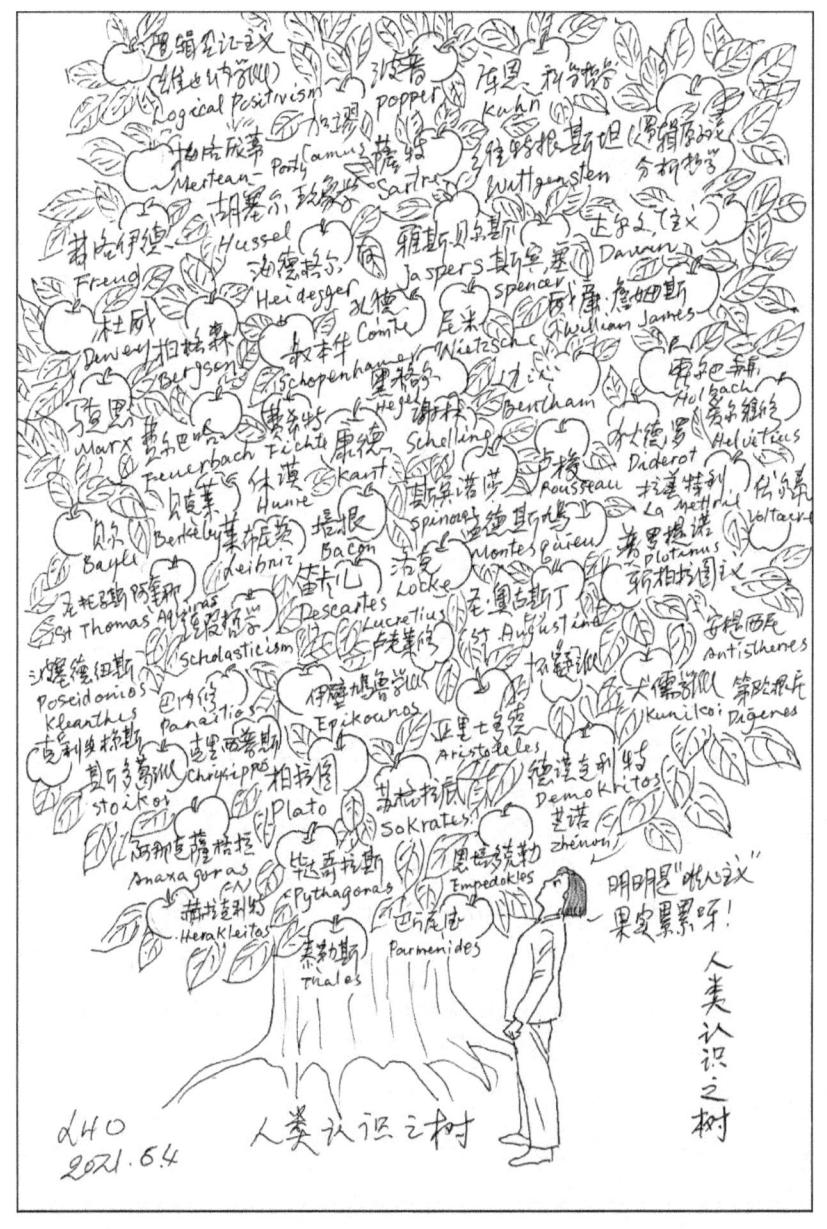

我发觉我最喜欢的课是朱德生先生的西方哲学史。它给我呈现了一个人类大智慧的发展历程，相比起来，马克思主义认识论只能算是这棵智慧之树上的一根枝桠。而这棵树上的另一根枝子——唯心主义令我有了全新的思考。过去一贯的宣传让唯心主义变成了一个万恶之源的标签，在"工农兵学哲学"的大批判中，一切坏事情的思想根源都是由此产生。唯心主义在中国的"马克思主义哲学"中不过是为政治偏见所绑架而形成的一个概念，在对唯心主义批判的同时培养了人们非此即彼的形而上学的思维方式。

恩格斯说唯心主义是人类智慧之树上不结果的花朵（大意），读了西方哲学史才发现唯心主义的产生发展不仅是花朵，而且果实丰硕，在某种程度上唯物主义也是它的果实之一。同时，唯物主义在历史上也不是永远带着神圣的光环，他产生时就带自身瑕疵——机械性。尽管后来有辩证法辅佐，仍然难以避免武断的决定论，从而导致对人性和人的价值的否定。对唯心主义及唯物主义的公允评价哲学史上早有之，我国的哲学工作者早期也有过论述，但是1949年以后中国的哲学体系完全照搬苏联，对所谓的资产阶级哲学体系及其研究者持批判态度。

我对唯物主义和唯心主义的重新认识，在今天已经是哲学最一般的常识，但那时对我来说不仅是重大发现，而且开始动摇了二十多年来以权威形式灌输给我们的对某种思想体系的信念，动摇了我已经形成的融化在阶级划分中的黑白思维方式。

　　从1978年到1981年读研究生的这三年正是中国社会大变革时期，各种思想又进入了新一轮百家争鸣的时代。新思想和旧势力你争我夺，你上我下，异常活跃。民主启蒙运动已经开始，"西单墙"就是一个象征。所谓"西单墙"最初是张贴的是天安门诗抄，1978年9月《中国青年》复刊的第一期刚一出版就被汪东兴下令查禁，理由甚为无稽——上面刊登了天安门诗抄，而没有老毛诗词和华国锋题词；还登载了"破除现代迷信"的文章。有人把这期杂志的内容贴在了西单墙上，引来千万人观看，展开讨论，进而出现要求民主和言论自由的大字报。后来魏京生贴出批邓小平独裁路线，提倡政治民主化的大字报，事情就起了变化，魏京生被捕，西单墙被取缔，"四大"被取缔，旧势力重占上风。

　　在思想解放的大潮中，有一朵浪花是自由派文人掀起。1978年我看到了一本手刻蜡板油印杂志，叫《今天》，由北岛等人创建（当时并不知道北岛为何人）。翻看杂志，我立刻被镇住了，其中的小说诗歌与建国三十年来所有的文学作品都不一样，也可能是受西方现代派文学的影响，我那时不知道什么是现代派，但是我在《今天》看到的是面目一新的作品。我迫不及待地订了这份杂志，1978年12月第一期，还附送一张照片，一束逆光的芦苇。《今天》杂志里有很多社会批判的思考和谈话，但我印象最深的是赵振开（北岛）的小说《波动》，讲的是以文革为背景的年轻人的爱情故事，不同于其它悲悲戚戚发泄愤怒的伤痕文学，小说开放式地描述正常的爱的感情，以人性的魅力冲击着读者的心灵。写作手法也别具一格，以不同人物的叙述为结构，小说原来是可以这样写的。《今天》出到1980年七月第九期就被迫停刊。这九本杂志我一直珍藏着，直到离开中国。

二十四　否定之否定（1978-1981）

　　中国国门终于遮遮掩掩向世界打开了一条缝隙，外面的东西立刻蜂拥而入。惠及普罗大众的首先是物质层面的变化，妈妈的弟弟我们在香港的大舅汪华祚，就像是这个变化的使者。七十年代末他从香港来北京探望妈妈，那是他们分别几十年后第一次相见。大舅带来满满一箱子港货——乔其纱连衣裙、蛤蟆镜、砖头式录音机、大量的华语粤语流行歌曲磁带，从邓丽君的全套歌曲到《鬼马歌》（后者妈妈竟然喜欢听）……

  我们每个人都分到了大舅带来的裙子,我从来没有见过那么漂亮的乔其纱连衣裙,简直不好意思穿出来。一个同事见到了不由分说,强行拿她的一条裙子"换"走了这条连衣裙。不管怎么说,我敢于穿裙子了,从刚开始试试探探的过膝半截裙到后来自己设计和缝制的无袖连衣裙,我终于突破了蓝衣服灰裤子的束缚。

  还有,一种已经消失了十几年的发型在市面上流行起来——卷发。我也未能免俗地烫了头发。

音乐对我冲击最大的可能算是邓丽君的歌曲，在她之前我曾听过上海的朱逢博唱喜儿，已经吓了一跳，绵软柔和，与文革样板戏中喜儿刚烈的演唱大相径庭，隐约觉得这不唱成了靡靡之音吗？邓丽君的歌不止软绵绵，歌词也都是你情我爱。刚从不允许公开讲爱情的时代走过来的我们，被这些歌曲搅合得惶惑不已。听着邓丽君的歌我的心中总有两种东西在打架——十几年来已从耳际植入大脑的铿锵强健的声音和突然冒出来的柔软优美的音调，该抗拒哪个接受哪个呢？有一次我把砖头收录机和邓丽君歌曲磁带带到宿舍给同学听，一会隔壁中文系的研究生来敲门，满脸严肃地请我们降低音量。其实我们播放的声音一点也不高，夏天各宿舍都敞着门，歌声四处流荡，看来困惑的不止我一个。

收录机给我带来的不只是邓丽君，更有销声匿迹十多年的西方古典音乐。一天同宿舍的丁东红带来一个磁带给我们播放，太好听了，乐曲一开始就把我们的情绪带到一个辉煌的顶峰，那是我第一次听到柴可夫斯基的第一钢琴协奏曲。那时收音机里还很少播送外国音乐，音乐爱好者们不知从什么途径用磁带录制了贝多芬肖邦柴可夫斯基……音乐大师们的杰作，然后就像文革中的手抄小说一样，一传十十传百地互相拷贝。有一个公派留学日本的朋友归国后，借给我一大堆在日本电台转录的古典音乐，包括贝多芬全套的交响乐和钢琴奏鸣曲，音质虽然很差，还是让我如醉如痴。

改革开放带来的另一个冲击是交谊舞。1979年北大学生会贴出一张告示——某月某日在第一食堂举办一场大型交谊舞会。"交谊舞",这几乎是"资产阶级生活方式"的同义语(我们叫"交际舞",更有些暧昧的意思)。文革前几年交谊舞在一浪接一浪的阶级斗争中就已经绝迹民间,只有州官有权放火——"三座门"、中南海的舞会从来也没有停止过。据参加者说,江青场场必到,当她一出现在舞场,乐队立即奏响《我的太阳》。

这是文革后的第一次大学交谊舞会,同宿舍西哲史的女生们兴奋不已,老早就在议论此事,摩拳擦掌,跃跃欲试。可惜我们这一代人均为舞盲,没人会跳,干着急。丁同学周末回家跟人学了三步四步,回到宿舍拉着我们一个个地教,教的也笨,学的也笨。舞会那天,室友们早早打扮整齐,穿上花裙子,抹上口红相约而去。我也非常想去,哪怕是看看热闹也行,又自惭形秽,顾虑重重,怕自己岁数太大被人笑话;怕自己身材不好,叫人看不上;更怕自己的身份(马列主义哲学研究生)不合时宜。前思后想,终于没敢去,只能等着听室友回来汇报(据说她们也只是干站着看,没有舞伴)。舞会后我们系研究生有党员批评:竟有党员参加交谊舞会,又表扬了我们马哲史研究生没有一个参加。这么一来,我只好收回了跳舞的那颗心,继续假扮一个马列主义的卫道士,尽管心里无限羡慕那些在舞场飞来飞去的大胆女孩。

　　从"门缝"挤进来的外国电影给我打开了又一个世界，文革中很多年只有样板戏的电影，几乎全国人民都能唱整出样板戏，还有就是反复上映的战争教学片《地道战》《地雷战》以及几部越南朝鲜阿尔巴尼亚的片子，连小孩子们都谙熟其中对白。文革后期终于拍了几部"故事片"《春苗》《海岛女民兵》等，和样板戏一样，千篇一律的单身工农兵和地主资产阶级坏分子斗争并取得胜利。

　　文革中有一种电影叫"内部参考片"，无论封资修，哪国的都有，专门放给毛泽东江青，还有高干及其子弟过瘾的，一般民众只能反复地看那几部外国革命影片。有一次有两部内参片《啊，海军》《山本五十六》的票子竟也下放至我们永丰中学，但那是因备战的需要而教育民众，并且只能党员干部、出身纯正者和积极分子去看，像我这样的群众只能留在单位学习《毛选》。

　　八十年代初仍然没有多少外国影片上映，但是观看"内参片"的范围扩大了一些，特别是惠及了"文化人"。爸爸常常能得到内部电影展的票，自己不去，给了我们。我第一次看的"内参片"是美国电影《音乐之声》。1949年以后中国只放映过一部美国电影，片名忘记了，黑白片，是讲工人罢工的左派影片，看得我只想中途退场。而《音乐之声》给我的感受只有两个字——"震撼"，原来美帝的歌曲那么好听，原来美帝也表现那么纯洁的爱情，原来美帝也反法西斯……那些穷凶极恶的面孔隐藏在哪里呢？这与我们接受的教育相去何其远！这部电影是不朽的经典，我出国以后电视里反复播放，我百看不厌。我还看了"内参片"苏联的《战争与和平》，四部巨制，其人物刻画的精准（和我看书时脑子里的人物形象一样！）和场面的宏大独一无二，只有苏联才能做到。久违了，伴随我们长大的苏联电影；久违了，我最崇拜的苏联演员邦达尔丘克（为电影《战争与和平》的编剧及导演，并饰演彼埃尔）；久违了，吉洪诺夫（饰演我最喜爱的安德烈）。我们落后了世界有多远多远呀！

性开放对中国人也是一大冲击，人们已经被十年八个样板戏中没有家庭没有配偶的中性人折磨得几乎性无能。我们中学有个老师是从兵团回来的知青，她和男朋友准备结婚时，才刚有了初吻的举动。本来她根本不知道结婚后要干什么，接吻时她感到了男友身体的异动，就突然联想到了兵团的公猪交配时的样子，恍然大悟，原来人发情的身体反应也和猪一样。跟我们一说，没把我们笑死。更有甚者，我同宿舍的老师结婚一年多没有怀孕，老唠叨不知为什么怀不上，我劝她和丈夫（也是本校老师）一起去医院检查一下。从医院回来说："臊死人了，医生说我还是个黄花大闺女呢。"我说："姑奶奶，您这一年晚上都干嘛了？"一个小单位就这两档子笑话，全国人民中这种事例定不在少数。

打开国门一看才知道电影里外国人刚一认识就上床，原来人们可以那样生活，可以那样做爱。这事怎么可能发生呢？

北大一些学子也有点闻风而动的冲动。一天我在校园里骑车，碰上同向而骑的一个研究生，就聊起天来。他告我："我正在研究性问题，我看了很多外文书籍，发现我们对性的了解落后于西方社会几十年。现在西方人对性是非常开放的，他们可以经常更换性伴侣。性和婚姻在一定程度上是脱节的，而且不牵涉道德问题……"他问我："你怎么看待这件事？"我想了一下："我赞成性一定要建立在爱的基础上。不过根据唯物辩证法的理论，世间万事万物都处在变化之中，感情这东西也不是一成不变的，如果爱情发生变化或者已经不存在，那就可能有两种结果，离婚或产生婚外情。"他说："你说的太有道理了，我们应该深入地谈一谈。这样，你今天晚上到我宿舍来，我们宿舍没人，我们好好聊聊。"看着他激动得迫不及待的样子，我噢了一声就骑走了，心里"哼哼"冷笑两声，等着去吧。

　　文革时期北大和清华两所中国最知名高校以"梁效"之名成为毛及其班子"四人帮"的代言人。在我上学之际，思想和学术的自由空气再度回到这个具有民主传统的校园。思想解放最具代表性的事件是 1980 年的竞选。那年上面似乎在进一步退两步地试图迈出政治改革的步伐，其中一步就是选举法的重新修订——基层人民代表大会代表由直接选举产生。这一小步在全国多所高校的师生们掀起了一场竞选人大代表的风潮，北大更是当仁不让。

　　北大校园内有一块空地，被称为"三角地"，因近食堂，学生集中，通常学校及学生会的告示在此发布。反右运动之初，热血青年在此以大字报大辩论的形式宣讲自己的主张，多数活跃分子被打成学生右派，此后三角地经历了长时间的沉寂。自由竞选又使这块地方活跃起来，许多热心有见识的研究生和本科生站出来参加海淀区人大代表的竞选活动，在三角地发表他们的竞选宣言。一时间大字报、答辩会、民意调查热闹非凡。讨论的题目涉及评议文革，重新认识社会主义，如何评价毛泽东、改革之路、人性解放……已经远远超过了人大代表所要考虑的事情，三角地再次成为北大精神的象征。

哲学系西哲史研究生胡平参加了竞选。他的竞选宣言是《论言论自由》，一石激起千层浪，为此在大食堂召开了千人答辩会。

胡平经常到我们宿舍来高谈阔论，我同宿舍的另外两个人都是西哲史研究生，与胡平关系很好。我觉得他是个很傲气的人，有一次听哲学大课，我头不抬手不停地做着笔记，胡平双手抱胸坐在我旁边，非常不屑地给了我一句："我从来不记笔记，真不知道你们都记些什么，都是书上的话。"由此我知道我和他不是在一个档次上的。

哲学系的研究生为胡平的竞选组成了一个十一人的支援团，我没有参与，甚至整个学生竞选活动我都没有十分关注，不是因为反对，而是全部精力都放在了学习上，那时真有点"两耳不闻窗外事"，用当时时髦的语言说就是把失去的时光补回来。我们马哲的研究生都保持沉默，有些人不一定是"补时光"，而是对"竞选"这个资本主义的玩意儿不敢苟同，至少是持观望态度。有一个同学甚至贴出长篇大字报，字字句句驳斥胡平的观点。

有一天我们马哲史的研究生被党支部叫到学校某个地方，有几个干部模样的人赞扬了我们在竞选中所持的态度（不参与，不支持），又要求我们注意观察那些竞选活跃分子的动向，及时向组织汇报。我又闻到了文革的气味，我保持沉默。

胡平成功当选海淀区人大代表。上面的政改试验又到了退两步的阶段，因为参加竞选胡平毕业后竟然没有单位敢接收他，最后终于分到了一个不对口的单位。他几年后出国，现在是在美国知名的民运人士。

二十四 否定之否定（1978-1981）

转眼就到了写毕业论文的时候了，选题时黄先生说，你复试写的"论检验真理的标准"很不错，你就在这个基础上深入研究这个问题吧。两年的学习，已经使我在认真思考每一个命题。我觉得"实践是检验真理的唯一标准"这个提法并不完全科学：如果说实践活动是一种标准，如同说吃饭是检验饭菜是否好吃或胃口好坏的唯一标准，睡觉是检验神经功能或睡觉环境的唯一标准，从语法和理论上都说不通；如果说实践结果是检验真理的唯一标准，语法上可站得住脚，而理论上和前一命题一样隐含着唯经验主义的导向，实际上"黑猫白猫论"就是这条命题的的通俗表述，"黑猫白猫"在国民经济几近崩溃的时代是改善民生的权宜之计，但长此以往，它可能会导致实用主义的社会后果。这是我论文的基本思想。

1980年全国马克思主义认识论会议在四川乐山召开，黄先生带我参加了这次会议。参加者全都是中国哲学界顶级大腕，高谈阔论，应接不暇，我不敢在大师们面前发言，认真听着，听来听去无非是给"实践标准"找出哲学理论的根据。

休会时间，黄先生在乐山大佛山顶的亭子里跟我谈论我的论文，一章章地分析。总体来说，他赞成我的观点，并给我提出修改意见，使论述更臻完整。

1981年的七月我在妈妈家写最后一稿论文，这时我已经怀了第二个孩子四个月。这一年遇上罕见的酷暑，巨热而且闷湿，汗水蒸发不掉浑身粘嗒嗒的，我和妈妈干脆打赤膊。我写，妈妈帮我抄。稿子改了一遍又一遍，完全靠手写，汗如雨下，胳臂下垫了厚厚一层报纸，以防汗水打湿稿纸，一会儿就要换一叠报纸。双脚泡在一盆凉水中，不断换水。晚上，地上铺一张席子睡觉，仍是热得睡不着。终于在七月的最后一两天下了一场倾盆大雨，天气立时凉快下来，我的论文也完成了。

论文答辩时，中国研究马哲的"泰斗"们对我的论文提出了许多质疑，我不记得是什么问题了，只记得我侃侃而谈，一个问题也没难住我。当然通过了，也许成绩还不错，因为我被列在了留校的名单上，是马哲史研究生唯一的一个。这个夏天在我脑子里只留下了几个印象——酷热、席地而睡、妈妈赤身抄论文……我不记得我曾对妈妈说过一个谢字，可能还因为心烦和她争执过，现在想起来多么对不起她呀。

当今社会出现了很多弊端，从理论上说与片面强调"实践是检验真理的唯一标准"不无关系。至今没有人（也可能有，我没看到）反思这个问题。当年我是怎样论述的已经记不得了。我曾自己留了一份论文稿，出国时没有带走，体院收回我们的宿舍时，被人卖了废纸。2015年我去了一趟北大图书馆，想在研究生论文档案室里搜寻我的论文（用复写纸抄了一式三份），但是没有存档，在我们之前的研究生论文根本没有，只能感叹当年的文档制度太不健全。

我的观点如投入深潭的小石子，无声无息。

　　写完论文就是等待分配了。文革后的第一届研究生非常抢手，中直机构早已经派人来物色对象。我们的分配方向绝对错不了。我没考虑去什么单位，离开永丰我已经十分满足，更加不可告人的是我已经"偷偷"怀上第二胎，那时候已经是严重违纪甚至"违法"的事情，我非常地低调，希望不要引起任何人注意。一天在校园里碰见给我们上英语课的教授，开口就说："恭喜你呀！"我说："恭喜什么事？"他说："你还不知道吗？你留校了。"感谢黄先生对我垂青，我心里却因为"二胎"一事充满不安。正式公布分配方案时，我被分到《红旗》杂志社工作。有人告诉我"你留校的位置被人顶了"，我根本不在乎，反而心里坦然了，要不然怀孕事发怎么面对黄先生和北大的信任。

　　我知道自己其实不适合学哲学，没有严密周全的头脑，没有能言善辩的口才，且感情用事逻辑混乱。读马克思的《资本论》时，读上三五页就睡着了，醒来接着读，读读睡睡，睡睡读读。读完了，问我讲的是什么，不知道。至今三年研究生学到的东西早已化为一团烟雾，在眼前消散。脑子里只模模糊糊留下几个哲学家的影子和一些似是而非的哲学箴言。

　　但是我非常感谢（当年的）北大的自由空气，感谢（当年的）北大教授的开放思想，从这里开始，我的"思想改造"进入了一个否定之否定的过程——对过去十几年洗脑的否定，我终于一点一点地找回了自己，尽管这又花费了我若干年的时间。

二十五、母亲的力量

（1981-1982）

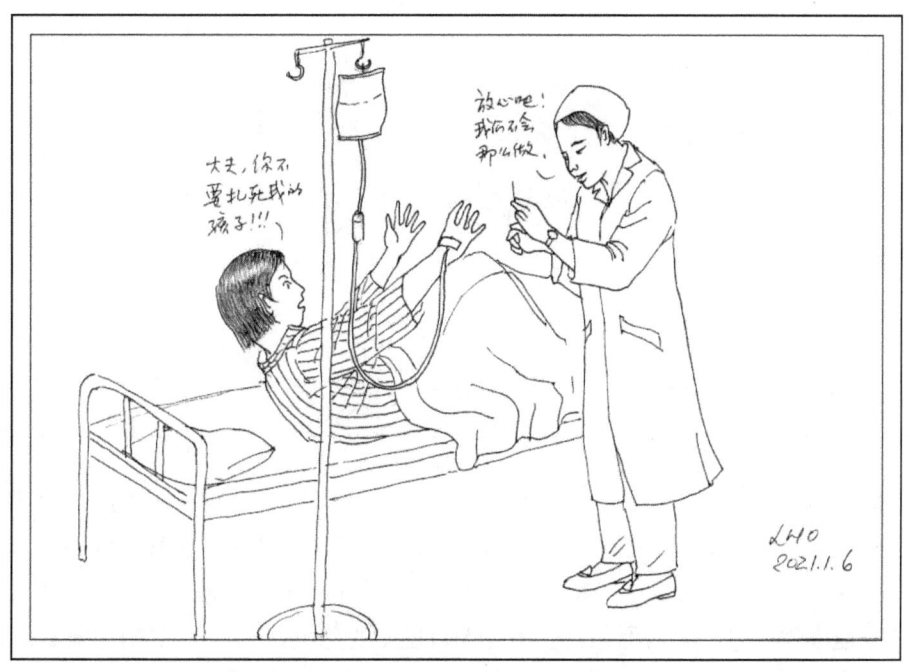

一旦一个小生命孕育在身，母亲身体里迸发的能量无可匹敌，未来面临什么我都不怕，只有一个信念——绝对要保住这个生命。

25

  "抢生二胎"（该"抢"字是政府对生第二胎行为的描述词）是我人生中的一件大事，也是我离经叛道行为达到的顶端。早在"婴儿潮"的时代，毛泽东一再宣传"人多热气高好办事"，将提倡计划生育的马寅初打为"马尔萨斯人口论"者。无节制的生育使中国人口暴涨，1949 年以后的二十年间翻了一番，照这个速度生下去，中国不久就会出现人口过剩的危机。七十年代末政府终于算过账来了，开始提倡生"两个不少，三个多了"，却仍然遏止不了人口的迅速膨胀，八十年代初中国人口已经达到十亿，于是 1980 年中共中央以公开信的形式号召共产党员共青团员带头"只生一个好"。

  说是"提倡"，一到了下边，就成了"强制"，全中国立即一阵风地推行"一胎化"政策。

  本来我打算儿子四岁时生第二个孩子，读研究生的时候儿子才两岁，第二个孩子的计划推迟到研究生毕业。一看这形势，我决定赶紧再生一个孩子。政策阴晴不定，一日三变，对策只有一条——"抓早"，把握了这一条可以不变应万变。并非我特别喜欢孩子，更不是预见到四五十年后国家会出现人口危机，而仅仅是为我的儿子着想。我知道独生子的成长中会有很多心理的精神的和社会的问题（后来无数的事实证明就是如此），我希望孩子在一个健康的心理状态下成长。更主要的是将来我们都老去，在这个充满功利，人情冷漠的世界上他们一定要有一个手足亲人相伴，难以想象一个人无亲无故孤独地活在世界上将是多么悲惨。我坚决不能让孩子成为独生子。

老宋的体院是计划生育先进单位,雷厉风行地响应号召。女人们已经没有了隐私,每月都要填写表格——月经什么时候来的,采取了什么避孕方法。对于已经生了孩子的家庭,更是迫使每个家庭必须领取"独生子女证",需要在证上誓言并签字只生一个。想到这个巴掌大的一张纸将决定我儿子的一生,他的性格,他的生活以及一个独生子会遇到的全部问题,我的心里堵着一个大疙瘩。这个证压在我手里,没有上交,并且我拒绝领取每月5元的"独生子女费"。

不久我得知,我们系研究生的党支部书记的妻子在中央"只生一个好"的号召信发表后"抢生"了第二胎。系里也没把他们怎么样,就是批评了一下,照样读研究生(毕业后正常分配也没受影响)。我当下决定无论如何我也要"抢"第二个孩子。

1981年,读研究生的第三年,我悄悄怀上了第二胎。怀孕的前七八个月很顺利,没有人发现,正是最后一年做论文,在家写就可以。再加上我本来就胖,肚子大点理所当然,怀孕的后期正赶上冬天,大衣一裹基本看不出破绽。那时风气不错,在公共汽车上人们会自觉给孕妇让座,但是我怀孕时没人让过坐,不就是个胖子嘛。

可怜的二孩在娘肚子里受到的"胎教"实在是残酷——因为心怀二胎，捕捉的负面信息特别多，全国各地强制执行计划生育的土政策让人胆战心惊。中央一声咳嗽，下面全都发高烧，土政策比中央还要厉害得多，这是他们邀功的资本。

在台湾的云子姑夫妇1980年底来中国探亲，次年去了姑父湖南益阳老家祭祖，回京时云子姑和我们说起乡间的计划生育，痛哭流涕——她亲眼看见一堆堆的妇女被塞到车上，拉到医院做人工流产和输卵管结扎，哪怕是已经怀孕八九个月的。车上妇女哭声震天，车下丈夫公婆撕心裂肺。对于怀孕七八九个月二胎的妇女被强迫引产，见到胎儿露头，不由分说，在胎儿的头上隙门处注射毒针，生下来的不是死就是脑残。云子姑哭道，没想到某党还是这么残忍。

对于反抗计划生育者各地有各种严厉的惩罚手段——"该扎不扎见了就抓""宁添十座坟，不添一个人""宁可血流成河，不准超生一个""该扎不扎房倒屋塌，该流不流扒房牵牛"。极端的手段遭到了民众的极端的反弹，弱小无力者的反抗是以自杀对抗，而执行者的对策是"喝（毒）药不夺瓶，上吊就给绳"，你爱死就死去吧。强者的反抗则是"你杀死我的孩子，我杀死你的全家"。那一阵"某家全家绝望自杀""村长（或计划生育干部）全家被杀"这一类负面消息在我怀孕期间不时传进耳朵，威胁着我的神经，但是一旦一个小生命孕育在身，母亲身体里迸发的能量无可匹敌，未来面临什么我都不怕，只有一个信念——绝对要保住这个生命。

惊恐和忧心，反抗和抵制，是我对腹中胎儿的"胎教"，真的对她后来的性格影响很大。

1981年十二月，我到《红旗》杂志社上班。当人家问起我在什么单位工作，我根本说不出口，只因文化革命中毛泽东及中央文革小组的一切企图都由《红旗》为其代言，它和《人民日报》《解放军报》一起称为"两报一刊"，以"铿锵"的语言，犀利的罡骂左右着文革的舆论趋向，堪称戈培尔式的宣传喉舌。文革结束后《红旗》已经名声狼狈，我非常不愿意到这样一个大染缸把自己蹭一身黑，但是我已经怀胎九月，只能先夹着尾巴做人，没有任何选择。到《红旗》唯一的优越性是离我妈妈家近，怀孕后期我暂住在妈妈家，上下班走路只需几分钟。

我被分到科学教育部。一个五十多岁的先生和我在一个办公室，姓什么忘记了。我事先被告知这位先生在文革中犯了严重错误，是"四人帮"的笔杆子，要注意和他的关系。我心里好笑，整个杂志社就是一个"四人帮"的宣传机器，执笔人不过是将意图落在文字上而已，大家都是乌鸦落在老猪身上，不要说谁比谁更黑。坏事总是要有几个人拉出来垫背，文革结束后"四人帮"不就是个垫背的？每天早上我到办公室和笔杆子点点头，他非常谨慎地不说一句话。部里没有给我分配什么工作，我每天阅读科学哲学的文章，做笔记。

九个月的身孕已经无法遮掩，来年1月17日孩子即将出生，我知道再难隐瞒，就在12月底向我部曾副主任坦白怀孕的事情。曾是一位老先生，只知道中央有一胎"号召"，不知地方上早已如临大敌。他波澜不惊地说："到时候该生你就请产假走吧，但可能上户口比较难办。我也不知道有什么具体规定，听说国务院正在起草一个文件，此外没有见过别的文件。"

就这么简单？好歹我能安心过一个年了。

二十五　母亲的力量（1981-1982）

可是体院这边没有让你过一个好年的意思。

体院已经有人发现了我的"形迹可疑",报告了计划生育办公室。所谓的"计生办"只有一个女工作人员王苓田,听说有人竟敢在她眼皮底下大着肚子晃荡了九个月,她恨不得把牙齿都咬碎了,铁了心绝不让胎儿落地。

1月1日,1982年新年的第一天,王计生跑到我家强迫我去引产,我说:"这不可能,离预产期只有十几天了。"她斩钉截铁地说:"绝对不许出生!即使明天是预产期,今天也得引产,打一针'天花粉',胎死腹中就可以打下来了。"(天花粉是一种中药,七十年代后用于对临产产妇的"计划生育"。它的工作原理是使胎盘滋养层的细胞坏死,死细胞碎片留在血窦中,引起凝血,造成循环障碍和进一步的大量组织坏死,从而破坏了母体与胎儿之间的内分泌关系和代谢物的交换,进而导致胎儿死亡,并引起子宫收缩而导致流产)。我没想到一个有孩子的妇女竟能轻描淡写地说出如此残忍的话。我也斩钉截铁地告诉她:"这绝不可能!我们单位已经同意我把孩子生下来。"

听到《红旗》的态度竟是这样,王计生气得发疯,她说:"你等着,我们会通知《红旗》把你开除公职!"她的态度如此强硬,并非因为她是一个忠于党的好干部,而是体院在清河地区连续多年被评为"计划生育先进单位",她每年可获200元奖金,她绝不允许砸了这块金牌。

从这天起,为保卫腹中胎儿生的权利,我拉开了进行殊死斗争的架势与各种力量迎战。

王计生果然雷厉风行地到中央直属机关办公室告了《红旗》杂志社一状。中直机关很重视,派人去调查,要求严肃处理。这里我倒有点佩服王某,敢向中央机关挑战。

紧接着王计生动用了体院副院长找老宋谈话，告诉他将面临的处分会是夫妻双双开除公职，没收房屋，赶出北京。还是好好掂量一下吧。

尽管做了各种准备，这还是一个砸在我们头上的晴天霹雳。镇定下来再想想杀人不过头点地，一切事情做了最坏的打算就无所畏惧了。出于一个母亲的本能。我下了豁出去一切的决心。

离我的预产期还有13天的时候，《红旗》杂志也终于出手了，办公室主任、科教部主任，还有医务室管计划生育的李大夫叫我去谈话，中心意思是，《红旗》是中央领先单位，影响至大，所以必须把这个胎儿打掉。我早已抱定死战到底的决心，我说："这绝无可能，孩子在腹中已经成熟，是一条生命了，现在堕胎就是扼杀生命！"边说边大哭。见惯了下属唯唯诺诺的几个头头十分恼怒，又拿我没办法，只好结束了谈话。

　　事情当然没完，下午李大夫来找我，说带我去医院做个检查。我很疑惑，我的产前检查和他们有什么关系？李大夫说，就是检查一下，没有别的。看她态度很和蔼，去就去吧，怀孕以后我从来没有做过检查。当然我要非常警觉，不让医生在我身上做任何手脚。

　　合同医院是公安医院，妇产科的医生问了我几句关于月份，预产期的问题。还没容我回答，李大夫抢上去说："我们领导要求给她做引产。"原来看上去和善的她怀着这个鬼胎！我立即反对："我坚决不同意。"妇科医生看看我，态度十分严厉地回答李大夫："这个引产我们不能做，孕妇不配合会出人命的。再说，胎儿打下来也是活的。"我心里的石头落了地，几十年来我一直感激这位妇科医生。

　　李大夫因为没有"完成任务",面孔黑黑拉得老长。在医院下楼时,我脚一滑屁股狠狠摔在台阶上,往下滑了好几阶,半天站不起来。她面无表情站在旁边看着,根本不伸手拉一把。估计她心里在想,摔流产了才好呢。

　　回到家后我感觉原来在肚子里欢蹦乱跳的胎儿纹丝不动。人家说孕妇怕摔跤,摔了后胎儿会在里面翻转导致脐带缠绕脖子窒息而死。我恐惧极了,立刻和妈妈到隆福医院检查。医生听了胎心说:"没问题,跳得很好。"又对妈妈说:"恭喜你,得个大孙女。"哈,要的就是一个女儿!

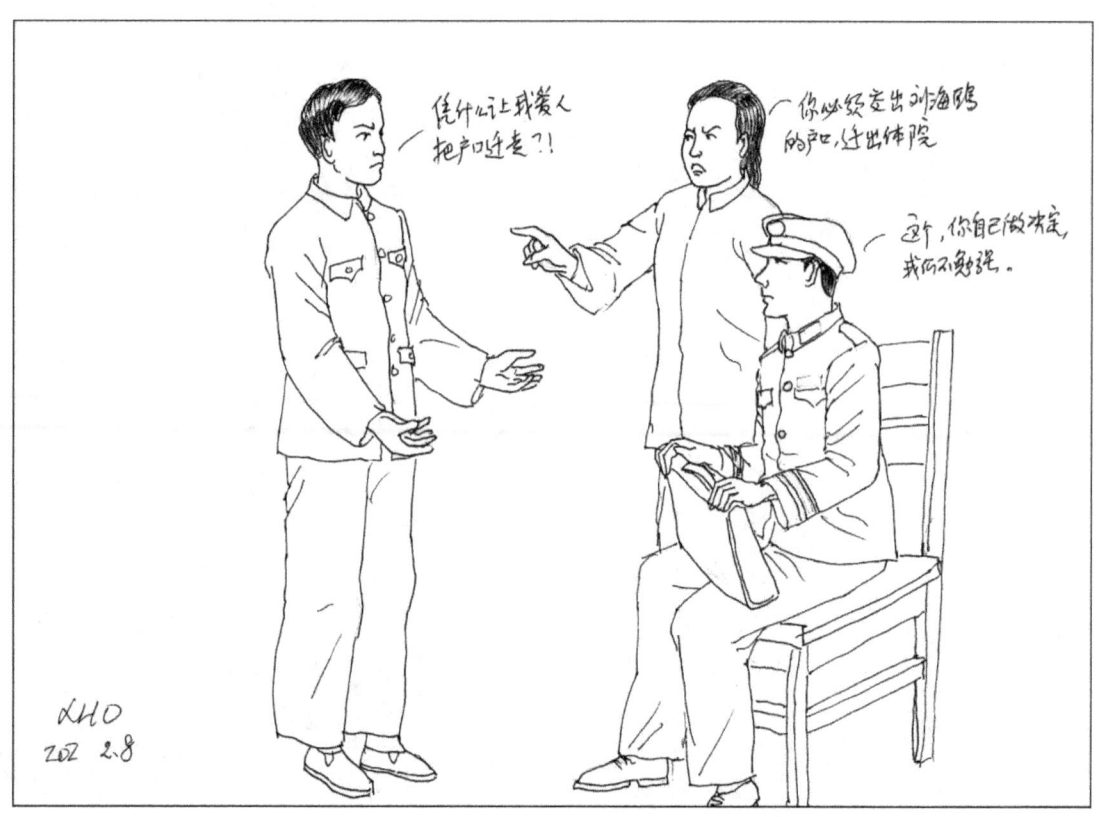

就在同一天，体院那边的王计生又出新招，她叫来清河地区派出所的警察，逼迫老宋交出我的户口，让警察把户口迁出体院，如此二胎就和体院无关了。老宋坚决拒绝，户籍警察知道无端撤销一个人的户口是不合法的，草草说了几句："迁不迁自愿，你们要不愿意就算了……"就走了。又一场闹剧不了了之。

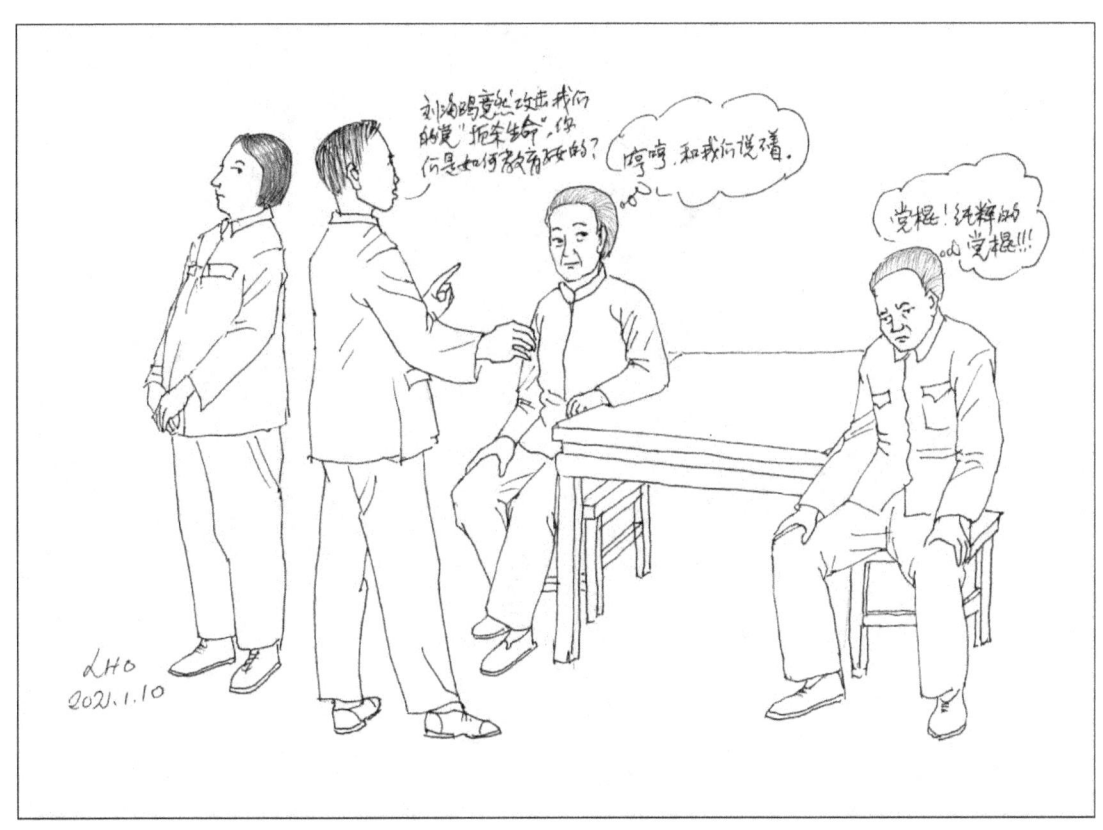

　　第二天《红旗》办公室主任又找我谈话，讲党性，讲纪律，讲下级服从上级。并以开除公职下了最后通牒。这几天的打压已经让我豁出去了。他说一句我顶一句，我强调中央只是"号召""提倡"只生一个，后面还要加一个"好"字，明明是一种建议的口吻，而且从没说过"绝对不能生"，也没有形成中央文件。我充其量是没响应号召，并没有违反党的政策，更没犯法。要怎么处理都可以，孩子是肯定要生的。办公室主任十分生气地结束了谈话。

　　当天晚上科教部的党支部苗书记跑到我妈妈家找我父母告状，说我无视党的政策，顶撞领导，诬蔑共产党扼杀生命。他毫不客气地质问爸爸妈妈："你们是怎么样教育子女的？！"斥责和教训了一通就走了，爸爸妈妈一句话都没来得及说。他走后爸爸气愤地说："党棍！地道的党棍！"我奇怪难道这就是一个党的高级杂志的水平——员工有"错"还要殃及父母？我很抱歉我的事连累爸妈受辱，事实上我是怀胎好几个月后才告诉他们的，他们并不赞成我要第二个孩子，仅仅是出于父母对女儿的心疼，不愿我的生活受孩子太多拖累。但是一旦知道我怀了孩子，他们就完全地支持我，不管是道义上还是物质上。

　　王计生那边不达目的誓不休，又跑到北大闹事。一天晚上我的导师黄楠森先生突然到我妈妈家造访。他在1980年被任命为系主任，我觉得他实在不适合做行政工作，他是一个老好人，书生气十足，是专门做学问的人。自从当了主任，整天皱着眉头一脸苦涩地处理员工吃喝拉撒的杂事。这不，已经毕业分配出去的学生怀孕的事也让他一个高级学者来过问。那天下着雪，地滑，黄先生挤两趟公共汽车从北大摸到我家，真是不易。我觉得很对不起他——他是我的恩师，对我悉心栽培，并且十分欣赏我的学习能力。

　　黄先生很无奈地说："他们让我来和你谈谈。"我说："黄先生，您也别劝我了，都到了这个时候，小孩是一定要生下来的。要说内疚只有一条——对不起您的培养。"我们一家和黄先生一起吃了晚饭，聊些文人们该谈的话题，然后我把他送到车站。看着他远去的影子，心里真的十分十分地抱歉。

　　王计生继续向北大施压，迫使北大出面带我去打胎。北大计划生育办公室的两个妇女找我上医院"检查"。我说："我还有六天就要生了，不需要再查。"她们说："我们觉得你隐瞒了月份，看你的肚子最多只有六七个月，首先要检查一下你到底怀孕了几个月，七个月以前是可以引产的。"为了证明月份，我不得不跟着她们去了医院。妇科医生见多了这些案例，说道："我们只给六个半月以内的孕妇引产。这个胎儿已经足月，不能再做，引出来的孩子是活的。"两个妇女跟我说："你可想好了，（生出来）后果你负责。"当然，我早就准备好承担任何后果。

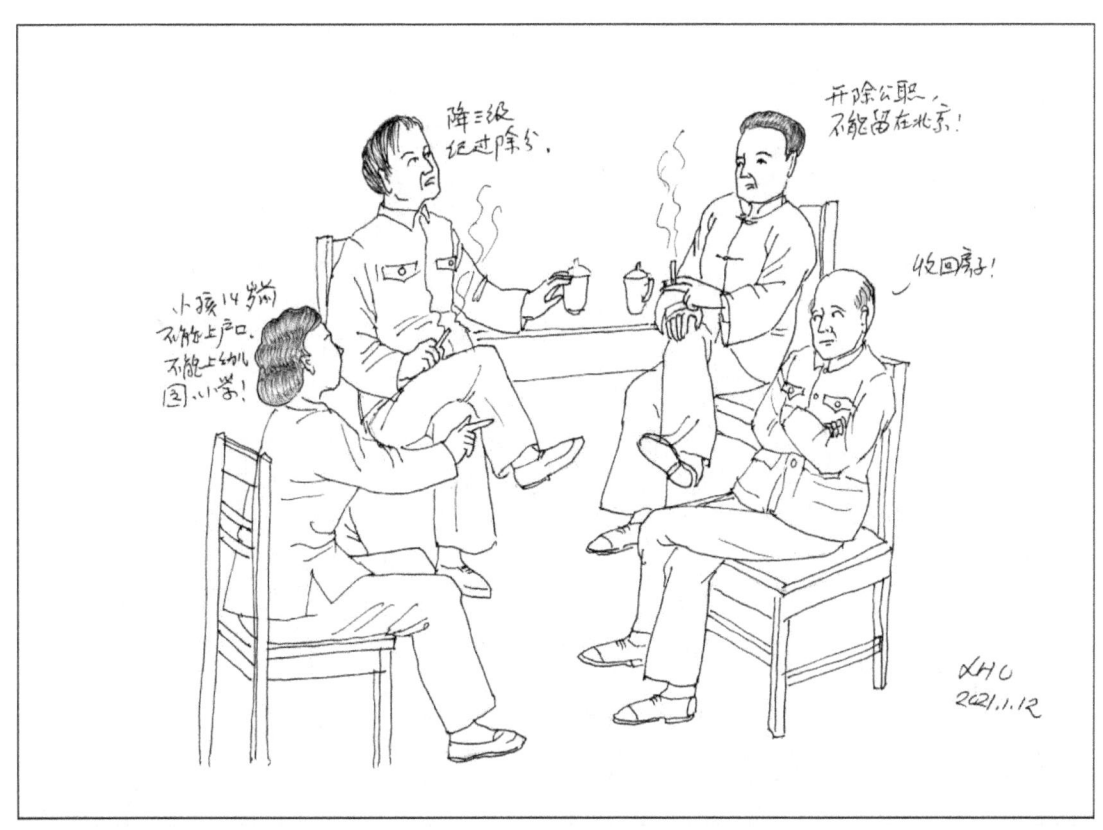

《红旗》、体院、北大三方领导已经拿我没办法了，于是国务院中直机关召集开了一个三家四方会议研究对策，制定了若不引产就执行的处分。之后，体院党总支、教师支部、工会、计划生育办公室的领导找老宋正式谈话，传达了三家四方的处分决定——老宋降行政两级（由 21 级 62 元，降为 23 级 47 元）；取消讲师职称；取消教学资格；收回现住房等等。对我的处分是降行政两级（同样是 23 级 47 元）；记大过；开除出《红旗》，退回北大；不允许在北京工作。对于出生的小孩的惩罚是 14 岁前不允许报户口；不允许入托和上学……

好吧，一次一次的恫吓，不管真的假的，让我越来越无所顾忌，我已经安之若素。但我也不会乖乖就范，我决定写一封信进行申辩，交给国务院、《红旗》、体院。信一挥而就，三千余字。第一、我强调自己的理解是党"提倡，号召"生一个"好"（否则要个好字做什么），从未说"禁止，杜绝"。二、不能引产的理由——两个单位的计生办带我上医院，均遭到医生拒绝，这说明即使我愿意也没有可能引产。三、三个单位制定的惩罚条例，过于严厉。我在字里行间向他们传达了这样的信息——你们的做法已经把我们逼上绝路，如果发生极端事件，就是你们造成的。

这是一封让我感到无比耻辱的申述信，为了保住胎儿及减轻"罪责"，我不得不详述自己私生活的细节——月经规律、停经日期、怀孕日期……像脱衣服一样，一件一件剥去，直至赤身裸体站在一群恶棍面前。为了不过分惹怒他们，我还不得不违心地承认自己的"错误"，请求他们的宽恕。至今阅读这封信仍觉得恶心，不想多看一眼。我根本不觉得自己有错，人口是应该控制，但是人口爆棚的责任不应该让普通老百姓承担。

信件交上去后，很快有了反响，1月16日，预产期的前一天。老宋的单位领导终于说了一句人话："既然医生说了不能引产了，那你们就准备接受处分吧。"我单位领导也通知我，同意我生孩子，等生完孩子听候处理。

从我报告怀孕到终于获得许可的二十天里，我经过了感情上的大起大落，神经的紧绷和松弛，经历了我人生中最残酷无人性的遭遇。最大的触动莫过于文革之后在我心中已经摇摇晃晃的"伟光正"的光环完全黯然失色。

下面必须要解决的问题就是"在哪儿生"。很多大医院已经不接收没有"准生证"（夫妻在怀孕之前必须获得准生证）的产妇。关于医生在接生时弄死第二胎的传言越传越盛，仿佛已经成为不争的而且也已经被广为接受的事实，我面临着孩子投生无门的困境。费劲了脑汁，想起了永丰公社卫生院，要不然我就在农村的卫生院生，多少农村妇女不就是在那儿生的孩子嘛。我的一个学生小高毕业后就在卫生院工作。我给小高写了一封信，说明了我的情况，问她能不能去永丰卫生院生小孩。小高回信说公社卫生院条件不好，最好不要在那生，但是她又给我打开了一扇门——杨大夫的联系方式。杨大夫是卫生院资格最老的妇科医生，五十年代初就在永丰乡做接生工作。我在永丰时，经常与她公社学习班上见面，关系不错。现在她已经调到天桥医院工作。

我拿着杨大夫的地址抱着一线希望，去了城南她家，路上买了两三斤卖相十分糟糕的小梨当手信。杨大夫非常同情我的状况，毫不迟疑地说："没问题，你就在天桥医院生，我们医院没有杀死婴儿的事。妇产科的主任和我关系很好，我会让她关照你的。"一颗心终于落了地。

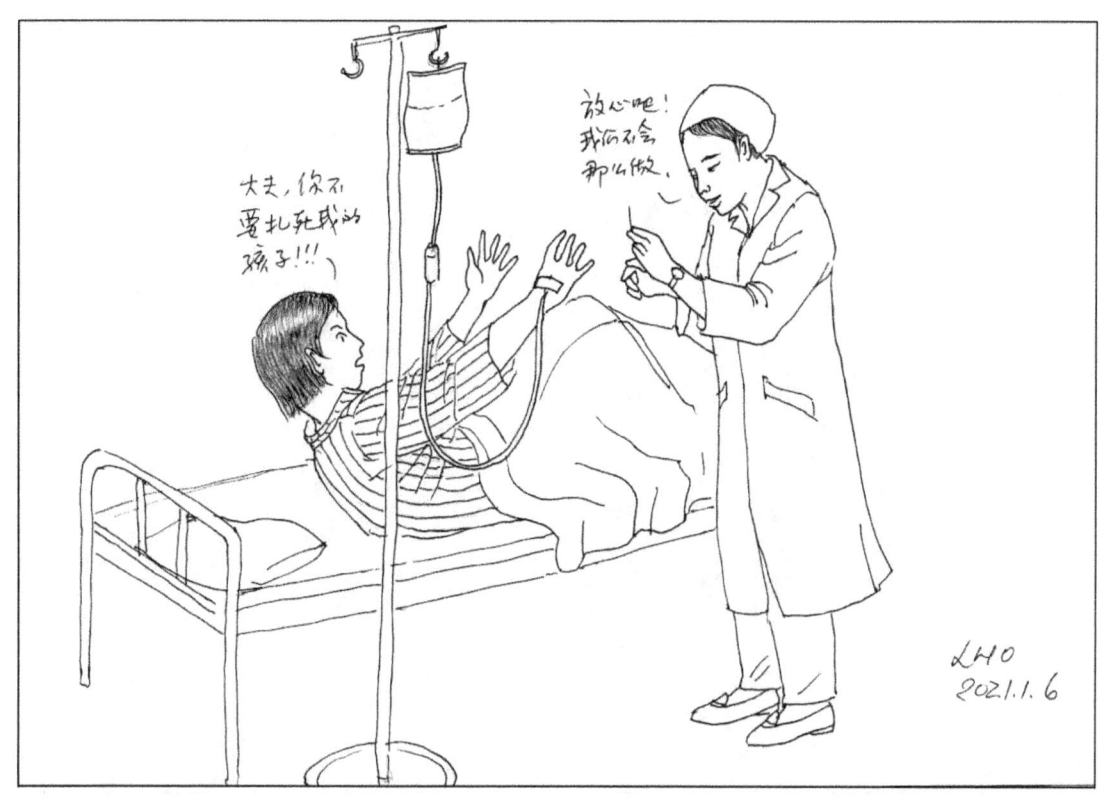

　　天桥医院是个区级医院，在一条小街里，一个小门脸，十分陈旧，和大田出生的北京妇产医院天壤之别。妇产科住院部好像只有一个病房，里面病床横七竖八，挤挤挨挨，住了大概八九个产妇，都是天桥一带的居民。虽然不太习惯，可是有这么一个地方，已经是天堂般的运气了。杨大夫也来病房看望过我一两次，让我心里很踏实。

　　应该1月17号出生的女儿迟迟没有动静，和儿子出生的情况一样。十几天过去了，医生说不能再等了，胎儿会死在腹中，必须引产。催产素连续打了三天，这倔强的婴儿就是不愿意来到这个世界。我疼得不能吃东西，呕吐绿水，半死不活。第四天，妇科主任来查房，认为是胞衣不破的原因，拿了一根大针准备把胞衣扎开，看见那长长的钢针，我想起了消灭二胎手段之一就是等胎儿在产道刚刚露出头顶，就用大钢针扎入胎儿囟门害死胎儿于腹中，不顾一切坐起身大声喊道："医生，别扎死胎儿！"医生说："放心，不会的，我们不做那样的事。"

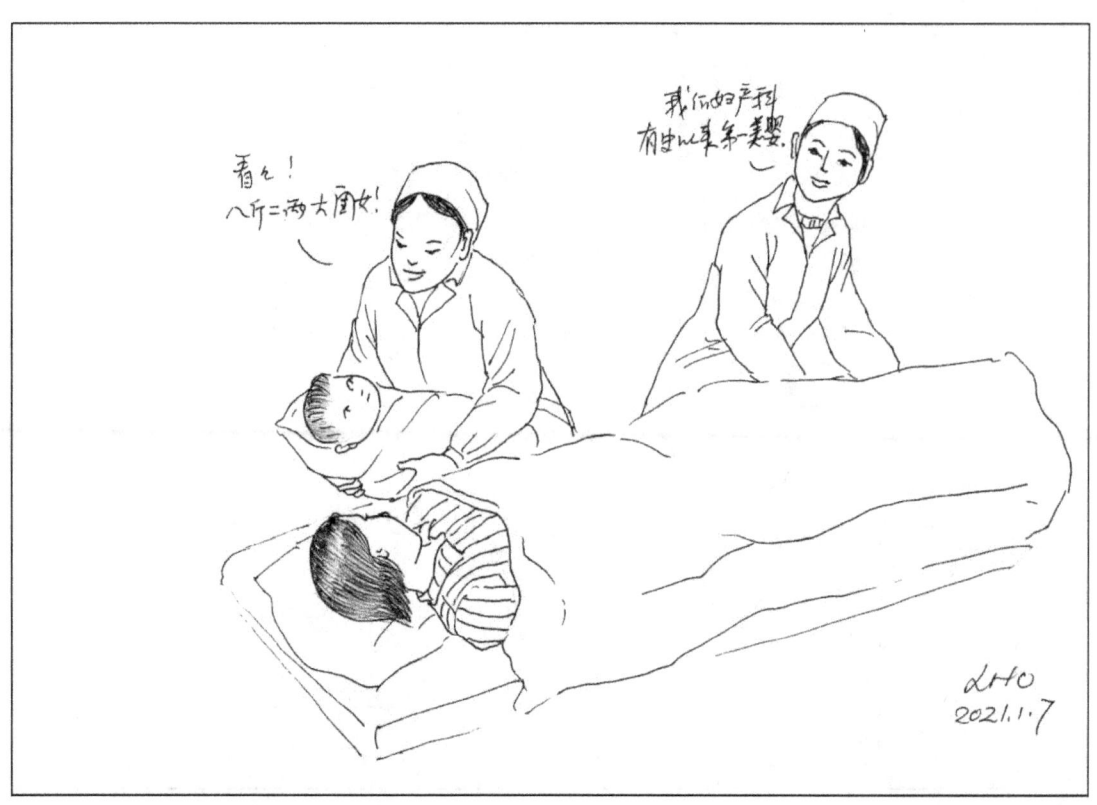

针刚刚扎下去，一股羊水汹涌而出，紧接着胎儿的头已经露出来，大家措手不及地把我搬到产床上，一个女婴已经叽里咕噜地冲出来了，8斤2两。哭声震天。我看了一眼，就和一切刚出生的婴儿一样眉眼难分，只要是健康的孩子就好。此时是二月4日中午一点一刻，立春到来的时刻。

妈妈爸爸非常高兴，写了一封大红纸表扬信《一针救命》贴在了妇产科。护士们轮流给我通报："你的大闺女是我们妇产科有史以来最漂亮的婴儿。"我去婴儿室看，女儿的眉心上点了一个大红点，只有她一个婴儿获得如此殊荣。后来女儿跟我说，她还记得我和三姨去婴儿室看她，灯光很暗，她看见三姨俯身看着她，一张大脸在她上方。说的就是事实，真把我吓了一跳。

病房里还有两个生二胎的，一个是因为第一胎有问题，据政策规定如果第一个孩子有先天性疾病或残疾而影响生活者可生第二胎。还有一个是因为第一个是女孩，夫家强迫她生第二个，谁知道历尽磨难还是生个女孩，婆婆拉个脸子再也不来，丈夫唉声叹气，女的整天哭哭啼啼。

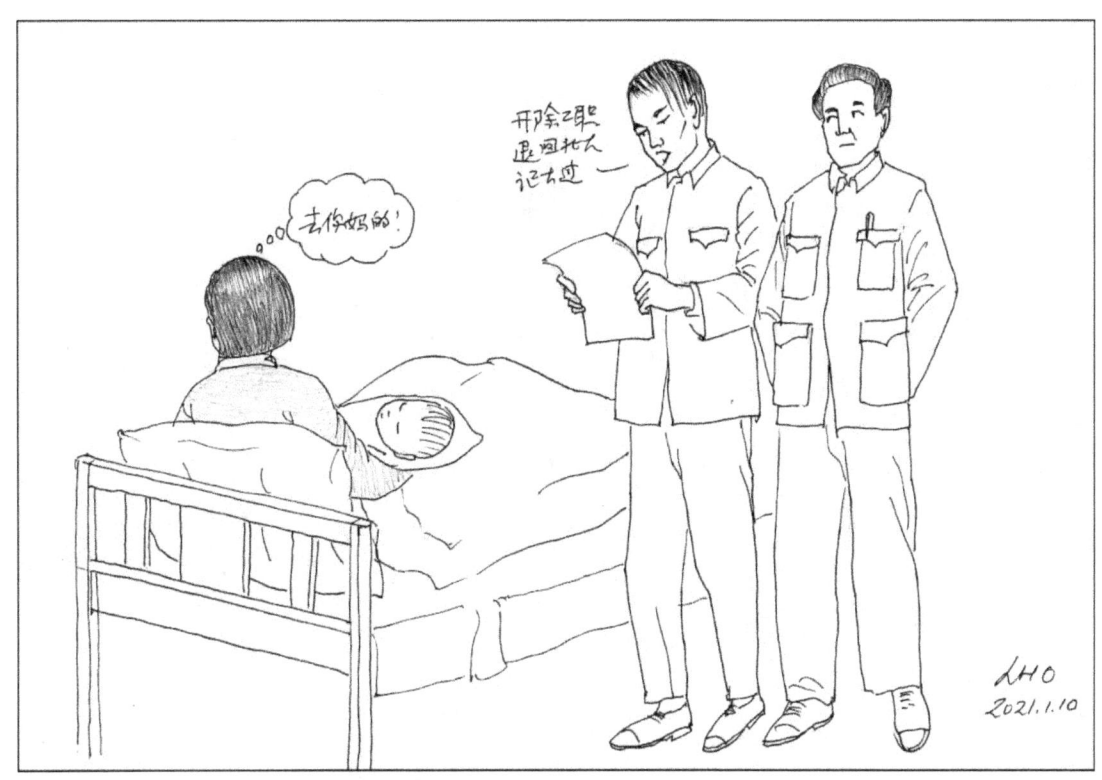

坐月子是在爸爸家。文革中我家的四合院收归国有，我们一家人挤在二十来平米的房子里。爸爸正在翻译《战争与和平》，只好住在出版社办公室。1980年听说台湾的云子姑要来大陆探亲，我写了一封信给周扬，借第四次文代会上"知识分子的春天"的主旋律和台湾亲人来访之机痛陈知识分子无房之苦。由周扬批准，临急临忙分了一套单元房接待"台胞"，新的，半毛坯房，在大北窑两条大街的把角，汽车噪音震天，但是到底解决了一点住房拥挤的问题。

我之所以在爸爸家坐月子，是因为三个单位已经多次光顾体院和妈妈的家，爸妈怕在月子期间那些人再去捣乱干扰我休息，更怕若回体院那个恼羞成怒的王计生会下毒手迫害新生婴儿。这个担心不是没来由，女儿出生后，王计生还是不依不饶，乘败追击，写了一封告状信寄到妈妈的单位全国妇联，责令妇联对妈妈进行教育。

在爸爸家坐月子也没能躲过这帮家伙的搜索，《红旗》写了一封信寄到妈妈处追问我住在什么地方，以便当面宣布对我的处理。我刚出院几天，《红旗》姓苗的书记和一个北大分配办公室的人就找到爸爸家，苗书记站在我床前宣布："开除出《红旗》杂志，退回北大，记大过处分，工资降级……"我非常平静，面不改色地看他们离开。心中却是加倍地厌恶这个毫无人性的苗姓党书记，在《红旗》上班时听到他骄傲地跟别人谈论他的孩子柔柔，我心里想这么一个铁血党棍还给孩子取名"柔柔"，看出多爱他的孩子，而对一个产妇和婴儿怎么就那么狠？

出了月子我回《红旗》的办公室取我的东西，临走时第一次和同屋的"四人帮笔杆子"说话，我说："你要小心这个苗某某，他不是什么好东西。""笔杆子"没敢接下茬，只是唯唯地点点头。我想，他们在《红旗》宫斗了这么多年，谁什么样心里门清，不必我说什么，我这么说就是为了解气。

二十五　母亲的力量（1981-1982）

月子期间，一天妈妈的朋友连贯访问她。连贯是人大常委会的副秘书长，搞统战、外事、侨务等工作。他的太太林琅和妈妈在十二集团军共同工作过，妈妈和他们来往走动很密切。为我的二胎事，妈妈曾去连贯家了解中央政策。连贯这次带来了一个消息：有一对在中国教书的美国夫妇即将回国，他们已经有三个男孩，又向中国外事处提出想领养一个中国女孩的愿望。他们保证要教会女孩学中文，等女孩该上学时带她回中国接受教育，并可以和亲生父母保持联系。连贯说他们考虑我的女儿最为合适，一方面女儿可以作为中美友好的象征，另一方面，如果我同意送出女儿，一切处罚全免，医药费及工资全部按照正常产妇待遇发放，还可以回《红旗》继续工作。妈妈问我的意见，我说："就是给我一座金山我也不会把女儿送出去。"妈妈道："说得好！"

也是差不多的时候，老宋收到一封信，是他原来的同事几年前移居香港的吴老师写来的，二胎的消息竟然传到了香港。信中说："听说你生产的孩子遭遇困境，我可代为分担，只要将小孩送我，我可飞北京带返。"我们感谢他们的同情和爱心，但是已经带着孩子过了七七四十九道鬼门关，我们绝不放弃。

大家开始绞尽脑汁给这个新生儿取名字。我说叫"铮"，她是我们拼命争夺来的生命，也希望她将来是一个铁骨铮铮的人。大家说"俗！"刘元写信来说叫"又佳"，两个字合起来是难，她是全家人经历了千难万险才保全了的一条生命。她出生之际，中国的世道也面临重重灾难。而"难"字拆开则是"又添一佳人"的意思。全家人立即通过了这个名字。

又佳很喜欢自己的名字，她七岁到澳洲至今从未取过英文名。

又佳满月后我们回到体院自己的家。刚一进家属院就被人们围上来，要看看"二胎犯"（这是他们对又佳的戏称）什么样，看到又结实又漂亮的又佳，都说："值了！值了！罚多少都值。"又佳很快就成了大院里的宠儿，人们说她是体院最漂亮的小女孩，称她"体院一枝花"。走到任何地方"美眉"的喊声此起彼伏（我们称又佳"妹妹"，我家的贵州小保姆发音"美眉"，院子里的人都以为这是她的名字）。连从来不对孙儿们说一句好话的妈妈都禁不住夸又佳是"却嫌粉脂污颜色"的天生丽质。

正是女儿满月的那天，老宋单位对他宣布了体院党委计划生育扩大会议讨论通过的处分意见（大概是特选的日子作为满月礼），并通报全院。在处分条例之前的引言充斥着文化革命式的语言："充耳不闻""置之不理""长期隐瞒不报""拒不执行""说了许多不得体的话""态度相当恶劣""抢生第二胎""在院内外造成极坏的影响"等等。处罚的内容基本就是我生产前四方三家开会所决定的那些，加了一条"停发奖金五年"，减了一条"不让上学"。

这个处罚我们不接受，老宋开始写冗长的申诉，反复修改若干次，口气很强硬，令我对老宋刮目相看。

处分的通报在群众中传达讨论后，大家议论处罚太重，加上我们的申诉，院党委只好修改了决定，把停发五年奖金改为停发一年。把行政降级改为扣罚10%的工资三年（相当于降一级三年）。

二十五 母亲的力量（1981-1982）

　　我被退回了北大等待重新分配，北大也要给我点颜色看看，分配办公室的那个人带着讽刺的微笑告诉我，需要人的单位多得是，但是像你这样中央通报处分的人，没有人敢要。

　　没有工作最大的威胁是没有钱。全家靠老宋的五十几元生活，家里还有一个从贵州请来的小保姆，只给人家十元钱的月工资。剩下的四十几元要维持五口人的生活。妈妈每月接济我十元，仍是不够，我必须想办法挣钱。

　　刘元说她的同学小孙以前家里生活很困难，她给灯笼厂画灯笼挣点钱贴补家用。她拿了个样子给我，就是春节孩子们玩的折叠式灯笼，上面随意画几笔像个花就行，三分钱画一个。

  刚刚接下这个活儿，偶然碰见了初中好友磐溪，在第八章我详细地讲述了我们的友谊。在我考上北大附中后，我们还常在假期见面，文革中她听说我去了那么多地方十分羡慕，我帮她搞了一张火车票，她走遍了大半个中国。后来他们全校到外地农场劳动，听说她回京后家搬到香山，我曾去访问，未遇，就断了联系。现在她是个自由职业的画家，按照画商的需求画画卖。丈夫是同班同学，已经出国学习，她正在等待陪读。听说了我的困难，她立即到中国画院帮我找了一个画画的活儿，还送了我一盒国画颜料。这活儿比画灯笼"高级"些——在绢纸上画出口的贺年片儿，画的是工笔花鸟山水国画，两毛钱画一张。

  老宋帮我做了一个灯箱拓样本，我练了几天，正式动笔。用了将近一天的时间（不算喂孩子做饭）画出了第一张。拿到中国画院交货，收货人看了不太满意，说画得有些愣（意思是生硬，颜色的衔接过渡不流畅），她拿画笔做了些润色，算是勉强通过。就是说我可以一天挣两毛钱了。

  （画面上的两张花卉是我练习时画的）

刚刚画了第一张贺年片，克阳又帮我找了一个工作——代课教师。她工作的分司厅中学需要一个英语代课老师，教两个班，每天四节课。按临时工算，每月工资 31 元，去掉了公交车月票 5 元，也就到手 26 元。我又放弃了贺年片，每天一大早六点钟出发，换三趟车，来回路上四小时去挣这几毛钱。现在想想其实不如专心画贺年片，画熟练了按流水作业的方式一天怎么样也可以画十张，得两元，一个月可拿六十元。可是按照那时的观点，人必须在一个"单位"工作，才算是工作，才有保障。我早起晚睡地挣这三十一元，结果本来就不富足的奶水"回去"了，那时又佳才四个月。

（2022 年我正在编辑此书，突然想起在我的处分中并没有停发工资一说，我是应该有工资的呀，那阵被打击得昏头昏脑，怎么就没想到这事呢？）

那个年代没有地方可以买牛奶，只有订奶一说，而成为订户，又有诸多条件限制，要凭婴儿出生证，老弱病残证明等等，像又佳这样的"二胎犯"更是难订到牛奶。月子里又佳靠的是克阳帮我搞来几张奶票再加上我的一点母乳，好在不久听到消息的大舅从香港源源不断寄来了配方奶粉。

几个月后终于等到了一个订牛奶的名额（得有人退订才行）。牛奶不是送到家里，而是每天下午整批运到家属院，订户排着队去取。每月奶费是在取奶时同时交付。有一次交完费，晚上管发牛奶的夫妻俩来敲门，那老女的拉长着脸（她对我们从来没有一个笑脸）说算账时少了一份牛奶钱，想来想去就是你们家没有交钱。我告诉她我交了钱，但是她一口咬定没交。什么叫墙倒众人推，就是这个意思。你犯了错误，人人可以随时踩上一脚。文化大革命或者更早的历次运动中人们不都是这样对待人们的吗？我越想越气，第二天取奶时当着排队的人对发奶的女人说："你不要以为我们被罚款，就会讹你这点牛奶钱！你不要以为我们生了个二胎，就可以任意往我们身上泼脏水，我们不是谁想欺负就能欺负的！"然后在大家的惊诧之中扬长而去。

类似欺负人的事在其它场合也发生过一两次，我一改大家眼中温良恭俭让的形象，不再忍让。以前除了和姐妹吵架，我没和任何人吵过嘴，现在为了捍卫我和又佳的尊严，我像炸了毛的母狮子，谁惹我我就咬回去咬谁，我第一次发现吵架是多么痛快和舒心的事。

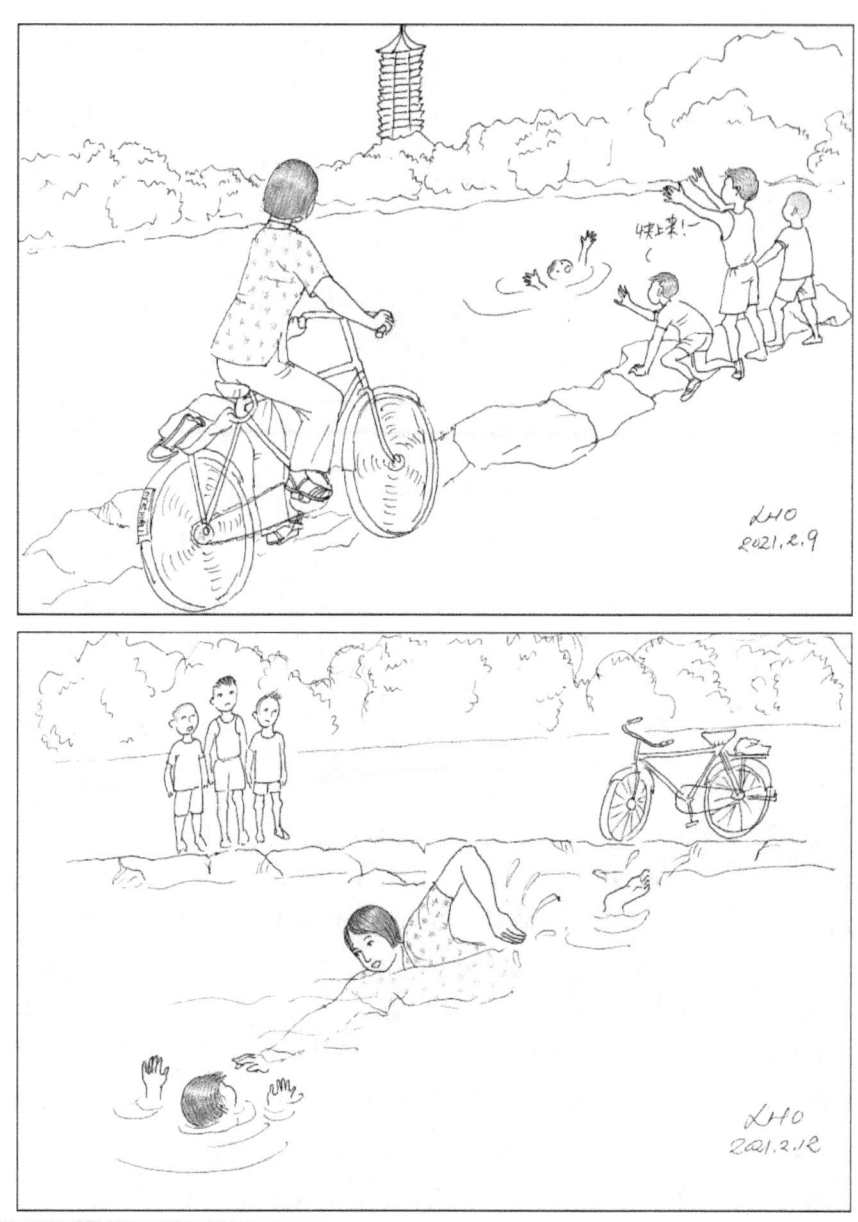

　　写到这里，我想起了在怀孕期间的两个小故事：

　　第一个，1981年夏天，研究生的毕业论文已经交上去，就等着答辩了。因为腹部渐凸，我基本上在家呆着，能不见人就不见人，偶尔到学校去探听一下消息。那天我去北大打听论文答辩的消息。

　　我骑车在未名湖边走着，忽见前面几个小男孩对着水中呼喊："快上来呀！快上来呀！"扭头一看离岸边四五米远的水里，一个小脑袋一上一下地挣扎。我赶紧跳下车，问那些孩子："他会游泳吗？""不会！"二话不说，我立刻甩掉鞋子，趟入水中，我判断从湖岸延伸到水中应是有一个坡度的，不能跳。水下确实有坡度，但没想到是由石块堆积而成，一下水脚就被利石扎个钻心疼，跌倒在水里，我干脆顺势游过去。两三下就划拉到了孩子身边，一把抱起他。

　　站在水里，水淹到我胸部，对小孩子就是灭顶之灾。孩子小小的，在水中没有什么份量，惊恐地坐在我的臂弯上，双手搂紧我的脖子，像搂着亲娘老子。我小心翼翼地趟着水，踩稳乱石间的淤泥把他抱上岸。

　　我问他："小朋友，几岁了？"他还在惊慌之中，哆嗦着说不出话来。旁边的孩子代答："他四岁。""他怎么掉水里的？""他自己下去的。""家在哪儿？"孩子们指着远处一栋楼："在那边。"我说："你们把他送回去，要保证送到家里。记住不要再到湖边玩了。"几个孩子拥着他走了。

　　我没有亲自送他回家，潜意识里我怕救孩子的事情张扬起来，会让我肚子里的五个月的小生命曝光，我尽量避免出头露面的场合。

　　我一身透湿地骑车回家。跟谁都没提这事。

　　第二个，也是这个夏天。一天夜里我突然被窗外闪闪的亮光惊醒了，往下一看，路边一间小棚子着火了。这间棚子是一户外地人弹棉花用的。满屋都是棉花和棉胎，夫妻两人也住在里面。棚子离我们居住的楼房很近，周围都是大树，如果大树烧起来会威胁本楼居民。

　　我立即喊醒老宋，两个人拿了桶和盆奔下楼，同时也喊醒楼里的居民。一部分人在第一线扑火，一部分人在一楼的水房接水传出来。我完全忘了怀孕的事，一趟趟接过水桶泼向火场。救火车来时火已经基本扑灭，消防员反复喷水以防火势重来。棚子里没有人，大家分析弹棉花的夫妇一定是看到起火，迅速溜之大吉。

我本是个敬神不信神者,佛说救人一命胜造七级浮屠,我救过一个溺水的小男孩,我勇赴火场,保护了大家的安全。这算是积德行善的事了吧,善举自有福报,经历了九九八十一难的女儿的生命必是上天的奖励,是好人有好报的结果。

生活纵有百般困难,我的"二胎犯"女儿在亲人和朋友的呵护下成长起来了,我感谢所有在此期间帮助过我的朋友和医生们。

我的女儿聪明活泼健康,大概是因为特殊的胎教,她个性极强,独立倔强,在澳洲生活如鱼得水。

二十六、秀才下海，三年不成

（1983-1985）

那些年"下海"是个时髦名词和时髦行动，弃工从商，弃农从商，弃文从商，几乎要形成全民总动员的态势。老宋也趟了这滩浑水。结果呢，悲催了。

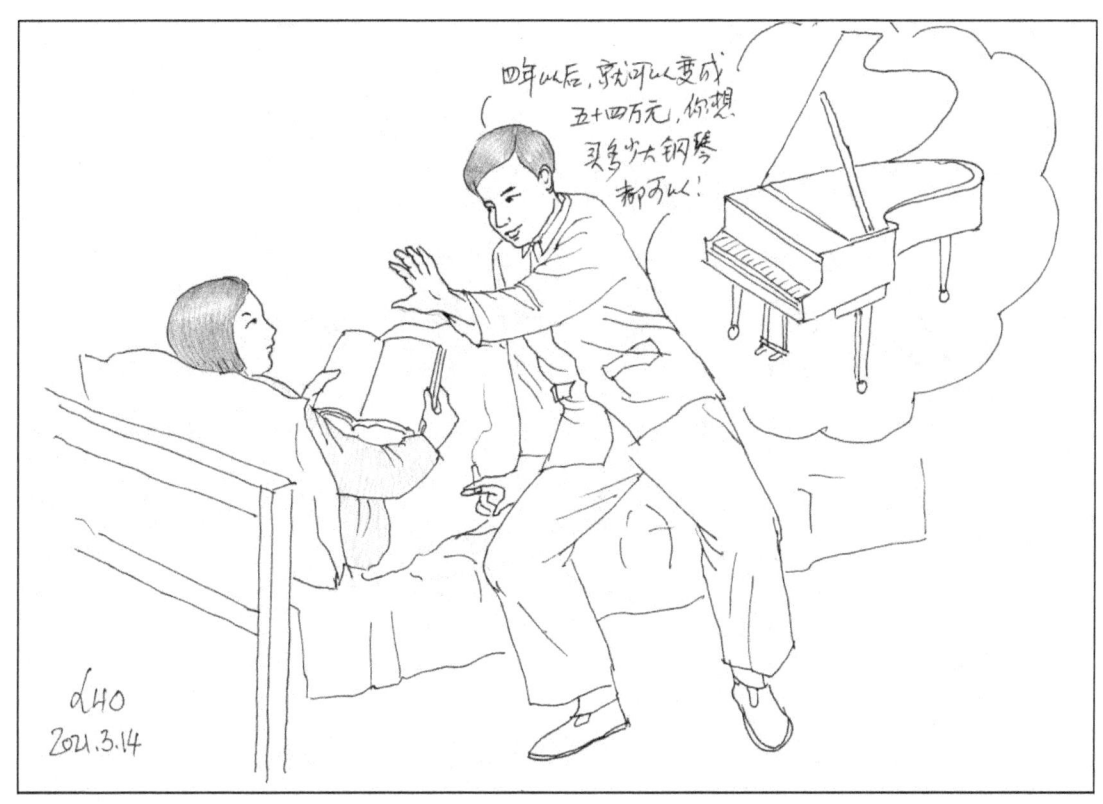

　　君子兰是老宋生活中的一件大事，是他八十年代的一大白日梦。

　　那些年"下海"是个时髦名词和时髦行动，弃工从商，弃农从商，弃文从商，几乎要形成全民总动员的态势。老宋也跃跃欲试。1983年初的一天，他很晚才从徐老师家回来，坐在我的床边兴冲冲地谈起他刚在老徐家形成的一个伟大设想——种君子兰。八十年代初在东北兴起一股君子兰热，到老宋在老徐家听说的时候，东北那边君子兰都卖疯了，一两万元一棵成兰！老徐已经买了好几棵，在阳台上开辟了一个花房，就等长大了出手。老徐是体院院长的儿子，也是学院的老师，很有经济头脑，有各种各样的消息来源和赚钱的路子。他鼓动老宋和老翟（老宋的好友，也是生化教研室的老师）一起种君子兰，一大顿忽悠把俩人说得意乱神迷，当下就决定干一票。

　　老宋兴致勃勃地给我描绘了一幅前途美景——别看现在几百块钱一棵小苗，买10颗，几年以后就结籽了，一棵花可结若干籽，子又生孙，孙又生子，子子孙孙无穷愤也（老宋的语文水平说不出这种文言，意思是这样），几年以后，不出四年吧，就可以挣到手54万元（不知怎么算出的，有零有整），你不是想要大钢琴吗？买几台都没问题。

  我将信将疑地听着，花花草草能成气候？脑子里毫无概念。既然他想干，就试试吧。问题是本钱呢？我们俩人一分钱积蓄都没有，每月总要拉十几块钱的亏空，厚着脸皮跟妈妈借，发了工资先还钱，到了月底还是差那十几元。

  要买花苗只能借钱，不知费了多少口舌，老宋说动了家人掏出腰包，妈妈、刘元、贵阳的兄弟姐妹各凑出一笔钱，老翟也设法借了一些钱，东拼西凑了 3000 元，我们今生也没见过这么多钱。

　　1983年1月，老宋穿着一件借来的军大衣，怀揣一个铝制饭盒，里面装着那笔"天大"的款项，向冰天雪地的东北鞍山出发。一个星期后回来了，从怀里掏出还是那个饭盒，3000元变成了十几棵小拇指长的小苗，两家人的全部希望。这之后老宋又两次借钱去鞍山，每棵小苗都是花二三百，还有一次花了1400元买了一棵大点的用来尽早开花结籽，自产小苗。

　　苗多了,我们狭小的宿舍养不下了,就在妈妈家的西跨院盖了一个小暖房,为了借用西墙,把西墙根爸爸种的一棵香椿树给移走了,栽到大北窑他新居的窗前,结果死了,我真觉得对不起爸爸。正是冬天,老宋自己在体院照顾另一批小苗,央求妈妈帮他看好暖房里的炉火。妈妈在管理炉火方面非常笨拙,家里的取暖炉子几乎天天都灭,为了让暖房的炉子永远发热,她只好半夜三更起来添煤。为了儿孙的幸福,妈妈真是无私地付出了许多。

　　一年后小苗长大,开花结籽了,妈妈家的花房放不下这许多君子兰了。老宋和老翟在体院附近的村子租了一个农家院,挖了一个半截入土的大花窖,盖上了玻璃屋顶,两个人轮流住在那里看管花苗。那时我已经在中央戏剧学院工作,带着儿子住在妈妈家,可怜的又佳随着老宋每晚在村子里居住。

　　二人精心栽培之下，君子兰已经发展到上百棵，品种繁多，"垂笑""黄技师""大胜利"……蓬蓬勃勃，长势喜人，一种叫做"和尚头"的品种叶子宽度比老宋的手掌还宽一个指头（叶子越宽越名贵）。有人出十万元要买下所有花苗，被他们拒绝了，二人喜滋滋地憧憬着触手可及的未来。

　　1985年大舅从香港来北京看望妈妈，聊起君子兰的事，作为会计师和商界人士交道多年的大舅听了马上警告说："生意不是这样做的，一定要有进有出，千万不可积压产品，商界风云万变，一不小心就会血本无归。"老宋哪里肯听，小打小闹的买卖不做，等所有的兰花养大了，几千元一棵出手，马上就是万元户几十万元户了。那时的万元户就如我们现在所说的亿元户一样高不可攀。

　　大舅的话不久就不幸而言中。全国上下君子兰热已经炒到了沸腾的地步，有的品种可卖十几万，几十万，最高甚至达到六十万，甚至有一个港商专程赴长春要用一辆皇冠轿车换一棵名种君子兰。在君子兰热的发源地马克思的那句话"（资本）如果有百分之百的利润，它就敢践踏人间一切法律，如果有百分之三百的利润，它就敢犯下任何罪行，甚至冒着被绞死的危险……"成为现实，由君子兰引发的腐败案件：公款送礼，收受贿赂，偷税漏税，和抢劫杀人案件与日剧增，引起了上面的注意——这是什么鬼，竟然能干扰国家经济计划，扰乱社会治安？在1985年的一次中央工作会议上，邓小平批评说东北的经济搞不上去，全都集中精力搞"三毛一草"（三毛是指三种动物的毛皮，草就是君子兰）。《人民日报》紧跟邓小平的指示，在6月10日发表评论员文章《君子兰为何风靡长春？》说"君子兰除了观赏没有其他用途"，"君子兰买卖是'虚业'"，"君子兰市场的繁荣是靠挖国家墙角获得的"，"是经济领域的的犯罪活动"，教导人们"四化建设要我们多干实事"。

上边一发话，君子兰热在一夜之间降到冰点。老宋们意识到形势不好，想马上出手，但是高贵的君子兰已经身价扫地，没有人稀罕了。他们只好自己到农贸市场上去卖，两个人趁没课时偷偷地轮流去，蹲在地上，前面摆几棵小苗，几毛钱一棵都没人买，还要防着市场管理员来收钱。

　　最终好不容易找到一个买主，就是当初想出十万元的那个，现在几千元把整个花房的君子兰连锅端走。商人还是有商人眼光的——小草身价百倍是不正常的，上面一句话决定市场的走向也是不正常的，此一时也彼一时也，君子兰总还有翻身的时候。果然几年后君子兰仍是名贵花种，身价仍是居高不下，曾经批评过君子兰热的邓小平还拿它作为珍贵礼物送给叶剑英。可怜老宋们就是赶上了那个悲催的时刻，又没雄厚资金支撑，只能自认倒霉，宣告破产。卖花的几千元基本上还清了各种债务，我们继续过着每月借债十几元的日子。

　　那两年的事情就像一场大梦，没留一点痕迹，留下的只是在老宋心里的伤痕和化解不开的君子兰情结。老宋到澳洲时，偷偷夹带了几颗君子兰种子，在澳洲子又生孙孙又生子，二十多年来生出了上千棵。他还想着有朝一日卖钱，可叹澳洲的野生君子兰就如野花野草一样蓬蓬勃勃，家家门口和街上的花坛到处可见，谁稀罕呀？但是君子兰在老宋心头已成块垒，目的是没有的，栽种就是一切。呼啦啦占据了半个院子又被虫子啃得残缺不全的君子兰似乎在提醒着他，秀才下海，三年不成。

二十七、寻找自由的土地

（1982-1988）

国家机器就像在转动的洗衣机，人们就是里面的物件，死死地贴在洗衣机的筒壁上，休想跳出来，以至人们对于国家机器的残暴已经习惯，并各有招数地在机器的缝隙里生存。更加难以忍受的是这些生活在夹缝中，经过了多次肉体和精神上屠宰的民众已经被抽取了脊梁骨，变得麻木不仁。人性泯灭正在变成我们的民族性。我一定要离开这里。

生了"二胎"后，北大迟迟不给我分配工作。我在分司厅中学的临时工已经做了几个月，一天北大分配办公室打电话约我见面。管分配的老师见到我把一封信甩在桌上，愤愤道："你家刘克阳写了告状信，把我们告到了北大党委和教育部！"我这个可爱的妹妹呀，只要你有困难，她必出手帮忙，但是这次可能要帮倒忙了，果然他没好气地说："我们不是不分配，你犯那么大的错误，连中直机关都说要严肃处理，还有哪个单位敢要你！现在有一个学校要人，第二医学院政治课教研室，你去不去？"

我们那届研究生是十多年来第一批毕业生，是由满腹经纶又多年无处发挥的老教授们精心培养出来的，除了留校的都分到中国社科院中央党校中央政策办公室一类的中央级大单位。二医只是一个1960年建校的隶属北京市的二三类学校，工农兵学员当政治教员足矣。明显这是在整我，但是我急用钱，既然31块钱的中学临时工我都干，这个嘛也只能凑合了。

二医的地址原来是京城东南角的一片乱葬岗子，我家体院在城的西北角，整个一个"大吊角"，从体院到二医要换四趟车，下车还要沿着一条泛着恶味的河沟，穿过一片垃圾场走十分钟以上才到。上班一趟就要两个多小时（碰上雨雪半天也到不了学校），一天在路上就要耗费五个小时。看来那封告状信"威力"不小。

二医规定，任何分配来的公共课教师到校第一年先要当辅导员，坐班，这就是说我又要白白地浪费一年的时间无所作为。和我一起当辅导员的还有两个新来的大学本科毕业生，都不满意这种安排，一个每天写些小文章给晚报投稿，一个看小说聊大天。我呢，继续研读科学哲学文章，做笔记。我对国外刚介绍进来的"三论"（系统论、控制论、信息论）产生了浓厚的兴趣，虽然理解十分浅显，但是我知道这不仅是科学概念，它们可以运用到各学科领域。同时我阅读西方现代哲学家们的著作，存在主义、结构主义……如饥似渴地吸收西方已经存在几十年而对我来说却是全新的思想概念。

一年后我终于可以教书了，可笑的是，我只能作为助教，两年后才有资格参加评选讲师，还必须坐班。按说研究生毕业就是讲师资格，而我不能作为讲师的原因十分滑稽——没读过大学本科，我在读硕期间完成的所有本科学业他们不承认，硕士的学历更是忽略不计，充其量我就是一个高中毕业生！

对我讲课的要求也很严格——跟着一位老教师学习，每年只能讲少量的课。讲课的内容要全部写在讲稿上，一个标点都不可错过。讲稿要在全组传阅，再进行试讲，全组讨论提意见通过后才能教课。正式上课时每一字句都要按照讲稿讲，不得任意加减内容。在北大习惯了聆听教授们自由地宣讲自己的观点，哪怕是与教科书相差很远，甚至对教科书提出相反意见，如今照本宣科鹦鹉学舌地背教科书让我啼笑皆非。

为了补贴家用，我晚上在各区的夜校教书。文革后知识分子的地位有所提高，文凭成为人的价值的重要标志，文革十年荒废了学业又超过岁数不能上大学的有志青年都参加了各种各样的夜间成人高考班。夜校的授课费不多，一节课也就1块5毛，一个月好歹可得十几元的外快。

1983年的3月份中央忽然发起了"清除精神污染"的运动，所谓精神污染，在理论界是指3月16日周扬在《人民日报》上发表的长篇报告《关于马克思主义几个理论问题的探讨》。报告由王元化、王若水和顾骧起草，重提人道主义和社会主义异化问题，但是在不久召开的共产党的十二届二中全会上，人道主义和异化问题被纳为精神污染的范围。学术讨论变成了政治讨伐，完全一边倒地对周扬们发起攻击。左棍胡乔木先是做报告，然后印成小册子《关于人道主义与异化问题》，下发几乎人手一册。新一轮的政治运动又来了。我捏着鼻子看完了小册子。人道主义当然应该宣扬，社会主义社会当然存在异化，我们在读研究生时对这些问题已经有了充分的讨论和认识。

小册子扔在一边。

一般来说，政治教研室基本上属于高校中思想最为僵化的一块阵地，当仁不让地紧跟，批判。政治学习时间，我溜边找个座位，闭耳养神，排除一切"精神污染"。

政治课改为学习胡乔木的小册子，教师宣讲，学生讨论。上课时我简单地宣布："大家自学。"学生们干什么我不管，相信没有人"自学"，课堂上乱乱哄哄，爱干嘛干嘛。

这个小单位人事关系也复杂得很，就像是一个封闭的小社会，家长制，以势压人，谗上欺下，疑忌，勾心斗角，（具体的例子不说了，免得降低了本文的格调），对我更是"关注"。我知道自己"有案在身"，非常注意谦虚谨慎，夹着尾巴做人。但是我的每句话，每个行动都有人做了曲解后向哲学组组长打报告，继而汇报到教研室主任处，教研室主任便不问情由，像训斥小学生那样教训我一通。如果我试图解释，领导会更加搓火。就这么窝窝囊囊地呆着，我一天都没有高兴过。

　　1984年某个周末，哲学教研组两个组长突然来到我家，据说是来家访。他们一进门就大喊："太远了，真没想到这么远！路上走了快四个小时！"换了三四趟车不说，第四趟从中关村到体院的车一个小时只有一趟，他们在冰天雪地等了近一个小时。这在我早已司空见惯——车总是不准时，从来不可能掌握时间，碰上哪趟算哪趟。有时远远看见车子进站，紧赶慢赶跑到了跟前，车门刚刚关上，无论怎么请求司机也绝不会为你再开一次门，看也不看你一眼就扬长而去，只好再苦等一个小时。

　　待回去上班，组长对我说："去你家那天，中午12点20分从家出来，晚上7点多才回到家（在我家呆了十分钟），7个钟头！没想到你上班这么远，坐车这么难，我看你还是自己想办法调走吧，只要你找到接收单位，我们就放人。"

　　我觉得他们很希望我离开这个单位，我的存在已经让这个尊卑有序的小单位领导十分不爽了，特别是我在"清污"运动中的消极抵抗，更是严重的政治态度，如此下去会带坏了一锅汤。正好"家远"给了他们非常人道的理由：完全是出于为我考虑。

　　我开始联系单位，邮电学院、地质学院、石油学院、钢铁学院、清华大学……都愿意要，连把我家整得七荤八素的体育学院竟然也抢着要我，当然我是不会去的。有的学院甚至已经抢先给二医发了调令，想到二医政教室的格局，我踌躇再三，我请人事处先压下档案不要发给任何一个单位。

1984年克阳帮我联系了中央戏剧学院，中戏也是没有任何犹豫就接受了我。在我印象中中戏的学生文化水平和体院是一个层次的，但是这个学校的好处是它旁边有个东棉花胡同幼儿园，是区重点幼儿园，对中戏老师的孩子优先录取，又佳满三岁后可以进入这个幼儿园。这一带还有三四个重点小学，我一定要让儿子读一个城里的好学校，才不辜负了他的聪明头脑（全都实现了）。更大的好处是学校离妈妈家很近，骑车几分钟就到，我可以带着孩子借住在妈妈家，同时也照顾一下一人独住的妈妈。还有，他们同意给我讲师职称，并中止对我生二孩的一切经济惩罚。

一到中央戏剧学院我就喜欢上了，因为两个字——自由。我指的是思想空气的自由，没有人规定你一定要讲什么怎么讲，没有人检查你是否迟到早退中午离校。所谓的政治学习基本就是教研室例会，主任布置一些工作，就完事。教研室的几个领导无为而治，老师们和睦相处，没有人为了积极要求进步而给其他人下眳小汇报，每人各行其事，不管他人闲事。此外，学校礼堂总有新电影，最好看的是各系学期末的小品表演考试（绝不是现在春晚中毁了小品名声的恶俗小品）。一切都合我意！

在中戏教书不需坐班，但是我天天准时上班，教研室安静人少是个读书的好去处。除了上课我的全部时间沉迷于西方现代哲学、科学哲学，阅读和埋头做了大量笔记。北大的学术空气的余温还停留在我身上。我有时去参加北大的学术讨论会，我对新思想充满好奇，非常想充实自己，其实我从小爱看书以及后来的认真学毛选读马列都是出于这个本性。

我购买了刚刚出版的全套的西方哲学大家的著作。1984年金观涛等人编辑了一套《走向未来丛书》，由当时最优秀的知识分子编写，介绍各个学科领域的最新潮流新思想，这些书对封闭了二十多年的人们来说无疑是新一轮的思想启蒙。我买了其中多本，如饥似渴地阅读，引发了我更广阔的思考。

《人的发现》（李平晔著）讲的是马丁·路德金和宗教改革，让我联想到的是被推崇到宗教高度的某"主义"某"思想"如何地扼杀了中国亿万人的人性，文化革命的思想基础和群众基础盖出于此。问题是什么时候人们才能发现自己是个"人"呢？如果这个问题不解决，文化革命还会再来。

《现代物理学和东方神秘主义》（根据 Fritjof Capra 的《物理学之道》*The Tao of Physics* 编译）中关于现代物理学发现人在观察微观客体时会改变被观察的客体，因而在认识世界中主体和客体，主观和客观是无法分割的。这让我想到了我们所讲的唯物主义反映论对"客观"的高扬对主观的贬抑，对二者的机械性割裂，其在社会政治领域的一个后果就是对知识，对知识分子的毁灭。

《在历史的表象背后》（金观涛）这本书使用系统论控制论等现代科学的方法论证中国社会几千年停滞不前的原因，给我的震动最大，他对中国社会历史的阐述运用的全新的方法论促使我一头钻进了"三论"——系统论控制论和信息论——的研究，尽管对于我来说十分艰难。

我还参加了几次中国文化书院举办的讲习班，其中《中国传统文化》和《中外文化比较》也给了我极大的启迪，我在思考中国传统思维模式的封闭性求同性单向性等对中国社会和文化造成的影响时，联想到在这种社会环境中产生的共产党和毛泽东思想难道能彻底摆脱传统思维种种局限性吗？显然不能。那么具体表现是什么呢？我对这个新课题激动不已。

  我早已厌烦了哲学课教材的内容，现行教科书仍是三十年代苏联教科书的底子（读了研究生后才知道老毛的《实践论》和《矛盾论》也是由此而来），几十年不变，只不过加上了一些新的事例而已。经过自己的头脑的思考我有很多观点与其不一致。我写了一套几万字的教案，其中不乏对哲学教材的质疑和我自己的学习心得。

  看到我整天埋头读书写字，一个大学本科毕业的同事说："你真是勤奋，我都受你影响了。"他也奋发努力起来，天天伏案读啊写啊，后来我们还合写了几本书。

　　1985年我教了一个导演进修班的课，学生是从全国各地来的导演，都是有一定的认知水平的。我决定尝试在哲学课上给他们讲述我的学习心得，反正没人管我在讲什么。每节课我先简单介绍一下哲学教材上的内容，告诉大家："这是书上的观点，下面讲我自己对这个问题的看法。"这是学生最爱听的部分。也有学生担心："你给我们讲这些书上没有的，到考试的时候，我们怎么办。"我告诉他们："我个人的观点不一定就是对的，但是我给你们介绍一些新思维方式和新的思考角度，目的是打开你们的思路，知道没有什么理论是具有绝对权威的。至于考试，考前我会把要点告诉你们，背一背就行了。"其实考试就是我出题，我判卷，没有人过问。

　　我的教学方法采用讨论式，他们若有不懂，或不同观点立刻提出来和我讨论，我的看法仅做参考，不灌输或强加于他们，课堂上一片活跃气氛。这样讲课的效果很好，学生们怀着极大的兴趣听课。听到酣畅时，有几个座位上冒出袅袅青烟，我说："你们上课抽烟？那我也抽。"学生鼓起掌来。马上就有学生上来递烟。

年底，按惯例学校要在学生中问卷——你最喜欢哪门课和哪个老师。哲学课刘海鸥老师竟和专业课老师一起名列最受欢迎的老师中，我猜这在艺术院校里应是前所未有的，徐晓钟院长在全院大会上表扬了我。更没想到的是，一个学年的哲学课结束了，导进班代表到学校请求增加一年哲学课。哪一个院校的学生不是为了应付考试才勉强学这门衡量个人政治思想的倒霉课程，更何论艺术院校自由散漫的学生？但是我的课就有这么大的魅力，让我真是感到极大的满足。

第二个学年我给他们介绍了"三论"（信息论、控制论、系统论），尽管我也没有吃透，但是尽着我的理解讲，还介绍了西方现代哲学的主要流派。期末考试我让他们写所学内容在戏剧艺术中的启发和运用。有几份考卷写得非常出色，超出了我的预期。有个学生吴继成，写了一篇论文讲哲学作用于戏剧的几种方式，被收入艺术院校编写的《哲学与艺术》文集。他告诉我他毕业后回到湖南任省话剧团团长，就是运用系统论的思想建立了管理体系（前两年得知他已经去世，在此哀悼）。

导演班的课程我也去听，一方面为哲学课能更好地与戏剧艺术结合，一方面本来就爱好文学艺术，有这样的学习机会不容放过。祝肇年教授讲的李渔戏曲创作，谭霈生先生的戏剧概论，罗锦鳞先生的导演艺术课都令我获益不浅。最大收获是看了他们排演话剧《俄狄浦斯王》的全过程，包括参与分析讨论剧本和排演过程中的每个细节的处理。后来他们带着这出戏去希腊参加世界戏剧节，获得大奖。

我和这班学生相处非常好，有几个学生和我无话不谈。每年新年晚会他们都邀请我参加，和他们吃喝唱歌跳舞到新的一年开始。

自由啊，中戏，我爱你。

1987年的一天，一个小学同学突然来找我，我们已经有多年没见面了。她说，她要去澳洲了，和所有朋友都告个别。那些年同学朋友熟人出国的消息不断传来。研究生出去的更多，因为学历高很容易被接收。

我十分向往出国，像我这样心野的人，看看外面的世界是我心中永不泯灭的追求，我无论如何也不甘心在一个闭锁的环境中井底观天地生活一辈子。在我书桌的玻璃板下压着一张从年历上剪下来的画片，阿尔卑斯山谷的秀丽村庄，我在上面写道："我所向往的厄尔兰（当时播放的卡通片《骑鹅旅行记》中有一处风景非常优美的地方，叫厄尔兰）。"

看看我生活的环境，有些事情让我觉得已经到了不可忍受的地步。政治空气一往如常地严酷，人们裹挟在政治漩涡中，基本上不觉自己处在一个什么样的境地，

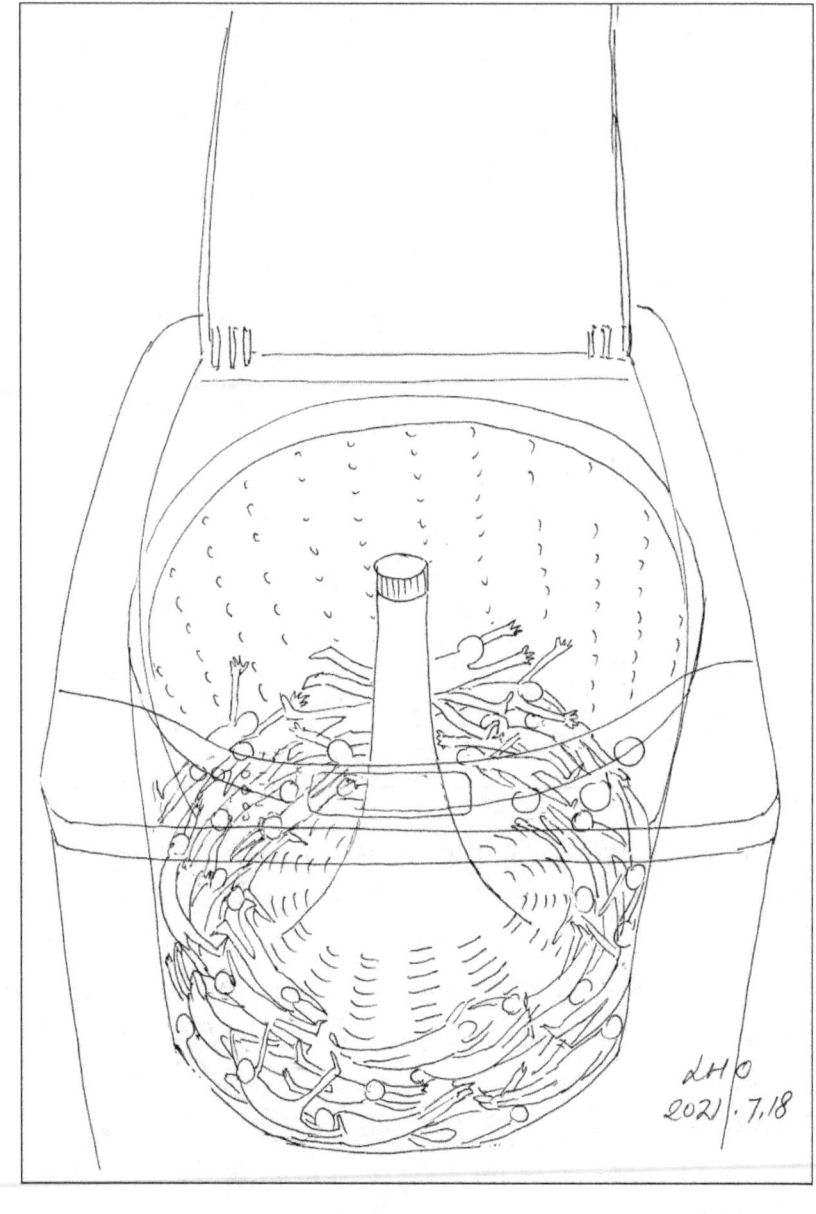

就那样浑浑噩噩地活着。从思想开放学术民主的北大出来，我已经认识到自己所处的困境，并妄图从漩涡中挣扎出来。但是这种努力基本上是徒劳的，国家机器就像在转动的洗衣机，人们就是里面的物件，死死地贴在洗衣机的筒壁上，休想跳出来，以至人们对于国家机器的残暴已经习惯，并各有招数地在机器的缝隙里生存。这倒也罢了，更加难以忍受的是这些生活在夹缝中，经过了多次肉体和精神上屠宰的民众已经被抽取了脊梁骨，变得麻木不仁，缺乏同情心，失去了自尊，还要践踏他人尊严，层层倾轧。人性泯灭已经变成了我们的民族性，生二胎的全场戏、二医的政治课教研室就是这种社会现状的反映。

即使在极为普通的日常生活中，也充满了让人不痛快的事情——人情冷漠，戾气十足。我与社会接触最频繁的窗口就是公交车，每天坐公交车，车上必有吵架打骂，无非就是因为谁碰了谁，谁抢了谁的座。一次一个年轻女子臭骂一位老者踩了她脚，老者说，我要是踩坏了你的袜子，我赔。女子当众脱下玻璃丝连裤袜，摔在老者脸上。我实在看不过去，就上前批评女子几句，不料她突然抓起我的胳臂狠狠咬了一口，竟咬翻了一块肉，把跟着我的儿子吓坏了。又如三岁的女儿一次在车上因为晕车哭起来，制止不住，开车的女司机大骂："他妈的你个小兔崽子嚎什么丧，再哭就滚下车去！"气得我一句话也说不出来，只好抱着她下车。还有前面说过的，一个小时一趟车，晚半秒钟，车门还没全关上，司机就是不会为你再开一下门。这是司乘之间长期矛盾所造成，司机似乎有意为之以报复乘客对司机乘务员的恶劣态度……这些事天天都能碰见，社会人心不就是通过这些"小事"展现的吗？经历了几十年斗争教育和实践的人和人之间不知哪来的深仇大恨，就像是一个火药桶，一点就炸。生活在这样的环境里，我觉得非常压抑，总想有一口气长长地吐出来。

我对孩子的前途也充满了忧虑。中国的教育是"应试教育","教育要从娃娃抓起",家长们对孩子们考试成绩的追求陷入了疯狂状态。八十年代初,报载一个母亲因为孩子考试仅仅差了5分没达到100分的成绩,竟下重手把孩子打死了。此事引起广泛社会反响,谴责母亲,我也同样觉得这是不可思议的事情,但是当儿子上学后,我不由自主地重蹈着那个母亲的覆辙。每当我一身疲惫地下了班,检查他的作业,稍不如意就无名火蹿升,几十道算术题,我查出错了一题,不告诉他是哪题错,让他全部重新作过。字写得没有横平竖直就撕掉他的作业让他一遍遍地重写。有一次,已经晚上十点多了,他困得睁不开眼睛,字总是不能"横平竖直",我用一根骨质筷子在他头上狠狠敲了一下,他尖叫一声抱头倒下,脑顶立时肿起一条印子。更有一次他只是想快点和小伙伴玩,作业写得潦草一些,我一时性起扇了他一个大嘴巴,下手那么重,五条紫色的手印在他稚嫩的小脸上留了一个星期,每天晚上他睡着后我都要摸着他的脸流泪。这两件事让我伤心和后悔了一辈子,任何时候想起来都要流泪。我多少理解了那个打死儿子的母亲的心态:邪火所致。

为了让儿子受最好的教育,小学六年给他转了四次学,从农村小学一步步转到城里最好的重点小学之一。那时候孩子多,上大学的名额少,说是"千军万马过独木桥",哪个家长不是千方百计让孩子挤过独木桥?要不怎么办?学习不好,上不了好学校,很容易就"学坏",这不是危言耸听,儿子说小流氓把着学校门口,让放学的孩子交出身上的钱,没钱就被逼迫吃他们吐出来的痰,或者其他的惩罚。孩子们怎么办,要不然依附强权变成小流氓,要不然奋起反抗,变成另一拨小流氓。不严加管理他们将来会变成什么样?

女儿也不能幸免。在幼儿园因为是"二胎",受到歧视。多收托儿费,阿姨不喜欢也就罢了,更过分的是"六一"儿童节每个小朋友都收到一份礼物,唯独没有她的份。为了弥补她的失落,我给买了一个电子琴,报了一个电子琴班。

冬天的晚上我骑着自行车带她去学琴,前边坐着女儿,后面夹着电子琴,为了躲避警察在小街里穿行,下过雪的地面结成冰壳,把我和孩子,电子琴和自行车摔得各奔东西,不止一次。

只要一牵扯学习,我就失了心性(北京人说怂人拢不住火),我逼着女儿练习弹琴,弹不好不给饭吃。那么小点的人不知怎么才合上节拍,我拧着她的小手背,喝道:"节奏!节奏!大声唱,边唱边弹!"她嘶哑着哭腔大声吼着:"搜啦都瑞米搜啦——"这声音永远地回响在我耳边。

我知道,我不应该对他们这样,但是我身不由己。我知道,我必须给自己给他们换个环境。

我不是没想过出国，可是很多因素让我望而却步，首先是两个孩子怎么办？还有父母，岁数都大了，应该守在他们身边。钱呢？那是一笔巨额费用，我不仅没有一分钱积蓄，到现在还入不敷出呢。公派出国倒是不要钱，但是哪有公派的名额会落到某艺术院校的政治课教研室？我只好把出国的愿望一次又一次地深深埋在心底，不能想起，一想就窝心，我多次问自己，这一辈子就这样了？又自己回答：是，永远，就这么着吧。就在我已经绝了出国的望的时候，小学同学的出国在我心里又搅起层层涟漪。"不甘心"在我心里又占了上风。她能去我也能去。我也一定要出国。我要到大学读博士。

去哪个大学呢，我怎么知道外国有什么大学？再说哪个资本主义国家的学校会有马克思主义专业研究？想破了脑袋，终于想起一年前北大的中国文化书院举办了一个系列讲座，邀请了世界各国研究中国文化的学者到北京讲学。我去听过几次，手里有一份名单，上面写着每个讲学者供职的大学和系属。我翻出名单，看见了澳大利亚马克理大学的姜教授，先试试这个吧。那时很多想出国留学的人申请书一发就是十几二十封，有枣没枣先打三竿。我不能，没有那么多钱付申请费甚至邮寄费。我给姜教授写了一封信，介绍自己的学历和志向的学科，说自己愿意从师于他研究中国哲学。

信件请妈妈的同事，曾经在联合国工作过的彭瑞复叔叔帮我翻译成英文。我想答谢他，他说："你什么也不用给，将来你出了国，回来时给我带一瓶雀巢咖啡就行。"等我六年后带着雀巢咖啡回国时，他已经不在人世。

我到克阳的学校打印信件。学校竟然还有一台英文打字机，老掉牙，有的字母深，有的字母浅。我现学现打，半天打不出几行，一天才打出一封信。

所有递交的材料都需要复印，北京的打印社刚刚引进复印机，根据公安局要求，复印文件需要出示单位介绍信。我联系出国的事瞒着单位（很多单位不批准自己的职工出国），哪敢去开介绍信？还是克阳有办法，弄到了一封她们单位的介绍信才搞掂。

  信寄出以后，我并不抱多大希望。我报名参加了一个托福班，每天晚上去学英语。不管去哪个国家，英语考试是逃不掉的。托福班的学生都是年轻人，只有我一个四十岁的女人，学生老师都觉得奇怪，对我一点也不看好。

  没想到我很快收到了姜先生的回信。正好那年姜先生获得了带研究生的资格，并且有两个名额，于是他不仅收我当他的研究生，而且还给我争取到了全额奖学金。后来据姜先生说，一般信件由秘书处理，他不会亲看，那天偶然在一堆信件中瞥见了我的，只因为被信封上漂亮的中英文字体所吸引（英文写的是六十年代以前使用的圆体字），才拆开来看的。写一手好字真重要！

  真没想到一封信就投中目标，若说天下掉馅饼是什么感觉，这回尝到了！

  我必须通过澳洲大使馆的英语考试，及格了才能得到签证。为此我花"重金"买了一套澳洲英语录音带，每天晚上听着陌生的英语口音入睡，边听边恨，认为澳洲英语是世界上最难听的英语，谁知到了澳洲几年后，竟觉得澳洲英语最好听。

  考试是在澳洲大使馆，考题并不难，但是听力还是跟不上。还要写一篇作文，题目两选一，一是写你尊敬的人，一是你喜爱的季节。我选了后者，记得初中课本上有一课是讲春天的。脑子里还有印象，就照猫画虎写了，什么天气变暖了，花开了，穿上漂亮的衣服了，上公园野餐了……都是最简单的一般现在时陈述句。不久收到使馆的成绩通知，我得了六分，满分十分，勉强及格，仍需要学习半年英语，但是可以在澳洲学。

　　现在最大的问题就是钱了，作为海外留学生在拿到奖学金之前必须先交一笔海外学生费四千六百元澳币，按当时的汇率大约三万人民币。这笔钱到哪弄？父母只有几千元人民币（卖掉我家四合院的钱），那是他们的养老钱，不能动。只有一个办法，借。脑子里过滤了一遍所有可能手中有外币的人，厚着脸皮一个个去借，都遭拒绝。我一点也不怨这些人不够朋友，不借十分合理，外币那时就像金元宝，和人家没有过命交情，你一走到天涯海角，看不见摸不着，人家到哪儿把钱追回来？要是我我也不借。最后一招就是向香港台湾的亲戚求助，这得要爸爸妈妈出面，他们犹豫许久，终于同意了，他们一辈子也没开口向别人借过钱，为了我豁出去脸面了。爸爸给台湾的长兰姑写了信，妈妈给香港的舅舅说了困难。令人惊喜的是，长兰姑和长菁叔很快就凑齐了四千多美元，而妈妈的同学邓新豪和她先生利芳涛伯伯则寄来了经济担保证书，邓阿姨还向其他老同学征集了一千美元的贷款。

　　整个过程像打仗，时间极其紧迫，如果错过了这个学期，就要等一年，谁知道一年后又会发生什么（果然第二年发生了"六四"停办签证近一年）。所有的事都办得不顺利，但所有的事都有惊无险地办成了。人要是发了狠，大约是没有办不成的事。其间还有一道惊险，一天在公交车上，我的钱包被偷走了，里面最重要的东西是身份证，没有它办不了护照签证，买不了飞机票。如果再重新办身份证不知道按当时中国的效率要办到牛年马月。我几乎绝望了，但是一两天之后一个电话通知我去取钱包，告诉我有一个人在魏公村外语学院的墙内捡到，放在了学校传达室。他们根据里面我的工作证通过中戏找到我。钱当然没有了，但是证件都在。谢天谢地，我不仅要感谢捡钱包的人，也要感谢小偷，如果他把钱包扔在垃圾桶中，出国梦基本终止。

  签证很顺利地得到了，邓新豪夫妇已经给我买好了赴澳洲的机票，国泰航班，从香港起飞，所以我需要先到广州进香港，再飞澳洲。离开北京的那天，妈妈把我送到门外，爸爸和两个妹妹，老宋和孩子们到机场送我，登机的时间终于到了，不知道前面什么在等着我，不知道什么时候再能和亲人们见面，一进闸口，我泪流满面，守在闸口的老员工安慰道："别哭了，不就是去广州出个差吗，过几天就回来了。"

  亲人们，再见。

结束语

  我前半生的路，可以用几句话概括。

  九岁戴上红领巾，立志做党和毛主席的"红孩子"，我以为我的路走对了。

  十五岁投身思想革命化运动，时刻准备做"无产阶级事业的接班人"，我以为我的路走对了。

  二十岁积极参加文化大革命运动，誓将无产阶级专政下继续革命进行到底，我以为我的路走对了。

  直到三十岁考上北大哲学系研究生，受到了人类文明的启蒙教育，我才发现那条路南辕北辙，错了，都错了……

  从那时起，又重新开始寻找我的路，坎坎坷坷，曲曲折折。

  这本书是我的半部自传，从出生到离开中国，四十年的行迹。写完后突发奇想——把自传变成画面。2018年3月开始动手，画着画着，过去了的生活画面像电影一样，一幕一幕地浮现在眼前，三年时间画了六百多张。我没有学过美术，就是一个画画爱好者。我的画技欠缺，画作不完美，但是我力争还原时代的特征，给后人留下一些对历史的感性认识。

  四十岁我到了澳洲，我还在摸索，但是我不再寻找道路，而是在找一个"明白"——活得明白。找到了吗？如果你们有兴趣，就请等待我的澳洲篇问世吧。

2022 年 10 月

作者介绍

刘海鸥，笔名凌之。1988 年赴澳大利亚马克立大学读博士研究生，后因病辍学。

九十年代初开始写作，主要作品有长篇纪实文学《半壁家园》《海鸥南飞》《刘海鸥作品集》三集、《夕出阳关》、姐妹合集《我们的田野》；曾在中国大陆、香港、台湾多家主要报刊杂志发表作品，另外多部作品收入国内外小说及散文选集。

《她不属于这个世界》获 2003 年"世界华文文学奖"。《半壁家园》《游必有信》(《刘海鸥作品集之三》)《走南找北》获得 2013、2017、2022 年海外华文著述奖散文佳作奖。

www.ingramcontent.com/pod-product-compliance
Lightning Source LLC
Chambersburg PA
CBHW081824230426
43668CB00017B/2368